国家级职业教育规划教材
全国高等职业院校电子商务专业教材

市场调研与分析

肖剑锋◎主编

中国劳动社会保障出版社

简　介

本教材为全国高等职业院校电子商务专业教材，由人力资源社会保障部教材办公室组织编写。教材主要包括认识市场调研工作、明确市场调研目的、组建市场调研队伍、确定市场调研工具、执行市场调研任务、形成市场调研报告等内容。

本教材以“模块—单元”形式编写，设计了学习目标、导语、案例分析、知识拓展、工作实践、思考与练习等多个栏目，形式生动丰富，语言简练通俗，易于学生理解并将理论转化为实践，从而适应职业岗位的需要。

本教材由肖剑锋任主编，曾荣晖、谢丽仪、冯静、朱咏诗、葛景瑶参与编写，唐艳审稿。

图书在版编目（CIP）数据

市场调研与分析 / 肖剑锋主编 . -- 北京：中国劳动社会保障出版社，2023
全国高等职业院校电子商务专业教材
ISBN 978-7-5167-5798-7

Ⅰ. ①市…　Ⅱ. ①肖…　Ⅲ. ①市场调研 - 高等职业教育 - 教材②市场分析 - 高等职业教育 - 教材　Ⅳ. ①F713.52

中国国家版本馆 CIP 数据核字（2023）第 053597 号

中国劳动社会保障出版社出版发行
（北京市惠新东街 1 号　邮政编码：100029）
*
北京市白帆印务有限公司印刷装订　　新华书店经销
787 毫米 ×1092 毫米　16 开本　14.25 印张　286 千字
2023 年 5 月第 1 版　　2023 年 5 月第 1 次印刷
定价：35.00 元

营销中心电话：400-606-6496
出版社网址：http://www.class.com.cn
http://jg.class.com.cn

前　言

近年来，我国电子商务取得显著成就，电子商务已经全面融入我国生产生活各领域，成为提升人民生活品质和推动经济社会发展的重要力量。电子商务的新业态、新模式发展也创造了大量新职业、新岗位，对电子商务从业人员的职业素质提出了新要求。为了培养更加符合电商技术领域和职业岗位（群）工作要求的高素质应用型人才，我们组织有关行业企业专家、职业院校电商专业学科带头人、骨干教师，依据电子商务师国家职业技能标准和企业实际需求，研发了这套全国高等职业院校电子商务专业教材。

新编写的教材具有以下主要特点：

1. 着眼电商企业新技术、新业态发展，构建满足企业用人需求的专业教材体系

本套教材立足电商企业技术服务与运营推广的岗位架构，围绕电商直播、短视频制作与推广、跨境电子商务等新技术与新业态，构建了由专业基础课程教材、专业核心课程教材和专业拓展课程教材组成的教材体系，主要包括《电子商务基础》《电子商务法律法规》等专业基础课程教材，《商品图片拍摄与处理》《网店视觉设计》《网站设计与开发》等技术与服务类专业核心课程教材，《网店运营实务》《跨境电子商务实务》《电商直播》等运营与推广类专业核心课程教材，以及《电子商务会计》《电子商务物流》等专业拓展课程教材，以岗位工作为导向，以综合职业能力为核心，培养符合企业需求的电商应用型人才。

2. 积极创新教材编写模式，注重实践能力培养

在教材研发过程中，坚持产教融合、工学一体的职业教育理念，对于技术技能型课程，积极探索按照职业领域典型工作任务，以工作过程为主线，以综合职业能力为目标，体现项目导向、任务驱动、工学结合的教学设计。对于专业理论课程，则尽可能多地引入企业真实案例、素材等，以提高学生的工作实践能力。

3. 开发多种教学资源，提供优质教学服务

在教学服务方面，围绕主教材，配套开发电子课件和相应的习题册，并对重点核心课程开发操作演示视频、微课、素材库等数字资源，方便教师教学和学生自主学习。电子课件及习题册答案可登录技工教育网（jg.class.com.cn）查询下载，数字化配套产品扫描书中二维码即可在线观看。

4. 丰富教材表现形式，提高教材可读性

教材的表现形式符合职业院校学生的认知规律。通过清晰的栏目设置，增强教材的表现力，并尽可能多地以图表代替大段冗长的文字叙述，使教学内容直观明了，降低学习难度。同时，对部分教材采用四色印刷，以增强教材内容的表现效果，提高教材的时代性和可读性。

本套教材的编写工作得到了有关学校的大力支持，教材的编审人员做了大量的工作，在此我们表示衷心的感谢！同时，恳切希望广大读者对教材提出宝贵的意见和建议。

人力资源社会保障部教材办公室

目 录

模块一　认识市场调研工作

市场调研是市场营销活动的重要环节，它通过一定的科学方法和技术收集、整理市场信息数据，发现客户需求，探索经营决策中存在问题的原因，推断市场参与者的行为反应，分析市场的变化规律，预测市场的发展趋势，为经营者进行决策提供可靠的依据。

学习单元一　认知市场调研意义

学习目标

知识目标

1. 熟悉市场调研的意义和类型。
2. 掌握市场调研的概念、内容和步骤。

能力目标

能根据工作实践任务，确定市场调研的相关内容。

导　语

电子商务已经成为推动农村经济发展的加速器。近年来，在农村从事种植、养殖、住宿、餐饮、旅游和土特产零售的创业人员越来越多，他们中的大部分人都有过做电子商务的经历，也普遍认可电子商务平台有流通中间环节少、产品受众广等优势，但很多人却因为做电子商务赚不到钱而纷纷退场，选择回归实体店经营。

小于即将从某职业院校电子商务专业毕业，他从入学之初就立志毕业后要回到家乡做电子商务销售家乡土特产，看到此现状后，不由得陷入了迷茫。

思考：

1. 怎样找到部分农村创业者退出电子商务市场的原因？

2. 如果小于仍计划回家乡开展电子商务创业，在创业之前他应做哪些工作？

一、市场调研概述

1. 市场调研的概念

市场调研是指运用科学的方法，有目的地系统收集、记录、整理有关经营管理活动的数据和信息资料，借以分析市场情况，了解市场现状及其发展趋势，为市场预测和经营决策提供客观依据的过程。

2. 市场调研的意义

市场调研是辅助企业决策的重要工具，是一项关系企业得失成败的科学性工作，对做好企业经营管理有着非常重要的作用，具体体现在以下几个方面。

（1）市场调研是企业正确决策的客观依据

企业管理部门和有关人员在针对某些问题进行决策时，只有通过具体的市场调研活动，才可以得到真实的数据和信息资料，而只有在对市场情况有实际了解的情况下，才能有针对性地制定市场营销策略和企业经营发展策略；否则，就会形成盲目的和脱离实际的决策，导致决策失败和经营损失。

案例分析

小王是某职业院校电子商务专业毕业生，他牢记着“第一是地段，第二是地段，第三还是地段”这句名言，到处物色店铺，想开一家社区O2O（Online to Offline的缩写，即线上到线下）模式的电商水果店，店铺定位为经济实惠型。

“纸上得来终觉浅，绝知此事要躬行。”小王意识到必须亲自踩点才能找到理想的店铺地址。一个周日，他来到广州市越秀区某社区，看到有很多老年人在菜市场买菜，社区一派热闹兴旺的景象，凭着“眼见为实”的真实感受，就打定主意选址在这个社区。然后他又观察到周边的居民楼大都是旧楼，显得很有“沧桑感”，遂决定将店铺选址在这里。

然而，店铺开张后生意一直都不好。小王经过深入了解才知道，该社区楼房虽旧，价格却很高，因为社区对口的小学在广州很有名，而越秀区又是广州的教育强区，居民家庭多是“学位候鸟族”，大都是年轻、学历高的中产家庭，他们对“吃”的环境和品质要求都比较高，小王之前看到的老年人多是在工作日来帮助儿女做家务的，所以小王的店铺所卖水果的档次根本就达不到这些家庭的消费层次。由于小王在开店前对市场调研不到位，最终导致水果店经营不善。

知识拓展

有学者研究发现，调研创意—设计和样品制作—正式生产—上市营销推广，每一个阶段的花费都约是前一个阶段的10倍。很多产品尽管前期的研发费用很高，但与后期生产阶段和上市阶段的花费相比，仍是“小巫见大巫”，如果不充分重视前期调研，很容易陷进“一步错、步步错”的泥沼里，这也正是很多创业公司和新产品开发失败的主要原因。

（2）市场调研有利于企业发现市场机会，开拓新市场

当今世界，科技发展迅速，新发明、新创造、新技术和新产品层出不穷。通过市场调研，一方面，可以及时地了解市场需求变化动态，发现新的营销机会，推出新的营销方案，更加有针对性地满足消费者的需求；另一方面，可以紧密跟踪科技最新进展，运用新技术开发新产品，不断开拓新市场以发展壮大企业。

案例分析

红顶奖是由中国家用电器协会指导、红顶奖组委会发起并主办的年度高端家电评选活动，旨在通过评选出年度内在技术先进性、外观设计、市场影响力、节能环保、用户体验等方面均有杰出表现的高端家电与消费电子产品，用多维和均衡的视角，推动和传播“追求品质生活，用高端好家电”的生活理念。

近年来，一批批家电行业同人与红顶奖同行，推动中国高端家电产业发展与升级，向世界述说“中国智造”的故事。

莱克电气股份有限公司（以下简称莱克）就是其中的代表。莱克用了不到10年的时间，就从一个吸尘器代加工生产企业成长为我国高端清洁电器市场的领导品牌，实现从“中国制造”向“中国智造”转型。这主要归功于莱克的信条：企业竞争力的核心是产品的不断创新，而产品创新需要把非常多的时间花在调研消费者需求方面。

莱克董事长告诉大家：“我们要不断地研究用户的痛点、用户的潜在需求，要去解决用户在生活中遇到的问题。同时，我们也要研究怎么创造需求，这就是产品创新。”

一步一个调研，一年一项红顶。莱克吸尘器在红顶大奖吸尘器品类评选中已

实现了四连冠。莱克魔洁系列M9立式多功能无线宠物吸尘器就是莱克创新理念的典型实例。该产品主要针对有宠物家庭的中高端人群，重点围绕通过市场调研得知的用户需求关切点，进行技术创新，最终获得消费者青睐。

（3）市场调研有利于增强企业的竞争力和生存能力

市场情况在不断地发生变化，企业之间的竞争也日益激烈。企业为了适应市场竞争并能获得竞争优势，就要通过广泛的市场调研，及时地了解市场环境各种因素的变化，随时掌握竞争对手各个方面的情况，从而有针对性地采取应变措施，为在激烈的市场竞争中更好地生存和发展奠定基础。

二、市场调研的类型

根据市场调研的目的不同，可将市场调研分为探索性调研、描述性调研、因果关系调研和预测性调研四类，见表1-1-1。

表1-1-1　市场调研的类型

分类	含义	常用方法	举例
探索性调研	对市场情况很不清楚时使用，旨在收集初步资料，寻找问题产生的原因及问题的症结所在，为开展进一步的调研活动做准备	二手资料调研、经验调研、小组座谈、选择性案例分析	对“去年A牌的B款洗发水市场份额下降的原因”所展开的调研
描述性调研	对市场上存在的客观情况如实地加以描述和反映，从中找出各种因素的内在联系，即回答“是什么”的问题	二手资料调研、抽样调研、观察法、模拟调研	对“某快餐店开设了一家分店，公司想知道顾客在收入、性别、年龄、受教育水平等方面的特征是怎样的”所展开的调研
因果关系调研	了解市场上各种变量之间的因果关系，以及可能出现的相关反应，旨在弄清变量关系，也就是专门调研“为什么”的问题	实验法、实地调研法	对“某产品的销售增长与采用新旧包装相关性”所展开的调研
预测性调研	在取得过去和现在的各种市场信息资料的基础上，经过分析研究，运用科学的方法和手段，估计未来一定时期内市场对某种产品的需求量及其变化趋势的调研	定性预测法、定量预测法	对“在历年销售数据的基础上，预测某产品明年销售情况如何”所展开的调研

三、市场调研的内容

市场调研的内容涉及市场营销活动的整个过程，见表1-1-2。

表 1-1-2　　市场调研的内容

分类	具体分类	常见具体内容
市场环境调研	经济环境调研	经济增长情况、市场购买力水平、经济产业结构等
	政治环境调研	政治制度、管理体制、党和国家的方针政策、政治局势、社会政治气氛等
	社会文化环境调研	社会生活方式、风俗习惯、宗教信仰、价值观、受教育水平、职业状况和流行风尚等
	科技环境调研	科技新发展、新发明、新创造，新技术、新工艺、新材料的研发、应用及发展趋势，新产品开发上市情况等
	自然地理环境调研	资源状况、地理位置、交通运输、气候等
市场需求调研	消费者需求调研	消费者购买原因、购买品种、购买数量、购买频率、购买时间、购买方式、购买习惯、购买偏好和购买后评价等
	消费者收入调研	家庭总收入、个人可支配收入、收入构成、收入增长情况等
	消费结构调研	消费方式、消费形式、消费支出比例等
	消费者行为调研	消费者使用习惯、消费者态度、购买影响因素、购买决策过程等
市场供给调研	产品生产能力调研	可以提供的产品数量、生产规模等
	产品实体调研	产品的分布结构、质量、功能、型号、品牌等
	生产供应企业调研	企业构成及其产能、品牌、价格等
市场营销策略调研	产品策略调研	市场上新产品开发情况、设计情况，消费者使用情况、消费者评价，产品生命周期阶段、产品组合情况等
	价格策略调研	消费者的价格接受度、对价格策略的反应等
	渠道策略调研	渠道结构、中间商情况、消费者对中间商的满意度等
	促销策略调研	各种促销活动的效果，如广告实施的效果、人员促销的效果、营业推广的效果和对外宣传的市场反应等
市场竞争状况调研	竞争构成调研	市场上有哪些竞争对手、竞争对手的能力和优劣势等
	竞争策略调研	同类企业的竞争策略，同类企业的产品、价格、渠道和促销策略及应对竞争的策略等

案例分析

小杨是一名职业院校电子商务专业的在校生，依托自己母亲公司提供的货源信息，开了一家护肤品微店，主要利用微信平台面向学校女生销售某品牌护肤品。虽然该护肤品的补水润肤及美白功能均有较好的市场口碑，每天店铺的浏览量也很高，但是下订单的不多。

经过与一些同学交流，小杨发现了原因所在。自己经营的护肤品属于中档品牌，质量和护肤效果都很好，性价比也很高，同类产品中竞争对手较少。学校女生虽然很喜欢这款护肤品，但却由于经济能力不足没有下单购买，只好经常上微店浏览，看看是否有特价活动。

小杨根据调研结果调整经营策略，引进该护肤品品牌产品线中价格较便宜的产品，并注重运用促销策略进行销售，业绩得到大幅提高。

四、市场调研的步骤

企业产生市场调研构想，往往是在面临重大决策时，因此，市场调研的总体思路是必须先从“问题分析”入手，在确定了市场调研目的后，再组建市场调研队伍，依据科学方法收集、统计和分析数据资料，最后提出市场调研结论和形成报告。

工作实践

背景资料

随着我国低空空域的开放，低空旅游市场逐渐兴起，低空旅游项目也已在陕西、北京、山东、江苏等多个省市展开。

南方某旅游景区拥有奇山、怪石、湖泊、喀斯特地貌等自然资源，以及古建筑群等人文资源，该旅游景区负责人很想开发低空旅游项目。

实践任务

为了能科学地作出决策，该旅游景区负责人需要知道哪些方面的数据信息，开展哪些内容的调研呢?

实践指南

该项目作为一个综合决策项目，要进行的调研也是一项大型综合调研，因此，调研的内容要求比较全面，至少应包括以下几个方面。

一、市场环境调研

市场环境调研要包括国家及地区的经济现状及发展情况，景区旅游人口数量及发展情况，有关低空旅游项目的法律法规政策，旅游文化及时尚趋势，低空飞行器的科技发展动态，当地地形地貌对飞行器及旅游者的要求等。

二、市场需求调研

市场需求调研要包括目标消费者的构成，目标消费人口的数量及增长情况，目标消费者的可支配收入水平、消费能力、价格期望、消费偏好、旅游特殊要求、信息获取渠道等。

三、市场供给调研

市场供给调研要包括景区提供的游客接待能力及提升措施，相似景点的游客接待能力，游客高峰期和低谷期的时间分布及调节措施等。

四、市场营销策略调研

市场营销策略调研要包括景区提供的产品及品牌设计，飞行器及配件的各种进货渠道，低空旅游产品定价及价格调整策略，旅游产品的宣传、广告、公关、促销策略等。

五、市场竞争状况调研

市场竞争状况调研要包括市场上的潜在竞争者，类似旅游产品的卖点、价格、宣传推广策略、优劣势、口碑、竞争策略及应对竞争的策略等。

思考与练习

一、思考题

1. 电子商务专业为何要学习市场调研与分析课程？

2. 如果你准备在知名电子商务平台开设一家土特产店，你会调研哪些内容？

二、案例分析

《舌尖上的中国》作为近年来广受好评的国产纪录片，在播出后掀起了一波国内各地美食的网购热潮。人们看过纪录片后，对纪录片中介绍的美食都想一品为快。网购就成为连接各地美食和消费者的最佳纽带，这就是“焦点事件＋电子商务”联动——F2O（Focus to Online）模式的力量。

事实上，不仅是《舌尖上的中国》，还有《来自星星的你》《爸爸去哪儿》以及春节联欢晚会等节目，也都成为消费者和电子商务平台关注的重点。同时，不仅是电视节目，社会上的焦点事件和名人所用物品也会催生消费新热点。

按照麦肯锡全球研究院的分析，网络零售分为替代性消费和新增消费两部分，F2O模式带来的消费，则基本属于新增消费。F2O 模式的兴起，对于拉动内需有着积极的意义，从一定程度上也表明消费者生活水平的提高和消费能力的升级。

对农产品电子商务从业者来说，F2O 模式带来三点启示。一是要关注社会热点事件，学会将产品与社会热点相结合开展营销；二是可以尝试通过电视媒体、视频网站等进行产品营销；三是要加快供应链的反应速度。

问题：

1. F2O 模式对电子商务从业者有何启示？

2. 联系本单元内容，谈谈市场调研与分析对实施 F2O 模式的重要性。

三、实践演练

背景

某省属国企参股的大型茶叶生产基地拥有连绵的丘陵生态茶园、著名的地域红茶品牌和较知名的企业品牌，周边还有奇峰、水库、溶洞、喀斯特地貌、古建筑群等旅游资源以及红色文化教育基地，加上离粤港澳大湾区车程较近，高铁、高速路交通都很方便。

随着体验营销、网络营销、全媒体营销等形式的兴起，茶园负责人产生了一个新构想，即开发红色生态旅游项目及采取茶趣园体验式销售、网红直播、电子商务平台旗舰店销售、社交营销、贴牌营销、传统批发等方式打通 O2O 立体销售的全渠道。

任务

1. 以 4～5 名学生为一组，帮助茶园负责人进行调研，确定实施新构想应包括的调研内容框架，1 个星期后每组各派 1 名代表以思维导图或 PPT 形式在课堂上逐一讲解小组调研成果报告并当场答辩（其他组学生需提出 3 个问题）。

2. 答辩后，教师对各组报告进行点评。

3. 课后，各组根据课堂答辩情况及教师点评，修改调研成果报告后以 Word 文档形式再提交给教师。

考核

1. 教师根据各组调研成果报告的内容质量、表现形式的简洁度、讲解思路的清晰度、表达技巧的娴熟度等要素对各组评分。

2. 各组成员根据各自承担的分工内容、团队合作态度和能力、分工完成情况及质量等要素对其他成员评分，成员间的得分必须拉开适当差距，成员分工及得分情况表须附列于各组调研成果报告结尾处。

学习单元二　发现需求与开发商机

学习目标

知识目标

1. 了解市场需求的类型及探索市场需求的意义。

2. 掌握分析市场机会和评估市场容量的方法。

能力目标

1. 能根据消费者背景确定其市场需求种类。
2. 能根据工作实践任务，分析市场机会。

导 语

刘某是一家大型服装电子商务公司的负责人。近几年，随着直播带货的兴起，刘某的服装公司发展迅速，销售额不断上涨，也积累了近百万的钻石级别粉丝。最近，刘某发现钻石级别粉丝数量严重下降，看似粉丝总数量稳定的情况也是由新粉丝撑起的，但是新粉丝对品牌的忠诚度不高，此状况持续下去，会对品牌发展不利。于是刘某赶紧召集各部门经理共同分析原因并提出应对措施。经过调研和商讨，他们发现公司一直以来不善于进行消费者数据分析，缺乏对消费者基本信息的了解，一些粉丝随着年龄的增长和社会角色的转换，对服装类型的需要也随之转变，但公司所售服装仍以可爱风为主，不能满足粉丝的风格多样性需要，因此脱粉严重。于是，刘某通知市场部连夜作出了一份粉丝基本信息调研报告，并要求设计部针对这些粉丝需要，设计多款服装。经过后续定期调研调整，公司钻石级别粉丝数量止跌上涨，销售额稳步提升，公司发展越来越好。

思考：

1. 导致公司钻石级别粉丝数量减少的原因？
2. 公司的发展为什么会越来越好？

一、探索市场需求

1. 市场需求的概念

市场需求是指在一定时间内和一定价格条件下，消费者对某种商品或服务愿意而且能够购买的数量。

2. 市场需求的类型

按照马斯洛需求层次理论，可以把消费者的需求从低到高分为生理、安全、社交、尊重、求知、求美、自我实现（超越）需求等层次（见图 1-2-1）。当个人最重要的需求得到满足后，下一层次的需求就将发挥主导作用。电子商务企业要想获得竞争优势，最有效的途径就是敏锐地发现消费者未被满足的需求，然后创新产品去填补这块市场空白。

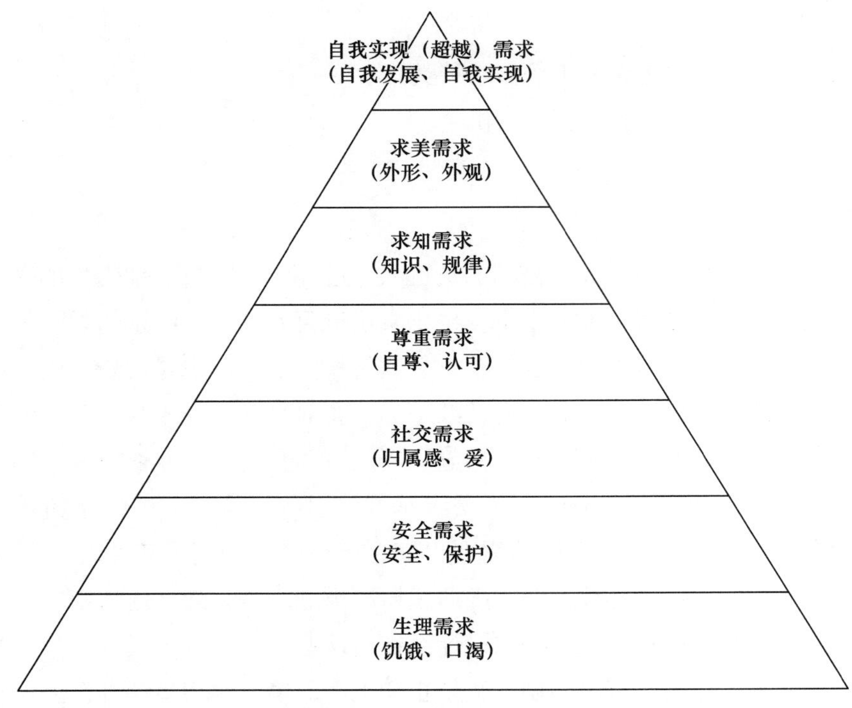

图 1-2-1　马斯洛需求层次理论

3. 探索市场需求的意义

营销大师菲利普·科特勒曾说，一个品牌的价值主张是它承诺传递给消费者以满足其需要的所有利益或价值的集合。电子商务企业只有通过科学调研，清晰明白市场需求所在，才能使产品或品牌具有明显的差异性，进而在电子商务目标市场上获得最强的竞争优势。

4. 探索市场需求的方法

随着网络信息技术的不断发展，人们的生活方式和生活水平发生了巨大变化，消费者的需求也随之发生变化。电子商务经营者只有及时掌握市场需求的变化，才能更好地满足“善变”的目标消费者的需求。

识别消费者需求的变化，可以对构成“需求三角模型”的三个方面，即缺乏感、目标物与能力进行调研。

第一，缺乏感如何变化。缺乏感就是理想和现实的落差，可以理解为实务工作中常说的“痛点”。缺乏感的主要来源见表 1-2-1。

表 1-2-1　缺乏感的主要来源

种类	内容
任务需求	由于消费者要完成某项特定任务所产生的需求

续表

种类	内容
角色扮演需求	由于消费者要塑造与其身份一致的形象而产生的需求
时间维度需求	①对过去与未来的恐惧。指在过去的场景中，某种事物或经历给消费者留下了不好的印象，为了规避该事物或经历而产生的需求 ②对过去的缅怀。指在过去的场景中，曾经有过的某种事物或经历使消费者产生了愉快的记忆，为了重拾这段愉快的记忆而产生的需求 ③对未来的憧憬。指人们希望通过消费某种商品而使生活或工作变得更加美好与便利而产生的需求
群体参照需求	消费者为了融入群体，而产生的与群体特征一致的需求
关系需求	由于某种特定的关系，因关系相对方的需要而产生的需求

第二，目标物如何变化。如满足同样缺乏感的目标物出现怎样的变化，相同的目标物是否在满足不同的缺乏感。

第三，能力如何变化。如环境变化如何改变消费者的能力。

案例分析

为了加强在贵州的营销工作，某保健品公司市场部开展工作的第一步，就是了解其电子商务市场，进行初步的营销策划，打好营销的第一仗。市场部首先组织相关人员，根据手头现有的数据和资料，分析出该公司在贵州电子商务市场的现状。

针对现状及存在的问题，市场部又组织相关人员对贵州电子商务市场进行了进一步的调研与分析，结果如下。第一，贵州电子商务市场对保健品的需求意识相对于江浙沪等地区市场而言较弱，这主要是与当地经济发展水平偏低有关。但是，消费者的保健意识正在逐渐提升。第二，贵州电子商务市场的保健品，绝大多数没有长久的生命力，这是因为多数保健品生产企业不重视消费者对保健品的实际需求（如美容功能），只是注重产品的外部包装。因而该公司想要开发市场，改进产品功能尤为重要。

通过调研与分析，市场部明确了贵州市场的营销工作思路，确定了新一年度的营销工作重点。重点一，在继续强化该公司品牌形象的基础上，加大广告宣传力度，引导消费者购买。重点二，配合不同线上媒体平台宣传，以线上推广活动营造市场销售氛围。重点三，针对贵州市场消费者实际需要，向总部申请生产贵州特供版，增强产品的功能。

第二年，该公司在贵州省的两个办事处总回款 2 000 万元，圆满完成了总部任务。

二、分析市场机会

1. 分析市场机会的含义

分析市场机会是指通过市场营销环境调研，运用相关工具来分析市场上存在的仍未被满足或仍未被完全满足的显著或潜在的需求。

通过分析市场机会，可以让电子商务经营者根据自身特点，结合外部环境，作出准确的市场预测，制定正确的发展策略。

2. 分析市场机会的方法

分析市场机会的方法有定量分析法和定性分析法两种。定量分析法就是在进行市场营销环境分析时建立数学模型，将环境的各种变量以及各种变量之间的关系用数学关系式表示出来并输入模型，然后利用各种现代技术手段对结果进行计量分析。定性分析法是指在进行市场营销环境分析时充分发挥人的智慧、能力和经验，根据已掌握的情况和资料，运用特定的逻辑思路，在充分研究的基础上进行分析。分析市场机会的常用方法见表 1-2-2。

表 1-2-2　分析市场机会的常用方法

分类	外部环境分析			内部条件分析
内容	宏观环境分析	行业环境分析	行业竞争分析	企业能力分析
方向	①政治法律环境 ②经济环境 ③社会文化环境 ④自然技术环境 ⑤人口统计环境	①行业特征 ②行业需求状况 ③行业外部竞争	①竞争者 ②市场份额 ③实力	①优势 ②劣势 ③核心竞争力
典型工具	—	①产品生命周期分析 ②波特五力模型分析 ③波士顿矩阵分析	三四规则矩阵分析	SWOT 分析

知识拓展

产品生命周期分析。产品生命周期分析是指根据产品在市场运动中的经济寿命所处阶段（一般分为导入期、成长期、成熟期、衰退期四个阶段）来选择相应的营销策略。

波特五力模型分析。波特五力模型分析是指企业通过对同行业内现有竞争者的竞争能力、潜在竞争者进入的能力、替代品的替代能力、供应商的议价能力与购买者的议价能力等五种能力进行综合分析，从而制定竞争策略。

波士顿矩阵分析。波士顿矩阵分析是指企业根据市场增长率、相对市场份额两个维度，将其业务分成“问题”“明星”“金牛”“瘦狗”四种类型，而企业通过在各项业务之间合理分配资源，与变化的市场机会相适应。

三四规则矩阵分析。在一个稳定的竞争市场中，按市场占有率高低将市场竞争的参与者分为领先者、参与者、生存者三类。在有影响力的领先者之中，企业的数量一般不会超过三个，而在这三个企业之中，最有实力的竞争者的市场份额又不会超过最小者的四倍。企业依据上述规则确定自己所处的竞争地位并制定相应策略。

SWOT 分析。SWOT 分析是指企业基于内外部竞争环境和竞争条件，将企业自身的优势与劣势、环境带来的机会与威胁，以矩阵形式列举出来。然后通过“能够做的”（组织的强项和弱项）和“可能做的”（环境的机会和威胁）之间的有机组合，实现发展。

案例分析

小王在广东省偏远的L村长大，靠着补贴完成了大学电子商务专业的学习。在走出刚毕业的迷茫期后，她注意到国家对乡村振兴的政策支持力度很大，只要做好保鲜和物流运输，可以通过电子商务平台销售家乡出产的橘子。行动力很强的她开始上网了解水果保鲜技术，打电话到不同的物流公司了解包装、运费、运送范围、运送时间等信息。经过这些初步了解后，小王多次向父母和村委会说明国家乡村振兴战略、创业扶持政策和电子商务具体问题解决方案，得到了他们的支持，申请到一笔创业资金就开业运营了。

经过几年的运营，L村的橘子凭借甘甜可口的特点，已经逐渐形成品牌。现在小王家也开始承包更多的果园，并扩充产品线生产销售陈皮制品，家庭年总利润超过 30 万元。

三、评估市场容量

1. 市场容量的含义

市场容量是指在一定时期内，在不考虑产品价格或供应商的前提下，市场能够容纳该类产品或服务的数量或金额。电子商务市场容量主要由消费需求和消费者购买力构成，两者都具备才构成能够实现的市场容量。

2. 评估市场容量的方法

市场容量评估是电子商务企业制订科学计划的重要依据，有助于电子商务经营者正确选择目标市场，制定正确的营销策略，增强自身竞争能力。由于竞争激烈，电子商务经营者对不同目标市场容量选择对比时，要根据目标市场营业额大小，选择比之大 100 倍以上的市场容量作为目标市场才能更容易实现目标。

在市场营销活动中，市场容量评估主要采取市场潜量分析预测和销售量分析预测。

（1）市场潜量分析预测

市场潜量分析主要包括连锁比率法、购买力指数法、产品类比法等方法。

连锁比率法，就是对与某产品的市场潜量相关的几个前后逻辑因素进行分析推测后连锁相乘，从而得到预测结果。

购买力指数法，就是对家庭收入、家庭户数、地区零售额等指标加权平均后得出的一个标准系数。用全部潜在需求量乘以购买力指数，就得到某地区的潜在需求量。

案例分析

小王想在某小区做社区电商销售水果。他先根据该小区的楼幢数和户型分布计算出小区共有 500 户家庭，然后通过查阅相关统计资料和日常观察，估算出每户家庭水果消费的月平均金额为 400 元，最后将以上两项相乘再乘以月份数 12，算出该小区水果消费的市场容量为年消费金额 240 万元。

产品类比法，包括历史类推和横断比较两种预测方法。历史类推是一种用当前的情况和历史上发生过的类似情况进行比较来推测市场行情的方法。横断比较就是将同一时期某国或某地区某项产品的市场情况与其他国家或地区的情况相比较，然后推测这些国家或地区的市场潜量。

（2）销售量分析预测

销售量分析预测主要有销售人员意见综合法、消费者购买意图调研法、专家意见法、趋势预测法等方法。

案例分析

M 化妆品公司决定参考其他品牌的做法在电子商务平台上开设官方店。近年来，我国电子商务事业发展势头强劲，有很多电子商务平台的消费者群体数量巨大。在有限的资源下选择某一平台营业就显得尤为重要。

为了降低试错成本和运营成本，M 化妆品公司开始针对不同平台进行消费者调研，了解各个平台的消费者群体特征、数量、购买力等参数，估算出平台的市场容量，最后根据总部设定的 10 亿元销售目标、市场容量以及与主要竞争者的数值对比选择了某平台作为其主要运营平台，并取得了预期销售效果。

工作实践

背景资料

随着科技的发展，手机已经成为不可或缺的通信工具。对手机服务需求量的持续增长，带动了手机制造业和手机服务业的快速成长。

某生产商为一液晶电视制造商，主要在电子商务平台上进行产品销售，其拥有30多万平方米的厂房、适配手机液晶触屏生产的机器及掌握先进技术的作业工人和品牌网店。现在，该厂商负责人想要涉足手机制造行业并主要通过网络平台进行销售。

实践任务

在决定进入手机制造和销售行业前，该厂商负责人需要知道哪些方面的数据信息呢？即需要委托相关人员进行哪些调研呢？

实践指南

该项目为探索市场需求与分析市场机会的项目，需要调研的内容至少应包括以下五个方面。

一、“需求三角模型”调研

调研内容要包括目前手机消费者在缺乏感、目标物与能力等方面的变化。

二、手机制造和销售市场环境及容量调研

调研内容要包括国家的经济现状及发展情况、网络平台消费者数量及增长情况、手机制造和网上销售的政策法律、手机使用文化及时尚趋势、手机制造技术的发展动态、手机制造技术与生态环境相容情况、网上目标消费者需求状况、网上市场容量状况等。

三、手机制造和销售行业环境及容量调研

调研内容要包括手机制造和销售行业现有竞争者的竞争能力、潜在竞争者进入的能力、替代品的替代能力、供应商的议价能力与购买者的议价能力等。

四、手机制造和销售行业内部竞争调研

调研内容要包括网上现有和潜在的手机制造商等，主要有网上市场有哪些类似的手机制造商，有哪些潜在竞争者，类似产品的卖点、价格、宣传推广策略、优劣势、口碑等，类似产品的竞争策略及应对竞争的策略等。

五、企业能力分析

调研内容要包括企业进入手机制造和销售行业的优势与劣势，进入手机制造和销售行业的机会与威胁，具体核心制造与研发能力，企业网店运营管理能力等。

思考与练习

一、思考题

1. 如果你准备在知名电子商务平台开设一家土特产店，你会做哪些市场机会分析？

2. 如果你准备在电子商务平台上售卖一款新型眼部按摩仪，你会如何评估产品的市场容量？

二、案例分析

初中毕业的小李是一名小有名气的平台主播，拥有4万多名粉丝，他一门心思想做电商直播，便向父母借了10万元创业。一开始，他听亲戚朋友说哪种商品热销就卖哪种商品，但勤勤恳恳工作下来，直到第6个月才做成了第一笔生意，之后的经营也很不稳定，一年下来已经赔了大半的创业资金。他想弄清楚到底哪里出了错，于是去向正在学习电子商务的表哥求教。

表哥仔细梳理了小李的创业经历，认为导致他失败的原因很复杂，但其中一个重要的原因是他没有做市场需求调研和市场机会分析，盲目地认为哪种商品热销就是消费者所需要的和自己要销售的，导致创业资金“打水漂”。

问题:

1. 小李的案例对电子商务创业者有什么启示?

2. 联系案例谈谈市场需求分析和市场机会分析对电子商务运营的重要性。

三、实践演练

背景

W公司创立于2015年，在某电子商务平台经过多年的潜心耕耘，依托品牌、产品与物流的优势，公司已发展成为拥有2 000余名正式员工的企业，主要经营面向年轻人的坚果、糖果、豆制品与奶制品等零食。

看到年轻人越来越热爱运动，W公司负责人有个新想法：多开一条饮料线，生产一款大瓶装运动饮料，并放在其网店进行售卖。但是，这款产品的开发需要大量资金投入，负责人希望获得投资。

任务

1. 以4～5名学生为一组，以PPT形式在课堂上进行成果汇报并当场答辩。

（1）帮助W公司负责人分析该款大瓶装运动饮料的市场需求与市场机会。

（2）帮助W公司负责人评估该款运动饮料的市场容量。

2. 答辩后，教师模拟投资人对各组成果汇报进行投资评估与点评。

3. 课后，各组根据汇报情况及教师点评，整理成融资报告（纸质版）再提交给教师。

考核

1. 教师根据各组融资报告的内容质量、表现形式的简洁度、讲解思路的清晰度、表达技巧的娴熟度等要素对各组评分。

2. 各组成员根据各自承担的分工内容、团队合作态度和能力、分工完成情况及质量等要素对其他成员评分，成员间的得分必须拉开适当差距，成员分工及得分情况表须附列于各组融资报告结尾处。

模块二　明确市场调研目的

企业面临的外部环境时刻处在变化之中，新情况新问题层出不穷，企业经营者需要针对存在的问题进行市场调研，为科学决策提供有力依据。调研人员接到调研任务，首先需要明晰企业决策的需求以及调研意图，解决“要调研什么”的问题，清晰确定调研的主题，再根据确定的调研主题设定具体的调研目标。

学习单元一　确定市场调研主题

学习目标

知识目标

1. 了解确定市场调研需求的方法。
2. 掌握确定市场调研主题的工作思路和流程。

能力目标

能根据工作实践任务，科学确定市场调研主题。

导　语

随着国家促进体育消费政策的出台，全民运动热情持续高涨，我国城乡居民体育锻炼的参与度逐年增加，人均体育消费水平不断提高，体育锻炼日益成为一种时尚的生活方式。

根据国家统计局网站数据，2021 年，全国体育产业总规模为 31 175 亿元。国家体育总局发布的《"十四五"体育发展规划》指出，到 2025 年，我国体育产业高质量发展取得显著进展，产品和服务供给适应个性化、差异化、品质化消费需求，体育产业总规模达到 5 万亿元，增加值占国内生产总值比重达到 2%，居民体育消费总规模超过 2.8 万亿元，从业人员超过 800 万人。

在几大电子商务平台开设体育用品 O2O 店也吸引了各路卖家的关注。张老板以前开店做外贸服装生意赚到了"第一桶金"，他敏锐地看到了开设体育用品 O2O 店的巨大商机，急于转行进入这个朝阳行业，因而求助某市场调研公司予以"参谋"。

思考：

1. 张老板为什么想进军体育产业？

2. 市场调研公司应该怎样给张老板"参谋"呢？

一、确定市场调研需求

1. 识别问题或机会

在企业经营过程中，内外部环境会不断发生变化，经营者应该意识到这种变化，把握机会，应对风险。调研人员需要具备良好的洞察力、创造力和沟通能力，敏锐地识别环境的变化，帮助企业经营者注意到面临的问题或机会，产生市场调研的潜在需求。在电子商务企业运营分析及诊断中，要学会通过采集电子商务企业大数据（如支付金额、访客数、支付转化率、客单价等）进行分析。

知识拓展

淘宝有商家端统一数据产品平台——生意参谋，其定位为统一的商家数据产品平台且支持多端联动，基于全渠道数据融合、全链路数据产品集成，为商家提供数据披露、分析、诊断、建议、优化、预测等一站式数据产品服务。

2. 确定调研需求的方法

调研的潜在需求产生后，调研人员通常面临两种境遇。一是企业经营者非常明确地向调研人员提出市场调研的需求。二是企业经营者只意识到问题或机会，但不能明确表达市场调研的需求。出现后一种情况，往往是企业认识到需要通过市场调研为其解决市场营销问题，但由于缺乏市场营销知识，不能准确表达对市场调研的具体要求，调研人员需要较为深入地了解企业的经营状况，帮助企业经营者明晰企业的市场调研需求。

只有与企业经营者进行充分有效的沟通，清楚掌握他们的需求，才能进行有效的市场调研，确定市场调研需求的方法见表 2-1-1。

表 2-1-1　确定市场调研需求的方法

方法		具体内容
提问法	询问式	单刀直入、观点明确提问，让企业经营者详述情况，以便于获得更多的细节。例如，“老板，当竞争对手采用更大幅度的折扣促销时，您会怎么办？”
	肯定式	让企业经营者回答“是”或“否”，目的是确认某种事实、观点、期望或反映的情况，以便更快地发现问题，找出问题的症结所在。例如，“老板，如果A公司原料和目前与您合作的公司原料质量相当但价格更低，您是否愿意调整进货渠道？”
	常规式	问市场调研需求分析表上需要填写的规范问题，如客户的姓名、电话号码等，目的是获得客户信息，以便于处理问题时联系、查询。例如，“老板，7654321是可以联系到您的电话号码吗？”
	征求式	让企业经营者描述具体情况，详谈想法、意见、观点，有利于了解其兴趣或问题所在。例如，“老板，您觉得上次的促销方案要如何改进呢？”
	澄清式	针对企业经营者已有回答或已经提供的信息重新措辞进行提问，以便确认调研人员的理解与企业经营者的本意是否一致。例如，“您提到子公司目前营销管理混乱，是否意味着以前制定的营销策略没有被严格执行？”
倾听法		在与企业经营者进行沟通时，必须集中精力，认真倾听他的介绍与回答，要尽可能让他多说以了解更多的情况，要站在他的角度、立场尽力去理解他所说的内容，了解他最需要解决的是什么问题，以便提供满意的调研服务
观察法		在与企业经营者沟通过程中，应该非常留意他的非语言行为，观察他的表情、动作，分析探究他的欲望、观点、想法和关切点，以便充分把握他当前的境遇与需要

总而言之，通过适当询问，认真倾听，以及对企业经营者行为的细致观察，就可以了解他的需求和想法，为确定调研主题明确方向。

二、确定市场调研主题

市场调研工作的第一步是要确定市场调研主题，也就是解决“为什么要开展市场调研”的问题，这是最关键的一步。

1. 市场调研主题的含义

市场调研主题是指某项市场调研中需要解决的核心、关键性问题。

市场调研的主题决定市场调研的总方向和总水平，决定市场调研方案（调研内容、方法、对象和范围等）的设计，决定市场调研成果的价值。

2. 明晰管理决策问题和市场调研问题

当企业内外部环境发生变化，从营销管理的角度来看，此时就面临着改善经营管理的机会，从而产生管理决策问题。要科学解决管理决策问题，就需要通过市场调研以提供信息支持，进而产生市场调研问题。很显然，管理决策问题和市场调研问题联系密切，市场调研问题受管理决策问题的影响和制约，而化解管理决策问题需要以市场调研问题所获得的信息和结论作为依据。管理决策问题和市场调研问题的区别见表 2-1-2。

表 2-1-2　　管理决策问题和市场调研问题的区别

类别	核心点		导向		关注点	
	内容	举例	内容	举例	内容	举例
管理决策问题	决策者要做什么	为新产品设计包装	行动导向	增加商店的客流量	关注症状	是否通过开设新店进行市场渗透
市场调研问题	需要什么信息及如何获得这些信息	对不同包装的产品进行有效性测试	信息导向	商店形象的测评 影响顾客选择商店的因素分析	关注原因	确定新店对营业额的影响 采用什么方式评估备选店址

3. 确定市场调研主题的流程

市场调研主题的界定是市场调研设计中的关键，它制约着整个市场调研策划和实际运作过程。只有正确、清晰地界定主题，市场调研项目才能顺利有效地实施。如果对市场调研主题产生错误的理解或者界定不准确，所有为此投入的努力、时间和资金都将付诸东流。更为严重的是，如果用这种调研结果作为决策的依据，对企业市场营销活动所造成的危害将不堪设想。因此，在市场调研项目开始和在进行市场调研方案设计之初，正确地界定市场调研的主题具有十分重要的意义。

确定市场调研主题的流程如图 2-1-1 所示。

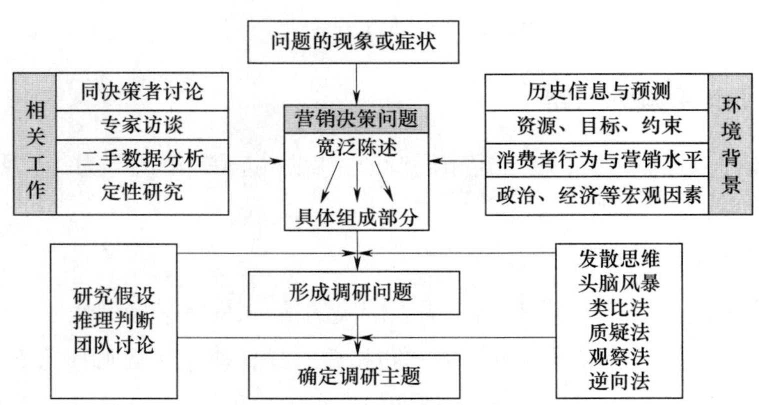

图 2-1-1　确定市场调研主题的流程

甲商业学院是一所三年制私立职业学院，专门讲授商业教育课程。甲商业学院入学率最近突然下降。为此，学院的招生办公室主任请调研人员讨论此问题并分析导致入学率下降的原因。

调研人员与招生办公室主任进行了会议讨论，确认了可能导致入学率下降的原因：①竞争者行为；②消费者的改变；③学院自身原因；④环境因素。

表 2-1-3 列出了这次会议讨论的结果。

表 2-1-3　　甲商业学院入学率下降的可能因素

竞争者行为	消费者的改变	学院自身原因	环境因素
减少学费 增多的竞争者 新的教学计划 新的设施设备 更多更好的广告 财政支持力度大 就业门路广	适龄学生数下降 收入情况的变化 有其他就业机会 对教育缺乏信心 转向四年制大学 无法承担学费 毕业生的口碑差	学费增加 教学计划改变 服务减少 助学金减少 广告改变 新入职的教师多 新的管理层 学院地址改变 突发负面新闻	国家行业管理政策变化 就业市场过剩 往返学院车费增加 经济不景气 其他教育渠道增加 职业教育不被看好

列出了可能的原因后，调研人员必须进行筛选，以找出几个最有可能的关键原因。

进行非正式的情况分析，确认几个很有可能导致入学率下降的原因。一般而言，如果某个因素在问题征兆出现前并没有明显改变，那么，这个因素就未必是产生问题的可能原因。

例如，如果甲商业学院没有增加学费，其教学计划也没做任何改变，则应该删去这两个可能的原因。

从另一个角度来说，如果某个因素在问题征兆出现前或出现的同时有所改变，则应将其保留为“很有可能的原因”或仍留在“可能原因”的清单上。

调研人员经过与学院领导及工作人员访谈、查阅资料、访问专家及与学生座谈，发现在过去的一年中，甲商业学院更换了其广告代理商，而新的代理商调整了广告的主题和播出时间段。这个广告策略的改变被初步确定为导致入学率下降的最主要原因。

随后，经过进一步推断分析，什么样的广告主题最能吸引学生报名入学及哪个时间段播出效果最好成了这次调研要解决的关键性问题。

工作实践

背景资料

请与你所在的学校食堂老板聊天，经过深入了解找到其经营困难的原因。

实践任务

以4～5名学生为一组，帮助食堂老板找到生意越来越难做的原因。

实践指南

食堂老板在经营过程中出现了管理问题，需要学生调研原因以帮助他们改进管理。所以，学生应该明确调研问题并确定调研主题。确定调研主题可以按照以下工作流程（见图2-1-2）进行。

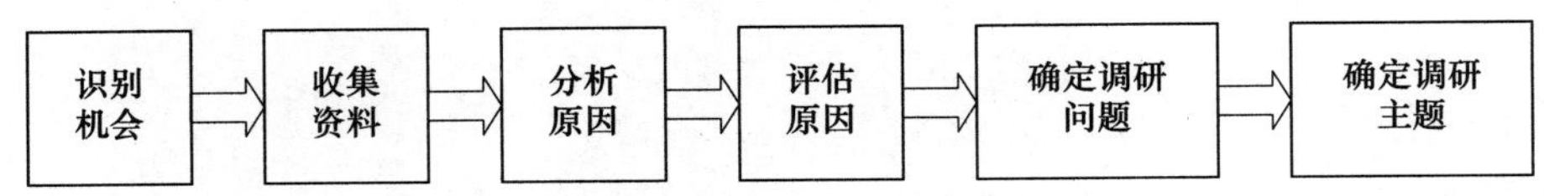

图2-1-2　确定调研主题工作流程

一、识别机会，把握管理决策问题

生意难做，老板希望增加营业额和利润。

二、评估目前所处的形势，收集以下背景资料

1. 食堂：历史、组织结构、所有权结构、宗旨等。

2. 饭菜：原料、生产过程、特色、服务、卫生状况等。

3. 营销策略：价格、分销、促销等。

4. 学生：与食堂饭菜有关的关键消费者的行为特征。

5. 竞争者：主要的竞争对手、竞争策略等。

6. 老板：价值观、性格、管理目标、管理方法、管理水平、资源利用水平等。

三、使用头脑风暴法分析可能的原因

原因可能来自环境变化因素、食堂自身因素、管理者因素、消费者行为因素、竞争者因素等五大方面，每个方面应逐条细化。

四、评估原因

通过座谈讨论，对可能的原因逐条评估分析，排除不可能的原因。

五、确定调研问题

将确定的原因罗列出来，寻求解决方案，确定调研问题。

六、确定调研主题

根据解决方案，在客观中立的基础上确定调研主题。

某小组的例子如下。

管理决策问题：食堂生意不好。

认为的主要原因：食堂饭菜只有单一粤菜所致。

解决方案（调研问题）：增加客家菜和川菜。

调研主题：你喜欢吃哪种菜？

思考与练习

一、思考题

1. 如何理解管理决策问题和市场调研问题的关系？

2. 电子商务个体店铺经营者经常遇到的管理决策问题有哪些？

二、案例分析

S服装品牌在某电子商务平台开设了旗舰店，旗舰店的林店长感觉到最近回头客减少了，于是召见运营主管小罗，希望其找出解决方案。

小罗召开全体客服人员会议，大家讨论得非常热烈。最后提出了三个方案：①改变服装品类；②降低服装价格；③增加广告投入。

问题：

1. 小罗的做法是否科学？为什么？

2. 联系本单元内容，你认为如何做才科学？

三、实践演练

任务

1. 以4～5名学生为一组，找一家在淘宝或京东经营的店铺。

（1）收集店铺的各方面经营数据，判断其哪些方面做得不太好。

（2）探究店铺做得不太好的原因，探讨问题的解决方案，拟定调研主题。

（3）以PPT形式在课堂上进行成果汇报并当场答辩。

2. 答辩后，教师对各组成果汇报进行点评。

3. 课后，各组根据汇报情况及教师点评，重新修改整理成报告（电子及纸质版）再提交给教师。

考核

1. 教师根据各组报告内容的逻辑性（原因探究是否合理、解决方案是否有针对性、调研主题是否界定准确）及整体质量、表现形式的简洁度、讲解思路的清晰度、表达技巧的娴熟度等要素对各组评分。

2. 各组成员根据各自承担的分工内容、团队合作态度和能力、分工完成情况及质量等要素对其他成员评分，成员间的得分必须拉开适当差距，成员分工及得分情况表须附列于各组成果报告结尾处。

学习单元二　设定市场调研目标

学习目标

知识目标

1. 了解设定市场调研目标的意义和要求。
2. 掌握设定市场调研目标的工作程序。

能力目标

能根据工作实践任务，科学设定市场调研目标。

导　语

目标管理理论认为在目标明确的条件下，人们能够对自己负责。它与传统管理方式相比有着鲜明的特点：①参与管理；②以自我管理为中心；③强调自我评价；④重视成果。目标管理理论涵盖的目标制定、过程监控、评价反馈、结果运用正是现代绩效管理全流程的基础。

关键绩效指标（KPI）对于职场人来说，可能是再熟悉不过的。KPI 考核指的是在把各项工作都量化的情况下，拆分工作指标，规定员工如何完成，然后进行考核，把完成度和员工的薪水、奖金挂钩。KPI 考核的主要特点是由公司来决定员工“做什么”，执行过程和方式上是靠外在驱动力。

近年来，在电子商务行业乃至高科技行业，由于不断强调人的创新和创造力，目标与关键成果法（OKR）热度持续高涨，华为、百度、字节跳动等著名企业都在用 OKR。OKR 是一套明确和跟踪目标及其完成情况的管理工具和方法。OKR 设定首先要确定目标，与 KPI 自上而下定目标的方式不同，OKR 中的目标是由个人提出，再由组织确定，然后设定若干可以量化的关键成果，再对结果进行量化，最后考核完成情况。OKR 的主要特点是让人了解实现目标的方法，至于怎么去做好这份工作由员工自己决定，在执行过程和方式上是靠自我驱动力。

OKR 不是以考核为导向，而是一个目标牵引工具。它存在的主要目的是时刻提醒所有人，从整个组织的战略角度来看，每个人当前最重要的任务是什么。

思考：

1. 为什么说做事情设定目标很重要？

2. 在电子商务店铺经营中，一项调研工作应怎样设定目标？

一、市场调研目标的含义

一项市场调研工作在清楚地界定了调研主题，即需要解决的问题后，调研人员就要围绕该主题，系统地设定和阐述市场调研的目标，即着手解决“应该进行什么样的调研”的问题，为解决问题提供有针对性的、准确的、及时的信息，从而为后面的市场调研工作奠定基础。

市场调研目标就是用尽可能准确的语言叙述、指明市场调研工作的范围及所需要收集的信息及其用途。市场调研目标是后续调研过程中设计调研方案、选择调研方法、执行调研任务、检验调研效果的方向指南和重要依据。

市场调研目标与市场调研主题密切联系。从根本上讲，市场调研目标与市场调研主题是一致的，无论是主题还是目标都是市场调研中首先要确定的问题，市场调研目标不明确会导致市场调研主题的模糊。从操作层面上讲，它们又是有区别的。调研主题一旦确立，调研目标就可以从主题定义中引申出来，这些目标以可衡量的标准，明确决策所需要的有关信息，并确定调研所需要达到的程度。

二、设定市场调研目标的步骤

1. 设定市场调研目标的要求

（1）与调研主题密切相关。

（2）有明确具体的结果或成果。

（3）可以衡量，衡量指标可以包括质量、数量、时间、成本等，或能够通过定性的等级划分进行转化。

（4）相互认可，管理者和调研人员均认可所设定的目标。

（5）可实现性，目标既要有挑战性，又要有可行性。

（6）调研目标不能太宽泛或太狭窄。

2. 设定市场调研目标的流程

设定市场调研目标的流程如图 2-2-1 所示。

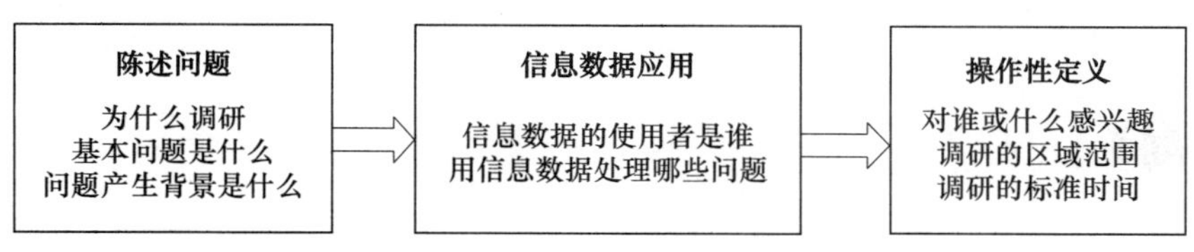

图 2-2-1　设定市场调研目标的流程

三、列出市场调研内容框架

在明确了调研问题并对调研目标做过系统陈述后，调研机构应概括性地列出调研的内容框架。

调研内容框架通常包括调研对象的相关特征信息，与调研问题现状相关的信息，与解决方案相关的信息等。

案例分析

某计算机公司的市场部经理组织调研人员进行市场调研，如果经理让员工“去了解客户都需要些什么”，就会让调研人员将调研目标设定得太宽泛而无所适从；如果经理让员工“去了解客户是否需要送货上门”，就会让调研人员将调研目标设定得太狭窄，最终导致调研所获得的信息不够全面完整。

如果经理将调研问题定为“企业送货上门是否能引起客户的兴趣”就比较合适，此时调研人员的调研目标就应该包含以下内容。

1. 确认调研区域和客户范围及调研时间段。
2. 确认客户需要企业送货上门的原因。
3. 确认哪些客户最有可能需要送货上门服务。
4. 确认采用送货上门服务能使企业客户增加的数量。
5. 确认采用送货上门服务对企业形象产生的影响。
6. 确认与其他服务方式相比，送货上门服务的重要性排序。

知识拓展

目标管理有以下三项基本原则。

第一，SMART 原则（S=specific 具体、M=measurable 可以衡量、A=attainable 可以达到、R=relevant 相关性、T=time-bound 时间期限）。

第二，方向统一原则。在总目标分解成各子目标过程中，必须确保各目标的一致性。

第三，进度统一原则。各分解目标是紧密相关的，必须过程同步，一步步靠近总目标。

工作实践

背景资料

某市交通局希望采取措施方便老年居民使用公共交通工具，但由于没有关于老年居民使用公共交通工具需求及其出行习惯的最新信息，于是委托调研机构收集相关数据。

下面这段文字是交通局对问题的陈述:“为更方便城市老年居民对公共交通工具的使用，交通局正考虑改善目前的服务。可能采取的措施包括购置特殊类型的公共汽车，对现有的公共汽车进行改装，增加新线路，可能的话还将考虑对车费实行优惠。在作出这些耗资巨大的决定与改变前，交通局需要有关老年居民对交通需求的信息，以便根据预算情况最大限度地满足老年居民的需求。”

实践任务

以 4～5 名学生为一组，综合运用本单元所学知识，帮助调研机构确定调研目标。

实践指南

一、明确决策问题及决策目标

在涉及“采取措施方便老年居民使用公共交通工具”这一决策问题时，交通局将决策目标阐释为改善目前服务来更方便城市老年居民对公共交通工具的使用。

二、明确调研主题

什么样的调研主题才能帮助交通局实现决策目标呢？这就需要明确该项目的信息需求。交通局需要了解老年居民对使用公共交通工具的需求，以及这些需求是否和如何得到满足。

三、系统陈述调研目标

1. 确认数据应用者

调研人员首先要确切地了解谁是数据的主要使用者，调研数据主要用在什么地方。根据交通局的内部分工，这项事关全局的工作具体由交通局规划部门来承担。交通局规划部门的工作人员主要把信息用于购置特殊类型的公共汽车，改装现有的公共汽车，增加新线路，对车费实行优惠。

2. 确定操作性定义

（1）决策者对谁或对什么感兴趣？在这里，决策者仅对老年居民使用公共交通工具的需求感兴趣。要求对“老年居民”“公共交通”和“使用”等都要有明确的定义。

（2）所关心的调研区域在哪里？决策者对什么地域感兴趣？仅对运行于市区范围的公共汽车感兴趣，或者是对被现有公共交通网络所覆盖的地域感兴趣？

（3）什么是调研的标准时期？在交通局的陈述中指的是现在的需求，这就意味着要了解老年居民最近（如一个星期、一个月等）乘坐公共汽车的情况。

四、列出调研内容框架

1. 老年居民

可以列出以下信息：年龄，性别，是否残疾，家庭收入，地理位置，住所类型（养老院、公寓、独立住宅），家庭构成（与谁共同生活）。

2. 交通需求

可以列出以下信息：上星期出行次数，出行频率（每天次数，区分每星期中工作日及周末），使用的交通工具，乘坐公共汽车遇到的问题，在本地旅行的次数。

3. 出行特征

可以列出以下信息：出行目的，出行的起点与目的地，出行途中受到的限制，需要的帮助，因为缺少交通工具而取消出行的次数。

4. 交通模式

可以列出以下信息：可用性（是否拥有自己的私家车等），乘坐公共汽车的花费，公共交通服务在哪些方面可以改善，采取哪些措施可以推动老年居民乘坐（或更经常乘坐）公共汽车。

思考与练习

一、思考题

1. 如何理解市场调研目标与市场调研主题的关系？

2. 怎样科学地设定市场调研目标？

二、案例分析

某公司生产了一种运动饮料。由于产品新颖，上市后颇受欢迎，供不应求。该公司考虑建新厂以增加供应能力。但是，对于这个计划是否恰当，企业内部收集的资料不多，无法准确判断。

要确定该产品是处于“成长期”或进入“成熟期”，判断的指标有：①本产品的消费者有多少？②购买者的比例是多少？③购买者满意度如何？④重复购买率如何？⑤消费者的年龄层、性别？⑥对功能的选择有何特性？⑦新产品扩散的途径有哪些？

问题：

根据上述材料，你认为该公司的调研目标应该确定为什么？

三、实践演练

背景

A网店销售坚果类减压食品如杏仁、核桃、榛子、松子等，均很受欢迎，因为顾客主要是年轻人，A网店根据市场反应增设粗粮类减压食品如玉米面、荞麦面、豆面、胚芽米、糙米等。但产品推出后即使采用系列促销方法也效果不佳。经初步调研，网店目标顾客虽然普遍喜欢减压食品，但更倾向购买“张口就能吃”的即食食品，而A网店所销售的粗粮类减压食品普遍需要进一步加工才能食用，因此，复购率很低。于是，A网店经理决定委托调研公司对粗粮类减压食品的消费市场进行调研。

任务

1. 以4～5名学生为一组，帮助A网店确定调研目标。以PPT形式在课堂上进行成果汇报并当场答辩。

2. 答辩后，教师对各组成果汇报进行点评。

3. 课后，各组根据汇报情况及教师点评，重新修改整理成报告（电子及纸质版）再提交给教师。

考核

1. 教师根据各组报告内容的逻辑性（原因探究是否合理、解决方案是否有针对性、调研目标确定是否科学）及整体质量、表现形式的简洁度、讲解思路的清晰度、表达技巧的娴熟度等要素对各组评分。

2. 各组成员根据各自承担的分工内容、团队合作态度和能力、分工完成情况及质量等要素对其他成员评分，成员间的得分必须拉开适当差距，成员分工及得分情况表须附列于各组成果报告结尾处。

模块二　组建市场调研队伍

明白了“为什么要进行调研”后，接下来就要解决“由谁来执行调研和怎样管理调研项目”的问题，为此，企业就要将调研任务委派给相关机构或安排给市场部门，挑选合格的市场调研人员，成立市场调研项目组，制定相关管理制度。

学习单元一　选择市场调研机构

学习目标

知识目标

1. 了解市场调研机构的类型。
2. 掌握选择独立性市场调研机构的要点。

能力目标

能根据工作实践任务，科学选择市场调研机构。

导　语

万科物业的安全管理水平一直是行业标杆，尤其是“安全管理”维度的客户满意度持续保持在95%以上。成绩的取得部分应归功于多年以来万科集团坚持聘请国际知名商业调查公司盖洛普对万科所有开发项目业主进行满意度调研工作。

盖洛普对万科物业进行“真实顾客暗访”并且将各服务指标数字化。第三方机构的调研每一年都为万科物业提供翔实可靠的一线资料和数据，多维度准确鉴定万科物业的服务品质，有效提升物业服务水平。

万科物业管理项目众多，且对外来人员的出入管理非常严格，这给第三方机构的调研人员开展项目调研带来一定的困难。但第三方机构迎难而上，在调研前期做足准备工作，多次召开会议，商讨调研方案，务求整个调研工作顺利进行。调研期间运用新开发的调研工具和软件，进行外部环境检查、服务现场扫描、服务过程体验及业务测试等方面的调研。调研结束后，第三方机构调研人员根据现场拍摄的照片、视频以及录音等，按环境、安全、客服、运维等维度给每一个项目打分，并详细描述现场情况，形成计分卡，让万科物业清楚知道自身存在的不足，并及时改进。

思考：

1. 万科物业为什么要选择独立的第三方机构调研客户满意度？

2. 从案例中可以看出采用第三方机构调研有哪些优势？

一、市场调研机构的类型

市场调研机构是专门从事市场调研的单位或部门。按照市场调研服务的独立程度划分，可分为非独立性市场调研机构和独立性市场调研机构两大类。非独立性市场调研机构通常是指企业内部负责市场研究和推广的部门，如市场部；独立性市场调研机构是指企业之外接受他方委托从事市场调研的主体，是进行市场调研的独立组织，具体包括各级政府部门组织的市场调研机构和专业市场调研机构两种类型。

企业在开展市场调研时，一是可以委托企业自己的非独立性市场调研机构负责此项工作，二是可以委托独立性市场调研机构来执行。

1. 非独立性市场调研机构

许多企业尤其是大中型企业都设有市场调研部或市场研究室，专门、全面地负责企业各项市场调研任务。也有的企业让某个职能部门在其主要职责外兼管全部或承担部分企业市场调研任务，较多集中于市场部、企划部、公关部、广告部、销售部等职能部门，并且配备数量不等的专兼职市场调研人员。非独立性市场调研机构的职能相对比较简单有限，较少直接从事第一手资料的大型调研，其主要职责是收集第二手商业信息，建议企业开展某项市场调研，与专业的市场调研公司联络等。

2. 独立性市场调研机构

（1）各级政府部门组织的市场调研机构

我国最大的市场调研机构为国家统计部门，国家统计局、各级人民政府统计主管部门和地方人民政府统计机构负责管理和发布统一的市场调研资料，便于企业了解宏观市场环境变化及发展趋势，指导企业微观经营活动。此外，为适应经济形势发展的需要，统计机构还相继成立了城市社会经济调查队、农村社会经济调查队、企业调查队和人口调查队等调研队伍。除统计机构外，中央和地方的各级财政、银行、工商、税务等职能部门也都设有各种形式的市场调研机构。

（2）专业市场调研机构

专业市场调研机构主要包括高校调研机构及专业市场调研公司，具有直接从事第一手资料调研的能力，但往往需要收取较高的费用。

知识拓展

有以下一些知名独立调研机构。

1. 高校调研机构

比较著名的有中国人民大学中国调查数据中心、清华大学媒介调查实验室、中国传媒大学调查统计研究所和中山大学社会科学调查中心等。

2. 专业市场调研公司

比较著名的有以下几家，它们在不同领域各有所长。

明思产业研究：专长于行业研究、竞争对手分析、产业研究、营销咨询。

新华信：专长于汽车市场研究。

AC 尼尔森：专长于零售研究。

新力市场研究（DMB Research）：专长于定位研究、广告研究。

GFK：专长于家电、通信行业的零售数据监测。

益普索：专长于品牌方面的个案研究。

慧聪：专长于平面媒体监测。

艾瑞咨询：专长于互联网研究。

零点调查：专长于行业专业调研。

策点调研：专长于房地产、消费者、满意度研究。

数字 100：专长于媒介研究。

二、独立性市场调研机构的选择

1. 选择前

企业在选择独立性市场调研机构进行调研前，应由企业的市场部门明确以下几个问题。

（1）希望市场调研机构提供何种调研活动，即准确界定调研问题。

（2）希望市场调研机构提供全过程服务还是部分服务。

（3）希望与市场调研机构长期合作还是短期合作。

（4）希望市场调研机构提交调研报告的最后期限。

（5）调研预算。

（6）调研结果是企业独家所有，还是与市场调研机构共享。

2. 选择中

企业在选择独立性市场调研机构时，应了解和考虑以下几个因素。

（1）市场调研机构的声誉和资历。

（2）市场调研机构的业务能力和专业水平。

（3）市场调研机构的经验及财力。

（4）市场调研机构的软硬件，包括公司规模、公司设施、调研工具、调研方式、人员素质等。

（5）市场调研机构报价及其收费的合理性。

通过对以上各项因素的分析、评估，把所要选择的目标机构缩减到最有可能的两三个，分别联系，要求各市场调研机构提供书面的调研建议书。

调研建议书的内容通常包括工作人员的配备、专业水平、实际工作经验和能力，抽样调研的方法和技术，拟定问卷的构思与问卷样本，选择调研人员的标准与培训计划，对问卷有效性的监督管理措施，制作图表的预估时间，项目费用预算情况等。

通过对调研建议书的比较分析，进一步了解各家机构的项目适应性，最终选择一家综合评分最高的机构。

3. 选择后

企业在确定了待聘市场调研机构后，就应当与之签订委托调研合同。

专业市场调研机构属于营利性组织，委托代理关系是一种商业关系，为了使双方的利益能得到有效的保障，必须签订合同来明确双方的权利和义务。委托调研合同一般应包括以下内容。

（1）调研范围与调研方式

以此来要求市场调研机构围绕调研目标进行策划和设计，调研方式由市场调研机构确定。调研对象、走访次数和形式等也可以写入合同。

（2）预算

合同中应写明应付金额，并应注明每个项目的开支情况，如劳务费、礼品费、管理费以及利润等。另外，要避免按日结付方法，这对企业不利。预算中还可以注明对于超预算的追加款项的处理方法，追加款在10%的范围内一般可接受。

（3）付款条件

一般采取按调研进度分期付款的方式，如果双方合作多次，信任程度较高，也可采取事前或事后付款方式。如果涉及国际市场，还要考虑货币种类及汇率问题。

（4）人员配备

合同中应注明人员配备情况，有利于委托方对承担调研工作的人员进行指导和监督。

（5）期限

合同中应约定完成期限，超期未能完成调研项目的处理办法也应一并注明。

（6）调研成果

调研成果通常就是调研报告。调研报告应有调研结果、分析、营销策略、趋势预测等内容，有的还要求提供当地生产厂商、经销商及客户的相关资料，应在合同中注明。

工作实践

背景资料

世界上著名的独立性市场调研机构有很多，就汽车行业而言，最权威的无疑是J.D.Power。J.D.Power的创始人James Dave Power在通用汽车公司任高级市场调研员时意识到了一个重要的问题：当时美国企业的经理人习惯于让各种调研报告来满足自己的需要，否则他们就要求反复修改调整调研报告，直到最终结果与他们所期望的结果一致；而且，出资做调研的企业，往往并不针对调研报告所提出的问题进行认真研究。专业市场调研机构的独立性与客观性无法得到有效保证，市场调研成果的准确性大打折扣。为此，1968年，James成立J.D.Power，秉承不受干扰地专业从事调研工作的宗旨，进而赢得了声誉。自1971年起，美国汽车企业高管已开始重视来自第三方的J.D.Power的调研报告了。现在J.D.Power的调研报告已成为汽车制造商和服务提供商日常运营必不可少的依据。J.D.Power主要提供新车质量、售后满意度、汽车性能及运行和设计调研、销售满意度四种调研报告。

现在，汽车制造商除应用J.D.Power的调研报告作为运营的依据外，还会聘请其他独立性市场调研机构出具针对其经销商（4S店）的调研报告，例如一汽大众汽车有限公司委托新华信调研公司，上海通用汽车有限公司委托赛诺调研公司调研顾客在其4S店消费的满意度状况。

实践任务

以4～5名学生为一组，讨论以下问题。

1. J.D.Power的创始人基于何种原因创办调研公司？

2. 采用第三方机构调研有何优缺点？

实践指南

1. James Dave Power在通用汽车公司的工作实践中敏锐地发现了新的市场需求：汽车公司决策层通过自己的市场部门所获得的调研信息会受到高管的主观意志影响，导致信息不客观、决策不科学，因而汽车公司的决策者希望能得到客观准确的市场信息。

2. 采用第三方机构调研，所获得的信息由专业调研机构提供，其丰富的调研经验会使调研过程更加科学。第三方机构是两个主体外的一个客体，和两个主体都有联系，但都没有任何利益冲突，能站在公正、客观的立场上，因此调研结果会更加准确可靠。但采用第三方机构调研的费用会较高。

思考与练习

一、思考题

1. 选择市场调研机构时，应关注哪些因素？

2. 和第三方机构签订委托调研合同应包括哪些要素？

二、案例分析

某企业计划投资开办一家咖啡厅，因此需要研究当地消费者的咖啡消费习惯，以考虑如何有效地进入市场和进行准确的市场定位。该企业找了 3 家本地刚成立的市场调研机构，同时找了 1 家全国知名市场调研机构在当地的分支机构。同一个项目，同样的调研方法和样本量，知名市场调研机构与本地市场调研机构之间的报价竟然相差 4 万元。有一家市场调研机构报的价格是每个样本 10 元，这个价格包括了问卷设计、问卷印刷、抽样、调研人员劳务费、调研对象礼品、复核人员劳务费等费用。根据市场调研机构报价，该企业最后选择了报价最低的那家市场调研机构。

问题:

1. 你认为每个样本 10 元的价格合理吗？为什么？

2. 联系本单元内容，你认为该企业的选择是否恰当？为什么？

三、实践演练

任务

1. 以 4～5 名学生为一组，在网上搜索一下，查查有哪些知名的专长于电子商务数据分析的市场调研机构。

（1）浏览其中两家机构的网站，查阅其成功案例，评价其特点。

（2）搜索两家机构的招聘职位及要求。

（3）以 PPT 形式在课堂上进行成果汇报。

2. 各组将成果报告（电子版）提交给教师。

考核

1. 教师根据各组成果报告内容质量、表现形式的简洁度、讲解思路的清晰度、表达技巧的娴熟度等要素对各组评分。

2. 各组成员根据各自承担的分工内容、团队合作态度和能力、分工完成情况及质量等要素对其他成员评分，成员间的得分必须拉开适当差距，成员分工及得分情况表须附列于各组成果报告结尾处。

学习单元二　甄选市场调研人员

学习目标

知识目标

1. 了解市场调研职业中的常见岗位。
2. 掌握市场调研从业人员需要具备的素质要求。

能力目标

1. 能自觉养成市场调研从业人员所需素质。
2. 能根据调研需要，甄选合格的市场调研工作人员。

导　语

要想在几个大型房产网络平台上成为销售顾问，先做一个月市场调研员（简称“市调员”）是必不可少的。小李在一个月市场调研过程中画的“扫街图”很让人佩服，连小区里一棵大树在哪里都标得清清楚楚，整个“扫街图”画得有点军事地图的味道，标记的每一处都是她亲自走过的。现在，小李给客户介绍楼盘区位环境是信手拈来，比如地铁站有多远，商超有多少家，医院、学校和银行等分布情况都摸得一清二楚。

但“扫街”还只是市场调研的初级阶段，下一个阶段就是调研个盘。个盘又分很多种，如新盘、旧盘、大盘、小盘、中心盘、市郊盘等。市调员要想获得目标盘的第一手资料就得绞尽脑汁了。首先，想办法认识开发商、代理商；其次，亲自去现场“踩盘”收集资料；最后，上网查询有关目标楼盘的信息，如竞拍对手、地价、楼面地价、承建单位等。功课做到位了，市场调研基本上就成功了一半。

思考：

1. 为什么成为销售顾问之前要先做市调员呢？
2. 对市调员有哪些素质要求？

一、认识市场调研职业

市场调研职业是指在各类企事业单位或其他组织中，为本组织或受托为其他组织从事市场调研、市场研究、统计分析及相关活动的一系列工作的总称，如市场专员、市场推广员、市场调研员、市场分析师等。

在从事市场调研职业的岗位中，市场专员是市场部门中最常见的一个岗位，承担各种基础性和协助性工作。其主要职责是执行公司市场计划，具体包括收集、分析市场信息和动态，协助制订和完成新产品推广计划，完成各类活跃品牌、提升品牌和发展品牌的推广活动等。市场专员积累了一定的工作经验和能力后，可以发展成为市场部经理、市场总监、品牌总监。

市场调研员是另一个常见岗位，其职责是通过调研、统计分析等方法获得全面、准确的市场信息和分析结论，为企业各级管理人员进行决策提供强有力的支持。

知识拓展

市场调研员包括以下常见类型。

1. 问卷市场调研员

对符合条件的调研对象进行面对面的问卷调研，从而获取信息。

2. 暗访市场调研员

对目标企业进行暗地访问，调研其服务能力，采集私密性信息等。

3. 深访市场调研员

对目标调研对象进行邀约后深度访谈。这样的访谈一般针对高端群体，访问时间较长，对调研员综合素质要求较高。

4. 电话市场调研员

对目标调研对象进行电话调研、采集数据。电话调研内容一般比较简短，对被访者要求不高。

二、经营管理者和市场调研员的区别

在企业人员岗位中，经营管理者和市场调研员的工作职能、工作性质、工作内容、工作方法和工作对象并不相同，所以对他们的能力和素质要求是不一样的，其主要区别见表 3-2-1。

表 3-2-1　　经营管理者和市场调研员的区别

区别点	经营管理者	市场调研员
管理架构中职权	直线指挥	参谋协作
主要职责	创造利润	提供信息
能力方向	制定决策	应用技术
认识事物倾向	强调解决问题	强调认识问题

续表

区别点	经营管理者	市场调研员
参与调研动机	消除隐患	发现真相
与委托企业关系	密切，带有感情	超然，不带感情
气质特征	行政型	学术型

三、市场调研从业人员的素质要求

1. 思想品德素质

坚持四项基本原则，遵纪守法，行为端正；坚持社会主义核心价值观，具有较高的职业道德修养，工作中能实事求是、公正无私；事业心强，工作认真细致勤恳，具有创新精神；谦逊有礼、诚实守信，具备较强的敬业精神、良好的团队合作精神以及较强的承压抗压能力。

2. 业务素质

综合掌握市场营销、统计学、消费者心理学、商品学、传播学、团队管理等知识和原理，具有利用各种信息资料的能力，具有对调研环境较强的适应能力，具有能够分析、鉴别、综合信息资料的能力，掌握常用办公软件和统计分析软件，具有较强的沟通协调能力、语言和文字表达能力以及执行力。

3. 身心素质

身体健康、心理健康、乐观豁达、积极向上。

四、甄选市场调研工作人员

甄选市场调研员及市场专员是调研项目能否取得成功的关键，通常包括以下几个步骤。

1. 组织各种形式的考试和测验

考试和测验内容应根据岗位的不同要求进行设计和取舍。一般而言，考试和测验涉及以下几个方面的内容：专业技术知识和技能考试、能力测验、品质测验、职业性向测验、动机和需求测验、行为模拟（情景模拟）、评价中心技术等。

通过对应聘者施以不同的考试和测验，可以对他们的知识、能力、个性品质、职业性向、动机和需求等方面加以评定，从中选出优良者，进入面试候选人的范围。

2. 面试

面试官一般应由人力资源部门主管和用人部门主管组成，应根据具体情况选择最合适的方法组织面试。面试测评的主要内容包括仪表风度、专业知识、工作实践经验、口头表达能力、综合分析能力、反应能力与应变能力、人际交往能力、自我控制能力与情绪稳定性、工作态度、进取心、求职动机、业余兴趣与爱好、应聘者关心的问题等。

3. 确定录用人员

录用人员的确定应更多尊重用人部门的意见，尽可能选择有团队精神、踏实肯干、责任心强、心态稳定的应聘者，并应接受体检。

工作实践

背景资料

D公司以O2O形式主营快消品，由于市场变化快且竞争激烈，市场部新组建了调研团队，需要招聘几名能干的市场调研员。人力资源部发布了招聘广告，并初选了一部分应聘者参加面试。作为在面试中起主导作用的市场部经理，你打算如何甄选调研团队的成员呢？

实践任务

以4～5名学生为一组，帮助市场部经理设计面试方案。

实践指南

一、选择面试官

面试官人选应和人力资源部商量确定，选择的面试官人数不宜太多，一般为3～5人，选择标准主要为精通业务、与应聘人员无亲属关系、阅历丰富、洞察力强、反应快等。

二、设计面试方案

面试方案的设计应围绕考查应聘者是否具备市场调研员素质要求这一主题来进行。

三、拟定面试内容

面试内容既要能考查出应聘者的素质，同时又要方便面试官对应聘者进行公正评价。所以，在拟定了面试内容后，一般还要制定面试内容的评分标准。

如针对市场调研员岗位，其面试内容设计可参考表3-2-2。

表3-2-2　面试内容评分表

考点	题目	得分			
		李某	王某	张某	……
仪表仪态	考查应聘者从进入面试室时直到坐下的整个过程				
表达能力、自信心	请用2～3分钟介绍一下自己				
岗位知识	请描述一下市场调研员的主要职责是什么				
	你认为市场调研员应该具备哪些主要技能				
工作态度、求职动机	有人认为市场调研员是一个吃青春饭的辛苦活，你怎样看				

续表

考点	题目	得分			
		李某	王某	张某	……
专业知识、应变能力	调研对象向你提出给红包才接受访问，你如何应对				
主动沟通	当看到顾客在某实体店铺的公司主要竞品前驻足，你该怎样和他交流				
团队沟通、人际交往	下班后同事莫名其妙对你发火，你怎么办				
专业知识、自我控制能力	当调研对象表现出不耐烦时，你该怎样处理				
服务意识、综合分析能力	你认为调研的“高服务标准”应该体现在哪些方面				
合计					
得分排名					
转换得分					

四、参加甄选，选出团队成员

甄选工作一般由人力资源部组织，由市场部具体实施。在甄选结束后，市场部与人力资源部商榷甄选结果，并由人力资源部办理聘用手续。

思考与练习

一、思考题

1. 企业为什么特别注重市场调研员应具备“实事求是”的素质要求？

2. 市场调研员如何规划自己的职业发展方向？

二、案例分析

有两个假期小李都参与了M公司的市场调研工作，让小李认识到这个行业的基本工作方式，收获很大。

第一次是对深圳新的大型商圈开业前的市场调研。由于小李英语过了六级，督导员让他和另一名调研员负责对外籍人员的调研。他们去了有较多外籍人员的益田广场。一开始，小李很胆怯，也屡屡遭拒，大家对他们比较有戒心，以为是做推销的。看到别人板着脸拒绝他，小李内心十分沮丧。终于，有一个加拿大人愿意接受访问，后面的调研工作也进行得比较顺利了。

第二次市场调研是关于各大运动品牌产品调研，比第一次的任务要简单些，但有些受访者访问没完成就走了，可能觉得调研问题太多太长，不耐烦了。

问题:

1. 从小李的第一次市场调研中，你得到哪些启发?
2. 从小李的第二次市场调研中，你得到哪些启发?

三、实践演练

任务

某经营商务男女装 O2O 业务的大型服装公司要招聘几名市场调研员，假设你被选为面试官。

1. 请以“我想要挑选的市场调研员是……”为主题，在全班同学面前进行演讲。
2. 结合情景自备素材，可合理补充背景材料，限时 2～3 分钟。

考核

教师根据每位学生演讲的主题（是否准确）、内容（是否有针对性）、仪表姿态、感情投入度、语言流畅度、表达力等要素评分。

学习单元三　管理市场调研团队

学习目标

知识目标

1. 了解市场调研项目团队的人员构成。
2. 掌握市场调研项目团队管理及市场调研人员培训方法。

能力目标

能根据调研任务，管理好调研团队和把控调研质量。

导　语

“会虫”是指为了赚取劳务费而专门赴各调研公司组织的各种市场调研会议的人。据市场信息调查业协会有关人士透露，市场调研中“会虫”泛滥、数据“掺水”的现状已经使市场调研遭遇信任危机。目前许多市场调研都是付费调研，“会虫”专门参与各种市场调研会议，只为获取一定的劳务费，由此得到的市场调研数据毫无准确性可言。有些市场调研人员为省事专门找“会虫”做分析，有些市场调研人员自己就是“会虫”。

每年在国内产出的市场调研报告中，其真实性被“会虫”缩水的为数不少。

思考:

1.“会虫”在市场调研中如何牟利?

2.一个市场调研项目应如何预防“会虫”造假?

一、组建市场调研项目团队

开展市场调研需要工作团队，这个工作团队通常应该包括以下人员。

1. 项目经理

项目经理是为调研项目的成功策划和顺利执行负总责的人，其职责是在预算范围内按时优质地领导项目小组完成调研项目全部工作内容，并使客户满意。为此，项目经理必须在一系列的项目计划、组织和控制活动中做好领导工作，从而实现项目目标。

2. 研究设计人员

研究设计人员的主要职责是负责市场调研工作的技术设计，主要包括调研方案设计、抽样方案设计、问卷设计、数据处理设计、调研报告撰写设计等。

3. 执行主管

执行主管主要负责调研方案的实施，主要工作是挑选、培训和督导调研人员按计划完成调研进度并实施质量控制。

4. 调研人员

调研人员是指具体实施调研工作的专职或兼职人员。

5. 督导员

督导员可以分为现场督导员和技术督导员。现场督导员的主要职责是对调研人员的调研情况进行监督和管理；技术督导员的主要职责是对调研人员的调研技术进行指导，协助执行主管负责调研质量控制等。在很多情况下，现场督导员和技术督导员为同一人。

6. 数据处理人员

数据处理人员负责对收集到的问卷资料进行编码，并将数据资料输入计算机，以便研究人员做统计分析处理。数据处理人员必须熟悉统计软件和办公软件的使用，打字速度较快。

二、市场调研项目团队管理

市场调研项目是为完成某一独特的服务或任务所做的一次性努力，一般来说，完成一个市场调研项目的过程如图 3-3-1 所示。

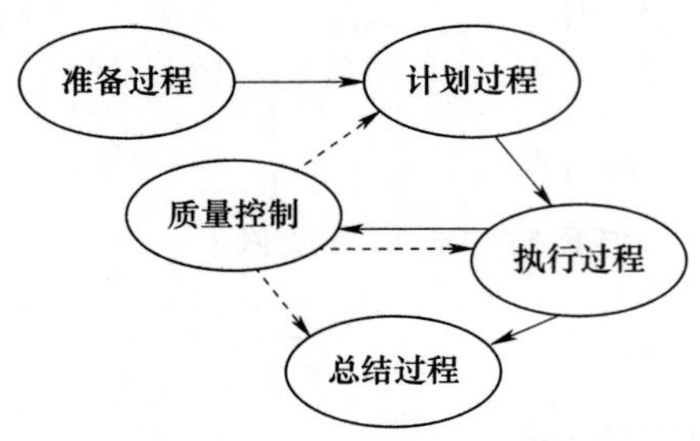

图 3-3-1　市场调研项目运作过程

在每个步骤中，都需要项目团队成员既分工又协作，高效优质地完成各自工作，并实现团队的高绩效。

1. 市场调研项目组织规划

包括制订计划、分配项目任务、明确职责以及报告关系。任务、职责和报告关系可以分配到个人或小组。这些个人和小组可能是项目团队的内部人员或小组，也可能是项目团队的外部人员或小组。

2. 人员组织和调配

人员组织包括得到所需的人力资源（个人或团队），将其分配到项目中工作。在大多数情况下，可能无法得到最佳的人力资源，但项目管理小组必须注意保证所使用的人力资源能符合项目的要求。为了保证各项工作平稳有序开展，防止出现差错，团队和个人都要制订工作计划。

3. 团队发展

团队发展包括提高项目小组相关人员作为个体作出贡献的能力和提高项目小组作为团队尽职的能力。个人能力的提高是团队能力提高的必要基础，团队的发展是项目达标的关键。

统一调研团队人员的思想与行动、充分调动团队人员的积极性是调研成功的保证。为使团队人员都能明白调研活动的意义和准确无误地执行调研方案，项目经理要对团队人员进行指导培训，以口头、书面、现场演示等方式充分说明调研方案内容，让每一名成员都做到明确调研项目的目的、执行流程、注意事项及保持宣传口径统一。在调研项目执行期间，项目经理和各组督导员要进行值班巡场，对现场工作人员是否按岗位职责积极认真工作作出检核。项目经理要定期召开进度会议，加强过程管控，总结经验教训，及时提出解决问题的合理化建议。

三、培训市场调研人员

调研团队的人员可能来自不同的行业、专业，可能会由于缺少相关工作经验而面临许多困难，要想使他们在调研中做到尽职和称职，进行调研前培训非常必要和重要。培训应坚持理论和实践相结合，针对本次调研的目的、内容和特点，或者针对某些方面的弱点，进行强化训练。对于从事督导工作的人员，还应当要求其具有实际市场调研的经验。培训市场调研人员的主要内容见表 3-3-1。

表 3-3-1　培训市场调研人员的主要内容

培训项目	主要内容	要求
准备工作培训	熟悉调研方案、流程、方法和技术等	明白调研目的和重点、难点，弄清调研组织流程，清晰理解调研方案和问卷内容等
	备好调研用品	调研问卷、身份证、学生证、介绍信、笔、纸、录音笔、拟赠物品、宣传资料、交通地图、调研对象名单和联系方式等
	进行模拟调研	找一些熟悉的人或场景进行模拟调研，准备预案和应急措施
责任意识培训	强化保密意识	调研人员应对调研对象个人隐私保密，并且不违法违规收集、使用个人信息
	严守调研纪律	按照统一安排和要求合规开展调研
	准确填写记录	记录客观准确、完整清楚，以免编码时出差错
	精确发放礼品	不要多发或少发礼品或酬金
项目操作培训	分工及任务	指定每名调研人员的调研区域、时间和调研对象
	统一问卷或记录填写方法	为了今后录入方便，规范统一作答或记录的方式和方法
	寻求调研对象配合	如果调研对象一时不能理解问题，一般是让调研对象先看问卷和问卷须知，针对调研对象不清楚的地方给予耐心解释
	质量监督	向调研人员说明会有一定的监督措施来检查其调研质量
访谈技巧培训	自我介绍	事先精心编写开场白，按规范的形式进行，调研人员应如实表明访问目的，出示身份证明
	避免中途被拒访技巧	选择适当的访问时间，尊重调研对象并注意适时引导，善于运用语言和肢体技巧等
	合理控制环境	调研应该在没有第三人的环境下进行，但调研人员总会受到各种干扰，要培训其控制环境的技巧
	保持中立态度	避免调研人员的背景和态度影响调研对象，鼓励调研对象谈他们自己及其见解
	提问与追问技巧	在访问过程中应按问卷设计的问题排列顺序及提问措辞进行提问。对于开放式问题，一般要求充分追问。追问时不要引导，也不要用新词追问，要使调研对象的回答尽可能具体
	结束访问技巧	简单总结陈述，礼貌致谢

知识拓展

培训市场调研人员的常用方法有以下几种。

1. 讲授法：传统的培训方式，用于理念性知识的培训。

2. 视听技术法：直观鲜明，制作和购买课程的成本高，内容易过时且调研人员的反馈与实践较差。

3. 讨论法：分为一般小组讨论与研讨会两种方式，信息可以多向传递，学习参与性高，可以训练调研人员分析、解决问题的能力与人际交往的能力，但对培训教师的要求较高。

4. 案例研讨法：培训费用低，反馈效果好，可以有效训练调研人员分析解决问题的能力。

5. 角色扮演法：信息传递多向化，反馈效果好，实践性强，费用低，多用于人际关系能力的训练。

6. 互动小组法：主要适用于人际关系与沟通训练，但培训效果在很大程度上取决于培训教师的水平。

7. 游戏法：在游戏中培养调研人员的综合素养，但对游戏的设计要求较高。

8. 网络培训法：使用灵活，信息量大，传授新知识、新观念的优势明显，符合分散式学习的新趋势，节省学员集中培训的时间与费用。

9. 项目教学法：在培训教师的指导下处理项目的全过程，干中学，学中干，提高学习兴趣和效果。

四、市场调研过程管理

市场调研过程管理主要包括成本控制、时间控制和调研人员管理等几个方面。

1. 市场调研成本控制

市场调研成本控制是调研项目组在保证调研质量和进度的前提下，在项目实施过程中尽可能地降低成本，使项目实际发生的成本控制在项目预算范围内。

在实际调研中，可以采取以下措施控制调研成本。

（1）建立健全岗位责任制度和奖惩措施，以提高项目组人员的积极性。

（2）根据调研目标，确定调研路线、地点、人员及时间进度，调研路线规划要科学，地点的确定要有代表性，不要进行重复性调研，兼职调研人员数量的确定要合理，尽可能减少人工费用。

（3）科学设计调研方法，尽量降低损耗，对差旅费、礼品费等制定科学的管理和报销制度并严格执行。

（4）资料的获取与复印，调研问卷的打印、收发、保管等环节，要尽可能减少损耗，责任明确到人。

2. 市场调研时间控制

项目经理必须按时、保质地完成项目，其主要管理工作包括定义调研项目的任务及排序，估算每项任务的合理工期，制订项目进度计划，监控项目进度等内容。

项目组必须强化在“第一时间”内完成任务的观念。“第一时间”观念至少应包括三个方面的含义：一是严格遵守计划时间，在规定时间段完成任务；二是充分利用时间，不浪费时间；三是有效利用时间，提高工作效率。项目经理应当采取各种不同的手段和方法来强化项目团队成员的“第一时间”观念，增强整个团队和每个人的责任感、紧迫感和在第一时间完成任务的意识。在此基础上，通过培训、自我学习、实践、工作交流等方法，提高项目团队成员的专业水平和团队的整体协作能力。

项目经理要制订进度计划并督促团队成员执行，让团队成员建立“时间日志”，完整、准确记录自己的时间使用情况。

知识拓展

常见的项目管理方法有以下两种。

1. 工作分解结构法

工作分解结构法是将一个项目按一定的原则分解，项目分解成任务，任务分解成一项项工作，再把一项项工作分解到每个人的日常工作活动中，直到分解不下去为止，然后按照一定的模式定向分派给个人去完成。

2. 甘特图

甘特图是以横轴表示时间，纵轴表示项目，线条表示在整个项目期间计划和实际的完成情况，通过项目列表和时间刻度形象地表示出特定项目的活动顺序与持续时间。可以直观地表明任务计划在什么时候进行，以及实际进展与计划要求的对比。项目经理由此可方便地厘清项目还剩下哪些工作要做，并可评估工作进度。

3. 市场调研人员管理

在实际调研中，有时会出现调研人员作弊的问题，如调研人员自填问卷、违规选择样本、录音作假（请调研对象配合访问内容）、执行不规范等。项目经理应建立足够严格的质量控制制度、采取适当的方法以保证项目整体数据的可靠性，从而使数据分析和决策建议不至于偏离正确的方向。对调研人员的质量控制一般包含以下六种方法。

（1）制度体系

调研项目组必须建立严密的调研制度体系。健全管理制度，规范调研流程，落实培训效果，保管原始资料，强化人员责任，建立监督机制等，争取做到有错必究、究必到人。

（2）现场监督

调研人员在进行现场工作时，督导员要进行监督并对不规范行为予以纠正。

（3）暗访

抽调部分资深调研人员或督导员对调研人员的现场工作进行暗中观察，以防止调研人员不按规范流程和技术标准进行调研。

（4）审核问卷或记录

对调研人员收集的记录或问卷进行检查，查看是否存在明显的造假、错漏、前后矛盾、笔迹相同等现象。

（5）电话回访

督导员对调研人员取得的调研样本进行电话回访，以检验样本、资料和信息的真实性。

（6）实地复访

督导员对调研人员取得的调研样本进行实地复访，以检验样本、资料和信息的真实性。

工作实践

背景资料一

某调研项目组王经理计划对新招聘的调研人员进行一次访谈技巧培训，经过摸底，调研人员关注度较高的问题是如何应对拒访。

实践任务一

以4～5名学生为一组，帮助王经理设计一堂培训课，主题是调研人员应对拒访的方法和技巧。

实践指南一

一、如何避免访谈开始就被拒访

1. 调研人员的内心一定要强大，应树立信心，要做好受挫的心理建设，同时又要百折不挠有耐心。

2. 调研人员要注意个人形象，着装应整洁大方得体。要注意个人卫生，佩戴工作牌，面带笑容，尊重调研对象。

3. 自我介绍要按规范的形式进行，这是调研人员和调研对象的首次沟通，是能否顺利访谈的关键环节。通常在问卷设计中要精心编写开场白（自我介绍词）。

4. 调研人员自我介绍时要热情、自信，如实表明访问目的，出示身份证明。有效的开场白可增强潜在调研对象的信任感和参与意愿。

5. 以轻松自然的语气、通俗的语言与调研对象对话，使谈话的气氛轻松活跃，像聊家常一样，不要让调研对象感觉是在审问他。

二、如何避免访谈中途被拒访

1. 选择适当的访问时间。

2. 如果调研对象不理解或不明白调研的目的，心存戒备，调研人员应耐心解释调研目的，强调保密原则。消除调研对象排斥、逆反心理。

3. 如果调研对象提出“为什么选我，而不选其他人”的问题，调研人员要说明抽样的方法及其科学性，可以解释“您是我们通过严格的随机抽样方法抽选出来的，您的意见对我们访问数据质量很重要”等。

4. 如果调研对象以“现在没空”为由拒访，调研人员要主动提出其他时间，通常运用“二选一”法，如“18 点还是 20 点”，而不是问调研对象“什么时间合适”。

5. 如果调研对象以“现在很忙”为由拒访，调研人员应强调访问时间不长，如“只需要耽误您 10 分钟时间问几个问题，会很快的，谢谢您！”但调研人员给出的时间不要太离谱，否则会影响下面的访问，让对方觉得你不诚实而终止访问。

6. 如果调研对象以自己“缺乏了解，说不出什么”为由拒访，调研人员应该告诉调研对象:“我们调研的目的是让每个人有阐明自己看法的机会，所以您的看法对我们很重要”或“您把您知道的情况说出来就可以了”等，以鼓励调研对象说话。

7. 如果调研对象以“不感兴趣”为由拒访，调研人员可以解释:“这是抽样调研，每个人的意见都很重要，请您帮忙，否则调研结果就会出现偏差。”

8. 如果访问时有其他人插话，应该有礼貌地说:“您的观点很对，我待会儿请教您。”

9. 调研人员在访问中，除表示出礼节性兴趣外，不要作出任何其他反应。即使对方提问，调研人员也不能说出自己的观点。要向调研对象解释，他们的观点才是真正有用的。

10. 如果遇到调研对象说“可以接受访问，但要先浏览一下问卷，或看看其他人的答卷”这种情况，调研人员应强调访问的保密性和客观性，如“问卷和个人资料都是保密的，我对调研对象的信息资料负有保密的责任和义务，因此既不能随便把别人的问卷给您看，也不能随便把您的问卷拿给别人看，很抱歉”。以不卑不亢、认真负责的工作态度引起调研对象重视并配合访问。

11. 当调研对象滔滔不绝又偏离主题时，调研人员应择机采用适当方法，有礼貌地将话题重新引回访问主题上。

背景资料二

新生军训后，迎来国庆假期，小王想勤工俭学，恰好学院发布招聘兼职市场调研人员的信息，于是小王毫不犹豫地报了名。面试是在晚上，参加面试的 20 多人中一半是打扮时尚的师兄师姐。面试官简单说了条件，好消息是报酬丰厚，达 150 元 / 天，坏消息是只招 4 人，而且人要大方、大胆，能听、讲粤语。当时小王就泄气了，因为他虽是广东人，但不会讲粤语，只是勉强能听懂，小王主动告诉了面试官实情。正当小王准备离开时，面试官却让他留下参加培训。培训时强调在调研中要礼貌、微笑，并介绍了一些礼仪常识，最后还特别提醒他们带上学生证，说是方便证明身份。

兼职第一天，他们被安排在繁华的中山四路进行随机调研，面对行色匆匆的人群，小王很激动，露出昨晚专门对着镜子练习过的微笑，捧着厚厚一叠问卷迎上去，用临时学来的粤语搭讪：“您好，先生 / 小姐，可以接受我们的一个简短调研吗？”正当他憧憬自己的真诚微笑杀伤力有多大时，事实给了他残酷一击，往往他话还没说完呢，大多数人已经远远避开，或者冷着面孔打断拒绝，甚至用疑惑的眼光上下打量一番，摇着头走开。再加上调研问卷要填写个人资料和联系方式，有些本来愿意填写问卷的人也都不愿填了。剩下被好言劝下的几个人也是半信半疑地写个“李生 / 张小姐”敷衍一下，心情好的留个固定电话，手机号码一般都不给。

大半天下来，小王才完成了不到 30 份问卷，沮丧、伤心、困顿、失望之情显露无遗，同系的美女搭档见状把他偷偷拉到一边，教他自己填上资料。小王看着她那多出一叠的问卷，恍然大悟。几番思虑，小王鼓起勇气填表，却发现心虚手颤，好不容易填了两份，拿给搭档一看，她掩嘴大笑：“手机号码哪有 10 个数字的啊？”小王窘了个大红脸，“这样做太辛苦了，提心吊胆的，我干不了”。遂停下笔，又向行人迎去。

实践任务二

阅读以上材料，试分析回答以下问题：

1. 面试官为什么会选中小王？

2. 面试官让兼职者带上学生证的用意是什么？

3. 美女搭档和小王谁更聪明？项目经理如何防止类似美女搭档的作弊行为？

实践指南二

1. 面试官看上的是小王的诚实朴素谦虚，这是调研人员最需要具备的素质。

2. 利用学生身份能有效消除调研对象的戒备提防心理，提高问卷调研成功率。

3. 美女搭档是耍小聪明，骗不了管理严格的公司和严格的项目经理，反而容易将自己的职业生涯道路引入歧途；反之，小王更聪明。

要防止调研人员作弊，须制定严格的管理制度，从招聘到培训到项目实施，各个环节要紧密结合起来；设置和挑选认真负责的督导员；项目执行时调研人员只能在某一指定区域完成问卷，先完成一定数量的问卷并经督导员审核无误后，才能再派其他问卷给调研人员继续访问；抽查问卷和暗访等。

思考与练习

一、思考题

1. 对市场调研人员的培训主要有哪些内容？

2. 市场调研过程管理主要有哪些内容？

二、案例分析

2022 年上海车展期间，一家市场调研公司承担了替某汽车经销商调研汽车市场的项目。按照汽车经销商的要求，需要有 200 名拥有高档汽车的调研对象作为样本，然而，这家调研公司为了赚钱而弄虚作假。当天到达会场的只有15个人是开车去的，其余的人都还没有汽车，甚至有的人就是调研公司请来充数的。结果，这一切都被经销商聘请的企业调研项目专职督导员拍摄下来，汽车经销商怒不可遏。在铁证面前，根据相关合同，这家调研公司后来不得不赔偿了50万元。

问题：

1. 市场调研中通常有哪些作弊行为？

2. 为什么市场调研项目团队通常要设置督导员或者质控员岗位？其岗位职责主要有哪些？

三、实践演练

任务

1. 以4～5名学生为一组，利用课余时间，在校内开展访谈，访谈主题不限。每组学生需要列出访谈提纲或设计问卷。

（1）在学校运用各种认识陌生人的办法访谈不认识的学生，征求60名以上学生（不能是同班，要注意性别、年级和专业的分布相对均匀）的意见，在调研本上签名（专业＋班级＋姓名＋日期），并分别单独合影留证。

（2）再在学校想办法访谈教职员工，征求20名以上教职员工（不能是同部门，要注意性别、年龄和部门的分布相对均匀）的意见，在调研本上签名（部门＋姓名＋日期），并分别单独合影留证。

2. 在规定时间内以PPT形式提交报告给教师。

考核

1. 教师根据各组完成符合要求的签名和合影人员数量、人员分布的均匀性、照片的完整性、合影的自然性对各组评分。

2. 各组成员根据各自承担的分工内容、团队合作态度和能力、分工完成情况及质量等要素对其他成员评分，成员间的得分必须拉开适当差距，成员分工及得分情况表须附列于各组成果报告结尾处。

模块四　确定市场调研工具

明确市场调研的总体方向后，就要做好具体调研工作的筹划安排，主要包括设计市场调研方案，选择市场调研技术，控制抽样调研误差，制定抽样调研方案，设计市场调研问卷等。

学习单元一　设计市场调研方案

学习目标

知识目标

1. 了解设计市场调研方案的意义。
2. 掌握设计市场调研方案的思路和流程。

能力目标

能根据市场调研任务及目标，科学设计市场调研方案。

导　语

在 20 世纪 70 年代初，便利商店进入日本。当时某市场调研机构选择家庭主妇为调研对象，对便利商店这一新的商业零售业态的发展前景展开了市场调研。

调研过程中发现，当时日本超级市场林立，家用汽车普及，开始实行双休日，全家周末一起去大型超市购物风行。调研结论是家庭主妇每周的购物次数减少，偏向于集中购物，每次购物的消费额增加。

很显然，调研结果认为便利商店所处的经营环境非常不利。但是，后来实践证明，便利商店不但站稳脚跟，而且多年高速成长，直到今天仍是相当成熟的零售业态。

思考：

1. 该市场调研机构为什么选择家庭主妇作为调研对象？

2. 该项市场调研失败的主要原因是什么？

一、市场调研方案的含义

市场调研方案是指在执行实际调研之前，根据市场调研的目的和要求，对调研的各个方面和全部过程所做的通盘规划和整体工作安排。这里所讲的调研工作的各个方面是对调研工作的横向设计，就是要考虑调研所涉及的各个组成项目。例如，对某市商业企业竞争能力进行调研，就应将该市所有商业企业的经营品种、质量、价格、服务、信誉等方面作为一个整体，对各种相互区别又有密切联系的调研项目进行整体考虑，避免调研内容出现重复或遗漏。这里所说的全部过程，则是对调研工作的纵向设计，它是指调研工作所需经历的各个阶段和环节，即调研资料的收集、整理和分析等。

市场调研方案是否科学、可行，关系到整个市场调研工作的成败。从认识角度上讲，设计市场调研方案已从单一定性认识过渡到了定性、定量认识相结合的开始阶段；从实践要求上讲，凡事预则立，设计市场调研方案能够指导后续调研工作的方向；从工作程序上讲，设计市场调研方案是对整个调研工作先作出统一考虑和安排，从而保证调研工作有秩序、有步骤地顺利进行，减少调研误差，提高调研质量。

知识拓展

项目策划书是指对某个项目进行策划，并展现给项目负责人的文本，是对目标项目规划的概述和实现目标项目的指路灯。项目策划书的基本框架是包容策划所有内容的“容器”，它会因项目的不同而不同，但同一类项目会有一定的相似性，其基本原则包含客观（创新和创意自觉、能动地符合策划对象的客观实际）、整合（明确资源性质进行整合）、定位（明确的方向和具体的目标）、信息（信息收集、加工与整理是关键）和可行性原则。

二、设计市场调研方案的步骤

设计一份科学完整的市场调研方案的流程如图 4-1-1 所示。

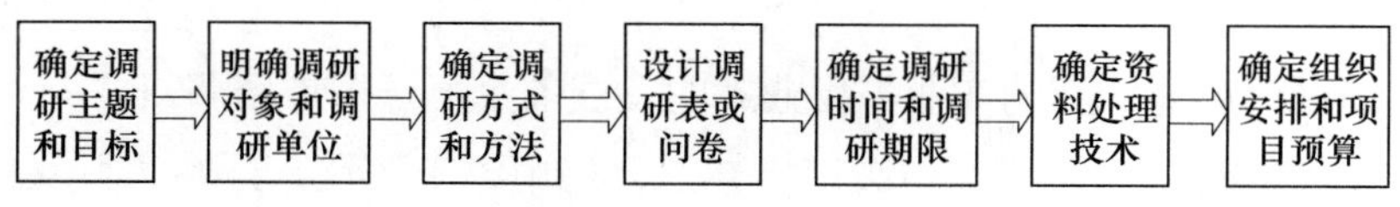

图 4-1-1　设计市场调研方案流程

1. 确定调研主题和目标

确定调研主题和目标是设计市场调研方案的第一步，也是关键的一步，确定调研主题就是要解决为什么要开展调研、应该怎样开展调研等问题。而确定调研目标需要用尽可能准确的语言描述所需要的信息。

2. 明确调研对象和调研单位

确定调研主题和目标之后，就要明确调研对象和调研单位，这主要是为了解决向谁调研和由谁来具体提供资料的问题。调研对象就是根据调研主题和目标来确定调研的范围以及所要调研的总体，它是由某些性质上相同的许多调研单位所组成的。调研单位就是调研总体中的个体，即调研对象中的一个个具体单位，它是调研中要调研登记的各个调研项目的承担者或信息源。例如，为了研究某市广告公司的经营情况及存在的问题，需要对该市广告公司进行全面调研，那么，该市所有广告公司就是调研对象，每一家广告公司就是调研单位。又如，如果你想调研某校学生是否购买笔记本电脑，那么你的调研对象应是全校所有学生，该校每一个学生就是调研单位。

在确定调研对象时，必须根据调研主题和目标严格规定调研对象的含义，并指出它与其他有关现象的界限。总之，不能让任何接触调研项目的人存在对调研对象理解上的歧义。例如，以城市职工为调研对象，就应明确职工的含义，厘清城市职工与非城市职工、职工与居民等概念的界限。

3. 确定调研方式和方法

市场调研方式是指市场调研的组织形式，通常有全面调研、重点调研、抽样调研三种。调研方式的选择应根据调研的目的和任务、调研对象的特点、调研费用的多少、调研的精度要求作出选择。

市场调研的常用方法如图 4-1-2 所示。究竟采用何种方法应考虑调研资料收集的难易程度、调研对象的特点、数据取得的源头、数据的质量要求等因素。

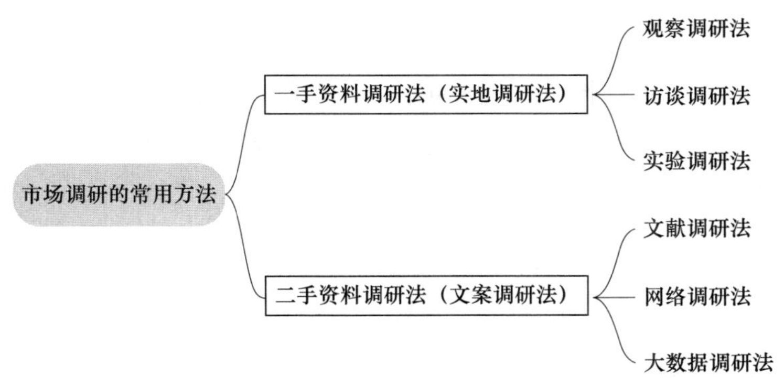

图 4-1-2　市场调研的常用方法

4. 设计调研表或问卷

调研表或问卷既可作为书面调研的记载工具，也可作为口头调研的提纲。调研表是用纵横交叉的表格按一定顺序排列调研项目的形式；问卷是根据调研项目设计的对调研对象进行调研、询问，并记录回答内容的试卷，是市场调研收集资料的常用工具。

5. 确定调研时间和调研期限

调研时间是指调研资料的所属时间，即应收集调研对象何时的数据。调研时期现象（收入、支出、产量、产值、销售额、利润额等流量指标）时，应确定数据或指标项目的起止时间；调研时点现象（期末人口、存货、设备、资产、负债等存量指标）时，应明确规定统一的标准时点（期初、期末或其他时点）。

调研期限是指整个调研工作所占用的时间，即一项调研工作从调研策划到调研结束的时间长度。通常应根据调研课题的难易程度、工作量大小、时效性要求等合理确定调研期限，并制定调研进度安排表。

6. 确定资料处理技术

主要应确定资料处理的基本目标和要求，数据资料的处理技术，使用的分析软件，数据资料的处理结果及形式等。常用的软件是 Excel 和 SPSS。

7. 确定组织安排和项目预算

根据调研工作量的大小，明确调研工作对调研人员的要求及需求规模，确定调研人员的选择、培训和组织等。企业委托外部市场调研机构进行市场调研时，还应对双方的责任人、联系人、联系方式等作出规定。准备调研需要的必备物资，充分考虑各项可能的开支因素，尽可能准确地估算所需经费总额。

工作实践

背景资料

在国内休闲服装市场品牌众多、市场竞争异常激烈的形势下，广东东莞 H 服装公司欲开发新的休闲男性服装 C 品牌期冀开发新市场。H 服装公司决策层决定委托 Y 市场调研公司开展市场调研，帮助公司确定如何进行产品定位及如何制定营销策略，从而使新开发的服装品牌能够成功打开市场。

实践任务

以 4～5 名学生为一组，阐述该项目市场调研方案。

实践指南

一、确定调研主题和目标

1. 与委托方接洽，明确调研意图。

2. 收集资料，分析问题的背景。

3. 确定市场调研的主题和目标。

本次市场调研的主题是真实地反映休闲服装市场的竞争状况，为C品牌的定位及决策提供科学的依据。

确定市场调研的目标如下。

（1）了解目前休闲男装市场的竞争状况和特征。

（2）了解竞争对手的市场策略和运作方法。

（3）了解休闲男装市场的渠道模式和渠道结构。

（4）了解消费者对休闲男装市场的消费习惯和偏好。

（5）了解休闲男装市场的品牌三度（知名度、美誉度、消费者忠诚度）情况。

（6）了解消费者对休闲男装产品的认知和看法。

二、明确调研对象和调研单位

1. 信息资料及来源界定

围绕调研主题，需要收集下列资料。

（1）同类企业（竞争对手）的相关资料、休闲男装市场的背景资料。这些资料主要通过互联网、委托企业获得。

（2）零售商与代理商经营情况资料。这些资料在委托方提供名录后，通过有针对性的实地调研获得。

（3）消费者信息资料。这些资料需要调研人员选定调研个体对象后获取。

2. 调研范围界定

H服装公司服装销售渠道是本地及国内其他城市的商场专柜、O2O专卖店，消费者为成年男性，竞争对手为国内同类服装的生产厂家。确定广东省内的广州、深圳、东莞，广东省外的南宁、福州、上海、武汉、成都作为调研地，并且以这些城市的商业中心为焦点，同时辐射一些中高档生活小区。

3. 调研单位界定

调研对象是调研范围及需要调研的总体，调研范围确定后，可确定所要调研的单位。

（1）零售商：商场的零售专柜经营者。

（2）代理商：O2O专卖店经营者。

（3）消费者：成年男性。

三、确定调研方式和方法

根据所确定的信息资料来源和调研对象，考虑调研工作的人力状况与项目预算，可采用多种方式开展调研。

1. 采用抽样调研方式得到调研样本对象

从调研对象的全部单位中抽取一部分单位进行考查和分析，并用这部分单位的数量特征去推断总体的数量特征。

2. 采用文献调研法收集行业背景资料

通过检索同类企业的经营资料、相关网站与媒体提供的信息资料等途径，获取目前休闲男装市场的竞争状况和特征、竞争对手的市场策略和运作方法等。这部分属于二手资料，所检索的企业、资料等按随机方式确定。

3. 采用访谈调研法、观察调研法获取零售商、代理商的资料

普查调研城市的零售商、代理商，通过访谈、实地考察收集原始资料。

四、设计调研问卷及调研提纲

1. 零售商与代理商的访谈提纲

访谈的内容应当围绕以下几个方面的问题设定。

（1）所销售或代理的服装经营情况，包括销售额、利润、进货周期、畅销款式等。

（2）消费对象（顾客）的信息资料，包括顾客的年龄、职业、款式偏好、价格承受力，回头客的多少，淡季与旺季，新款服饰的销售情况等。

（3）竞争对手的信息资料，包括同类休闲男装品牌的销售情况与业绩。

2. 设计调研问卷的内容

主要内容包括消费者所在单位及职业、对于休闲男装的着装偏好、曾经购买休闲男装的情况、最近购买意愿、对于休闲男装品牌的认知等。

五、确定调研时间和调研期限

1. 调研时间：2022 年 10 月 1 日至 15 日。

2. 本项调研工作完成期限为 2022 年 10 月 30 日。

六、确定资料处理技术

1. 数据信息录入技术

数据录入利用 Excel 软件完成。

2. 数据信息分析技术

可以使用专业的统计软件 SPSS 对问卷进行数据分析，也可以使用 Excel 的统计分析功能进行数据分析。

七、确定组织安排和项目预算

1. 每个调研城市派 1 名督导员、1 名全职专业人员实施管理工作。

2. 每个调研城市招聘 10 名在校大学生作为市场调研人员，主要为女性，有经验者优先录用。

3. 人员培训要统一制作培训资料，内容应当涉及职业道德、访谈技术、项目内容介绍、模拟演练等。

4. 经费预算由项目经理与公司商议确定。

在以上基础上再撰写市场调研方案。

思考与练习

一、思考题

1. 如何理解设计市场调研方案的意义？

2. 市场调研方案主要包含哪些内容？

二、案例分析

“最近两年，宠物食品市场空间增加了两三倍，激烈的竞争把很多国内企业逼到了死角”，在上海做宠物食品生意的李老板注意到这则信息后，立刻意识到，在渠道相近的情况下，谁开发出好的产品，谁就有发展前途。以前做生意靠经验，现在产品设计要建立在科学的调研基础上。李老板决定开始为产品设计做消费情况调研。

为了能够了解更多的消费信息，李老板设计了精细的问卷，在上海选择了 1 000 个有宠物的消费者作为调研样本，调研内容涉及宠物食品价格、包装、食量、消费周期、口味、配料等方面，几乎覆盖了所能想到的全部因素。

不久，李老板研发的新配方、新包装的狗粮产品上市了，旺销只持续了一星期，随后就是全面萧条，后来产品在一些渠道甚至遭到了抵制。过低的销量让李老板很惊讶：“经过科学调研研发的产品为什么还不如以前我们凭感觉研发来得准确？”

3 个月后，新产品被迫从终端撤回，产品革新宣布失败。李老板从此逢人便说市场调研是多余且无用的。

问题：

1. 你认同李老板认为“市场调研是多余且无用的”观点吗？

2. 联系本单元内容，你认为李老板失败的原因是什么？

三、实践演练

任务

1. 以 4～5 名学生为一组，先在网上搜索几篇市场调研方案作为参考样本，再从下面给出的选题中选择 1 个完成市场调研方案设计。

选题一：某菲律宾华侨夫妇投资创办了一家留学教育机构，主要业务是为中国学生赴菲律宾留学提供全方位服务，但他们对国内情况很不了解，也拿不准应如何开展营销工作，因而急需市场调研支持。

选题二：有机构看准养老市场这一行业，准备以“大学 + 医疗 + 娱乐”模式进军高端养老市场，急需市场调研支持。

选题三：许多在城市工作的年轻白领想回到家乡开展农村电子商务创业，急需市场调研支持。

2. 以 PPT 形式在课堂上进行成果汇报并当场答辩，教师对成果汇报进行点评。

3. 课后，各组根据汇报情况及教师点评，重新修改整理调研方案（电子及纸质版）再提交给教师进行评分。

考核

1. 教师根据各组方案的内容逻辑性及整体质量、表现形式的简洁度、讲解思路的清晰度、表达技巧的娴熟度等要素对各组评分。

2. 各组成员根据各自承担的分工内容、团队合作态度和能力、分工完成情况及质量等要素对其他成员评分，成员间的得分必须拉开适当差距，成员分工及得分情况表须附列于各组成果报告结尾处。

学习单元二　选择市场调研技术

学习目标

知识目标

1. 了解全国人口普查对各行业的意义。
2. 掌握各类市场调研技术的含义和特点。

能力目标

能根据调研任务及目标，科学选择市场调研技术。

导　语

在管理学的激励理论中，赫茨伯格提出的双因素理论认为，引起人们工作动机的因素主要有激励和保健两个因素，只有激励因素才能够给人们带来满意感，而保健因素只能消除人们的不满，但不会带来满意感。

按照双因素理论，公司的政策、行政管理、监督、工作条件、工资、地位、安全等因素的改善，并不能真正地激发员工的积极性（非激励因素），而只能消除员工的不满（保健因素），这在实践中引起许多争论。究其原因，赫茨伯格该项理论的调研样本仅有200份左右，调研对象主要是工程师和会计师这些中高层人士，他们在工资、安全、工作条件等方面都比较好，有着更高的物质、精神需求和奋斗目标，所以上面的这些因素对他们自然不会起激励作用，因此该调研是有局限性和非典型性的。

思考：

1. 双因素理论的应用局限在哪里？

2. 双因素理论的背景调研采用的是什么方法？

根据市场调研的组织方式不同，市场调研技术可分为全面市场调研、非全面市场调研和大数据调研。

全面市场调研是对市场调研对象总体都进行调研，具体技术是市场普查。非全面市场调研是对市场调研对象总体中的一部分进行调研，常用的技术有市场典型调研、市场重点调研、市场抽样调研等。随着网络信息技术的进步，大数据调研技术的兴起给传统的调研技术带来了颠覆性的影响。

一、市场普查

1. 市场普查的含义

市场普查也称市场全面调研或市场整体调研，它是对市场调研对象总体的全部单位无一例外地逐个进行调研，目的是了解市场的一些至关重要的基本情况，对市场状况作出全面、准确的描述，从而为制定相关政策、计划提供可靠依据。

知识拓展

2021 年 5 月 11 日，国家统计局在国新办发布会上发布了第七次全国人口普查关键数据，在人口总量方面，全国人口共 141 178 万人，共有家庭户 49 416 万户，具有大学文化程度的人口 21 836 万人，人口平均年龄 38.8 岁。

第七次全国人口普查是指第七次有关全国人口信息的调研，此次人口普查标准时点为 2020 年 11 月 1 日零时，人口普查的对象是在中华人民共和国境内的自然人以及在中华人民共和国境外但未定居的中国公民，不包括在中华人民共和国境内短期停留的境外人员。普查主要调研人口和住户的基本情况，内容包括姓名、性别、年龄、民族、受教育程度、行业、职业、迁移流动、婚姻生育、死亡、住房等情况。

开展全国人口普查涉及范围广、参与部门多、技术要求高、工作难度大，但意义巨大。能全面查清我国人口数量、结构、分布等方面的最新情况，是制定和完善未来收入、消费、教育、就业、养老、医疗、社会保障等政策措施的基础；能及时查清人口总量、结构和分布等人力资源结构信息，帮助企业更加准确地把握城乡、区域、产业结构及发展趋势等状况；完善国家人口发展战略和政策体系，促进人口长期均衡发展，为经济社会可持续发展奠定基础。

2. 市场普查的特点

（1）普查资料的准确性和标准化程度比较高，作为制定政策、计划的依据，可靠度较高。

（2）普查适合于了解宏观、中观、微观市场的一些至关重要的基本情况，掌握调研总体的特征。

（3）普查的费用比较高，调研工作的时间较长，应急性和时效性较差，调研工作量大。因而普查只宜对总体的基本特征进行研究，对组成总体的每个单位不做更多的具体分析。

3. 市场普查的注意事项

（1）普查项目必须简明，要统一规定调研项目。

（2）普查的时间必须统一，要确定一个统一的调研时点（标准时点）。

（3）要统一普查步骤和方法。

（4）选择适当的普查时间，迅速完成普查任务。

知识拓展

中华人民共和国成立后，至今共进行了 7 次人口普查。前 3 次人口普查先后于 1953 年、1964 年和 1982 年举行。根据《中华人民共和国统计法实施细则》和国务院的决定，自 1990 年开始改为每 10 年一次。为了保证普查质量，采用预查复查制，并开展事后抽样复查。

第七次全国人口普查是重大国情国力调查，也是一次全国性的重大政府行为，人口普查是全数调查，为了保证普查对象不重不漏，需要普查员走访每家每户，对居住的人口进行登记。由于我国幅员辽阔、人员流动频繁、人口基数大、居住地分散、工作转换频率高、多人同时拥有多户住房等复杂情况的存在，难度之艰巨可想而知。摸清国家家底靠的是基层党组织和政府的坚强领导和无数普查员的攻坚克难，其间涌现出很多先进集体和优秀普查员。

二、市场典型调研

1. 市场典型调研的含义

市场典型调研是在对市场现象总体进行分析的基础上，从市场调研对象中选择具有代表性的部分单位作为典型，进行深入、系统的调研，并通过调研结果来认识市场现象的本质和规律。

2. 市场典型调研的特点

（1）典型调研的优点

典型调研的调研单位少，可以节省大量的人力、财力、物力；调研可以深入、全面、细致地研究市场现象的本质和规律；在时间上也比较节省。

（2）典型调研的缺点

在选择典型单位时难以完全避免主观随意风险；对于调研结论的适用范围，只能根据调研人员的经验判断，无法用科学的手段作出准确测定。

3. 市场典型调研的注意事项

（1）必须正确选择典型单位

这是保证市场典型调研可行性的关键。所谓典型单位就是对总体具有代表性的单位，也就是说典型单位必须具有市场现象的一般性，而不是某些特殊的现象。一般来说，在选择典型单位时大致有两种做法：一种是从市场调研总体中直接选择典型单位；另一种是对市场调研总体分类后，从各类别中选择典型单位。前者适用于市场现象发展比较平衡，总体各单位之间无明显差异的情况，此时从总体中直接选择的典型单位即可保证对总体的代表性；后者适用于市场现象总体发展不平衡，总体各单位之间具有明显差异的情况，且这种差异可以将总体划分为若干类别，此时，应从各类别中选择典型单位。

（2）典型调研必须把调研与研究结合起来

只有在调研过程中认真研究市场现象，才能从特殊事物中总结出一般性规律，才能得到对市场现象本质和规律的认识。

（3）要正确应用典型调研的结论

应严格区分典型单位所具有的代表同类事物的普遍性一面和典型单位本身由一定的条件、环境和因素所决定的特殊性一面。必须对这两方面内容加以区分和说明，而且要特别说明其普遍性所适用的范围。

三、市场重点调研

1. 市场重点调研的含义

市场重点调研是从市场调研对象总体中选择少数重点单位进行调研，并用重点单位的调研结果来反映市场总体的基本情况。这里的重点单位是指其数量在总体中所占比重不大，但其某一数量标志值在总体标志总量中所占比重却比较大，通过对这些重点单位的调研，就可以了解总体某一数量的基本情况。

案例分析

在市场调研中，适合用重点调研方法的有很多。例如，从全国众多的钢铁企业中，选择宝武集团、河钢集团、沙钢集团、鞍钢集团、首钢集团、山东钢铁、太原钢铁、华菱集团等若干重点企业进行调研，就能大致了解全国钢铁生产的状况，因为这些重点钢铁企业的产量占全国钢铁产量的50%以上。又如，通过对新疆、河南、江苏、湖北、山东、河北、安徽等七省重点产棉区棉花产量的调研，就能掌握全国棉花生产的基本情况。再如，通过对全国各大城市大型商业企业商品零售额的调研，就可以了解到全国商品零售额的基本情况。

2. 市场重点调研的特点

（1）市场重点调研的优点

调研单位数量不多，调研工作量小，易于组织，可节省人力、物力、财力和时间。

（2）市场重点调研的缺点

若总体各单位发展比较平衡呈现均匀分布时，则不能采用市场重点调研；当总体中的少数重点单位与众多的非重点单位的标志值结构不具有稳定性时，市场重点调研的结果只能说明总体的基本情况，而不能用来推断总体的数量特征。

3. 市场重点调研和市场典型调研的区别

（1）选择调研单位的标准不同

市场典型调研必须选择对总体具有代表性的单位，而市场重点调研选择的是总体中的重点单位。

（2）调研的目的不同

市场典型调研通过对典型单位的研究，可以认识同类现象的本质和规律，借以达到由特殊到一般的认识目的；市场重点调研则是通过对重点单位的调研，认识总体的基本情况。

四、市场抽样调研

1. 市场抽样调研的含义

市场抽样调研，又称概率抽样调研、随机抽样调研，是指调研人员为了特定的调研目的，按照随机原则从调研总体中抽取一部分单位作为样本而进行的一种非全面调研。其目的是根据样本调研的结果来推断总体的数量特征。

2. 市场抽样调研的特点

（1）市场抽样调研的优点

应用广泛，调研方式科学，调研费用较经济，信息获取有实效，调研结果准确性高。

（2）市场抽样调研的缺点

抽样调研方案设计较复杂、要求高，一般调研人员难以胜任。

五、大数据调研

1. 大数据调研的含义

大数据是指海量信息无法在一定时间范围内用常规软件进行捕捉、管理和处理，而是需要通过新的处理模式才能形成更强的决策力、洞察发现力和流程优化能力的数据集合，具有资源容量大、类型多、价值密度小等特点。大数据调研是指从各种各样类型的数据中快速获得有价值的信息。

2. 大数据调研的特点

大数据调研颠覆了传统市场调研方式，对于调研问题，可以凭借着海量的历史数据样本，借助多种公开的大数据工具进行预分析处理，之后再进行人工选择性介入处理，将两者进行比对，进行多轮测试，帮助发现问题。

工作实践

背景资料

做好售后服务工作，既是大型家电企业对网上平台专卖店的管理要求，也是网上平台专卖店能获得回头客的主要途径。

网上平台专卖店送货安装和维修养护后，网上平台专卖店和大型家电企业都可能会安排专人对客户进行电话跟进调研，调研客户对网上平台专卖店各工作流程服务质量的满意度。

实践任务

以 4～5 名学生为一组，讨论并回答以下问题。

1. 做好售后服务工作对大型家电企业和网上平台专卖店各有何意义？

2. 大型家电企业和网上平台专卖店对客户调研时，采用的调研技术分别是普查还是抽查？为什么？

实践指南

一、做好售后服务工作的意义

1. 对大型家电企业的意义

售后服务是产品一次营销的最后过程，也是再营销的开始，它是一个正向反馈的长期循环的过程；好的售后服务可以提升产品的整体价值，有助于树立企业品牌，增强竞争能力，提高营销工作的效率；好的售后服务可以提高客户对企业品牌的满意度，提升重复购买率，扩大产品的市场占有率。企业在做好售后服务的过程中，可以进一步了解客户和竞争对手更多的信息，并从中了解和获取更多关于改进产品和创新产品的信息。

2. 对网上平台专卖店的意义

好的售后服务是一种广告，是为店铺赢得信誉的关键环节，可以带动维修保养服务以及耗材和同品牌其他产品的销售；在同行及同业竞争中树立优势，有利于店铺做大做强；能与客户进一步增进感情，为下一步合作打下基础；售后服务的过程既是增加客户获得感的过程，也是增值过程的新开始，还是服务人员积累经验、提高技巧、增长才干的过程。

二、采用的调研技术方式

1. 大型家电企业的客户调研通常采用抽查方式

大型家电企业的调研目的在于监督网上平台专卖店管理是否到位、服务是否规范，并对所有网上平台专卖店的管理水平进行评比，但因为面对的客户数量多、分布广，如采用普查，工作量大且成本高，因而只需要在保证调研结果的可信度条件下采用抽查即可达到调研目的。

2. 网上平台专卖店的客户调研通常采用普查方式

网上平台专卖店的调研目的在于严格管理工作流程，监督员工的服务水平，提高好评率，提升店铺整体形象，并获取客户的信息资料及意见反馈。面对的客户数量不太多且分布较窄，采用普查才能达到调研目的，加上客户关系管理软件的运用，工作量和成本都容易被接受。

思考与练习

一、思考题

1. 选择市场普查还是市场抽查，主要考虑哪些因素?

2. 市场重点调研和市场典型调研分别适用于哪些场合?

二、案例分析

某企业计划对旗下所有店铺的员工开展一次培训，为此需要进行培训内容需求的调研，负责此次调研的小李在对全部 38 家店铺进行粗略分析的基础上，认为 A 店在公司所有店铺中无论是开店年限、规模、营业额、员工数量还是所处区域都具有较强的代表性，因而决定选定 A 店员工作为调研对象。

在征得经理同意后，小李通过问卷的方式对 A 店所有员工进行了培训内容需求调研，并统计分析了调研结果。实践证明，公司其后组织的培训效果非常好，小李也为此获得了公司的表扬。

问题:

小李获得公司表扬的原因是什么？他采用的是哪种调研技术?

三、实践演练

任务

1. 以 4～5 名学生为一组，调研全校学生的每月生活费用水平，如分别采用重点调研和典型调研的方法，讨论如何确定调研对象、制定调研方案。

2. 以 PPT 形式在课堂上进行成果汇报，教师对成果汇报进行点评并评分。

考核

1. 教师根据各组方案的内容逻辑性及整体质量、表现形式的简洁度、讲解思路的清晰度、表达技巧的娴熟度等要素对各组评分。

2. 各组成员根据各自承担的分工内容、团队合作态度和能力、分工完成情况及质量等要素对其他成员评分，成员间的得分必须拉开适当差距，成员分工及得分情况表须附列于各组的 PPT 报告结尾处。

学习单元三　控制抽样调研误差

学习目标

知识目标

1. 了解抽样调研常用术语的含义。
2. 掌握在精度范围内确定样本数量和控制误差的方法。

能力目标

能根据调研任务、目标及要求，控制抽样调研结果误差，确定样本数量。

导　语

某职业院校的小张为了调研全校学生所用手机的价格区间和品牌占比情况，利用周末在校园内随机调研访问了50名学生，并统计了调研结果在课堂上予以展示，但当场被其他学生质疑此调研结果与平时他们所感觉的实际情况并不相符，小李更是断定小张的调研过程造假，小张极其气愤，马上展示其原始调研材料进行回击，双方在课堂上争论起来，谁也说服不了对方。

思考：

1. 你会认同小张的调研结果吗？为什么？
2. 如果你不认同小张的调研结果，你会如何改进？

一、抽样调研常用术语

1. 总体

总体是所要调研对象的全体，其容量用N来表示。

2. 个体

个体，也称单元，是构成总体的元素。

3. 样本

样本是从总体中按一定原则或程序抽出的那部分个体所组成的集合，用n表示。

4. 样本容量

样本容量，也称样本数，是指一个样本的必要抽样个体（单位）数目。

5. 抽样单位

抽样单位是指被抽取样本中的一个或是一组元素，抽样基本要求是要保证所抽取的样本单位对全部样本具有充分的代表性。

6. 抽样框

抽样框，也称抽样框架或抽样结构，是指对可以选择作为样本的总体单位列出名册或排序编号，以确定总体的抽样范围和结构，如学生花名册、工商企业名录、意向购房人名册等。例如，要从 10 000 名职工中抽出 200 名组成一个样本，则 10 000 名职工的名册就是抽样框。

7. 置信度

置信度，也称可靠度或置信水平、置信系数，即估计值与总体参数在一定允许的误差范围以内，其相应的概率有多大。

8. 抽样误差

抽样误差是指由于随机抽样的偶然因素使样本各单位的结构不足以代表总体各单位的结构而引起抽样指标和全及指标的绝对离差。

二、抽样调研结果误差分析

在抽样调研中，用样本指标代替全及指标所产生的误差可分为两种：一种是由于主观因素破坏了随机原则而产生的误差，称为系统性误差；另一种是由于抽样的随机性引起的偶然的代表性误差，即抽样误差。另外，在采用抽样方法进行调研时，因各种原因导致调研对象未答调研问卷，从而引起调研结果出现误差的情况，称为无响应偏差。

1. 系统性误差

系统性误差产生的主要原因及控制措施见表 4-3-1。

表 4-3-1　　系统性误差产生原因及控制措施

产生原因	主要特征	控制措施
调研设计	调研方案不完善、调研问卷不科学等	科学论证方案、审核问卷设计
调研人员	业务水平、职业操守、工作态度、工作方法等	甄选、培训、激励、监督
调研对象	理解误差、记忆误差、环境干扰、抵触情绪、多重任务干扰等	工作安排及调研问题聚焦目标对象，争取配合

2. 抽样误差

抽样误差产生的主要原因及控制措施见表 4-3-2。

表 4-3-2　　抽样误差产生原因及控制措施

产生原因	主要特征	控制措施
个体差异程度	差异程度越大，抽样误差越大；反之亦然	1. 准确选定抽样方法 2. 正确确定符合调研误差要求的适当样本数目 3. 总体差异度小，可以相对确定较少的样本数目 4. 允许误差越小，抽样数目越多 5. 加强对抽样的组织管理工作
样本容量大小	样本容量越大，抽样误差越小；反之亦然	
抽样方法和方式	一般来说，不重复抽样比重复抽样误差小；等距随机抽样和分层随机抽样误差比简单随机抽样和整群随机抽样小	

知识拓展

抽样误差是抽样调研所固有的，虽然无法避免但可以运用数学公式计算，以确定其具体的数量界限，并通过抽样设计程序加以控制，因此抽样误差也可以称为可控制的误差。

3. 无响应偏差

无响应偏差主要由两方面原因引起。一是在确定抽样框时，目标群体的一些组成部分没有被纳入抽样框，没有被纳入的部分与纳入的部分是有差异的，从而影响调研结果。二是调研对象不合作，拒绝接受调研，当响应者和无响应者之间存在差异的时候，就造成了无响应偏差。

案例分析

某调研公司受托调研 W 市（一线城市）居民对某项服务的意见，采用在工作日白天随机抽取固定电话进行抽样调研的方式。但在一线城市，许多家庭已经不安装固定电话，而且在工作日的白天多数家庭只有老人在家，如果使用随机拨号的方法，接听固定电话人群的特征与没有接听固定电话人群的特征是有显著区别的，因而此项调研肯定存在较大的无响应偏差。

控制无响应偏差的主要方法有两个。一是增加样本容量。二是提升调研人员的素养，设计问卷尽量简短，选择适当的访问时间，提供一些有吸引力的礼品等以提高问卷响应率。

三、样本数量的确定

根据抽样分布理论，在大样本条件下，样本统计量可视同服从正态分布。调研精度值越大，样本量越小，总体误差值就越大；反之，精度值越小，样本量越大，总体误差值就越小，但会增加抽样工作量和调研成本。

样本数量确定应科学合理。一方面，可以在既定的调研费用下，使抽样误差尽可能小，以保证抽样推断的精确度和可靠性；另一方面，可以在既定的精确度和可靠性下，使调研费用尽可能少，以保证抽样推断的最大效果。

知识拓展

根据数理统计规律，样本量增加呈直线递增的情况下（样本量增加一倍，成本也增加一倍），抽样误差只是样本量相对增长速度的平方根递减，因此，样本量的设计并不是越大越好，通常会受到经济条件的制约。

目前，可以在互联网上找到样本量计算器，直接输入总体数、置信度、抽样误差等数据，就可以轻松获得所需要的样本量。

除利用数学统计公式来计算样本量，还有一种常用的方法，即采用经验数据，如抽样误差为 5%、置信度为 95% 的情况下，常用抽样经验数据见表 4-3-3，随机抽样时，只要在接近经验数据处直接选取样本数即可。

表 4-3-3　　常用抽样经验数据（误差 5%、置信度 95%）

总体数	30	110	210	320	550	1 100	1 700	4 000	8 000	20 000	> 20 000
样本数	28	86	136	175	228	285	313	351	367	377	> 400

工作实践

背景资料

某品牌主打面向青年白领的商务装，在天猫和京东平台上都开设了旗舰店，后台数据库存有近 26 万名老客户的联系方式。公司现在想对老客户进行电话调研以确定新品设计方向，经与某调研公司联系，调研公司初步确定的样本数是 4 800 个，报价为设计问卷及系列工作 5 000 元 + 每个调研样本 6 元，并表示没有还价空间。

实践任务

以 4～5 名学生为一组，讨论该项调研报价能否合理压缩。

实践指南

调研报价中的固定成本难有还价空间，但变动成本应该科学核定。

变动成本主要由样本数和样本单价的积构成，样本单价难有还价空间，那就应该从样本数入手。样本数的科学设计，应该在保证足够的精确度和可靠性的情况下，使调研需要的样本数尽可能少。在该任务中，样本总量为 260 000 的情况下，如果将抽样误差定为 5%、置信度定为 95%，则抽样样本数为 384；如果将抽样误差定为 2%、置信度定为 95%，则抽样样本数为 2 379；如果将抽样误差定为 2%、置信度定为 99%，则抽样样本数为 4 095。

从以上分析可见，样本数有合理下调的空间，也就是报价有压缩空间。

思考与练习

一、思考题

1. 市场抽样调研中如何合理确定抽样样本数？
2. 怎样控制抽样调研结果误差？

二、案例分析

世界知名调研机构盖洛普公司的一举成名来自 1936 年的美国总统大选。

在 1936 年美国总统大选前，因运用抽样调研技术而连续五届准确预测了美国总统大选结果的《文学摘要》杂志社又认真做了一次民意测验：通过电话簿和车辆登记簿上的人名录来抽取样本，并以铺天盖地之势发出了 1 000 万份问卷，覆盖了美国 1/4 的选民人口，调研兰登和罗斯福两人中谁将当选下一届总统。通过分析收回的调研表，该杂志社认为兰登将以 57% 对 43% 的比例获胜，而实际选举结果却与预测大相径庭，罗斯福以 62% 对 38% 的巨大优势获胜！从此《文学摘要》杂志社一蹶不振，不久就关门停刊了。为什么此次《文学摘要》杂志社的预测失准了呢？

就在《文学摘要》杂志社进行铺天盖地的民意调研时，盖洛普也对美国总统大选结果的预测调研做了精细的规划，将 5 万个样本按全体选民的构成比例分配给各类族群和阶层，并根据调研结果预测罗斯福会获胜，结果完全正确，从此名声大噪。

问题：

1.《文学摘要》杂志社调研失败的原因是什么？
2. 在特定的调研中，是否抽取样本数越大，调研结果误差就越小？为什么？

三、实践演练

任务

1. 以 4～5 名学生为一组，采用抽样方法调研全校学生的月生活费用水平，请根据全校人数，合理确定调研样本数，并制定有效控制误差的方法。

2. 以 PPT 形式在课堂上进行成果汇报，教师对成果汇报进行点评并评分。

考核

1. 教师根据各组方案的样本数合理性、控制误差方法的整体逻辑性、表现形式的简洁度、讲解思路的清晰度、表达技巧的娴熟度等要素对各组评分。

2. 各组成员根据各自承担的分工内容、团队合作态度和能力、分工完成情况及质量等要素对其他成员评分，成员间的得分必须拉开适当差距，成员分工及得分情况表须附列于各组的 PPT 报告结尾处。

学习单元四　制定抽样调研方案

学习目标

知识目标

1. 了解抽选样本常用方法和技术。
2. 掌握各类抽取样本技术的操作要点。

能力目标

能根据调研任务、目标及要求，合理设计抽样调研方案。

导　语

某体育用品公司专注于大学生消费群体，生产各类运动器材并采用 O2O 销售模式。为了更好地了解大学生的运动偏好特征，该体育用品公司委托某大学城一高校学生组织进行市场调研。

该学生组织的几名成员精心设计了调研问卷，并依据大学城各高校的大致人数分配了调研人数，然后利用课余时间到各高校的足球场随机调研，再归总进行统计分析，最后得出调研结果。

调研结果显示，大学生普遍喜欢运动，平均每周运动 6.16 天，平均每次运动时间为 1.62 小时，最喜欢的运动形式是踢足球和跑步。

思考：

1. 你认为该调研结果科学吗？
2. 你会怎样进行调研？

根据抽选样本的方法不同，抽样调研方法可以分为概率抽样和非概率抽样两类，如图 4-4-1 所示。

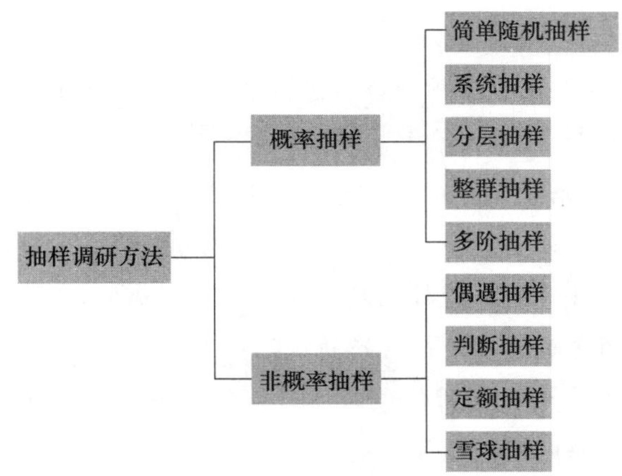

图 4-4-1　抽样调研方法分类

一、概率抽样

概率抽样是按一定程序依照随机原则从总体中抽出一部分个体组成样本，通过研究样本，从数量上对总体的某些特征作出估计推断，并对推断可能出现的误差从概率意义上加以控制。概率抽样的具体方法有简单随机抽样、系统抽样、分层抽样、整群抽样和多阶抽样等。

1. 简单随机抽样

简单随机抽样是指从总体 N 个单位中任意抽取 n 个单位作为样本，使每个可能的样本被抽中的概率相等的抽样方式。

简单随机抽样一般可采用直接抽取、掷骰子、抽签、查随机数表等办法抽取样本。在市场调研中，由于总体单位较多，前三种方法较少采用，主要运用后一种方法。

查随机数表法就是利用随机数表抽取样本的方法。随机数表又称随机号码表、乱数表（见表 4-4-1）。它是将 0～9 的 10 个自然数，按编码位数的要求（如两位一组、三位一组、五位一组甚至十位一组），利用特制的摇码器（或电子计算机），自动地逐个摇出（或电子计算机生成）一定数目的号码编成表，以备查用。

表 4-4-1　　随机数表

03	47	43	73	86	36	96	47	36	61	46	99	69	81	62
97	74	24	67	62	42	81	14	57	20	42	53	32	37	32
16	76	02	27	66	56	50	26	71	07	32	90	79	78	53
12	56	85	99	26	96	96	68	27	31	05	03	72	93	15
55	59	56	35	64	38	54	82	46	22	31	62	43	09	90
16	22	77	94	39	49	54	43	54	82	17	37	93	23	78

案例分析

要从 86 家店铺中抽选 9 家作为样本进行调研，利用查随机数表法，其具体步骤如下。

第一步：将 86 家店铺编号，每一家一个编号，即 01 ～ 86（每家店铺编号为 2 位数）。

第二步：在表 4-4-1 中，随机确定抽样的起点和抽样的顺序。假定从第二行、第四列开始，抽样顺序从左往右抽（横的数列称为“行”，纵的数列称为“列”）。

第三步：依次抽出号码（两位一组，如遇到号码大于 86 的则舍去），由此产生的 9 个样本单位号码的店铺就是此次抽样调研的对象。

2. 系统抽样

系统抽样是将总体中各单位按一定顺序排列，根据样本容量要求确定抽选间隔，然后随机确定起点，每隔一定的间隔抽取一个单位的抽样方式。系统抽样最主要的优点是简便易行，且当对总体结构有一定了解时，充分利用已有信息对总体单位进行排队后再抽样，则可提高抽样效率。

案例分析

要从 91 家店铺中抽选 9 家作为样本进行调研，利用系统抽样法具体步骤如下。

第一步：将 91 家店铺顺序编号，每一家一个编号，即 1 ～ 91。

第二步：确定抽样间隔。已知调研总体 $N = 91$，样本数 $n = 9$，则抽样间隔为 N/n（取整数）$= 10$。

第三步：确定起抽号码。先从前 10 号（抽样间隔）中随机抽取 1 个号作为起抽号码，如此次随机抽取的号码为 6。

第四步：确定样本。从第 6 号（起抽号码）开始，按照抽样间隔将全部号码选取出来：6、16、26、36、46、56、66、76、86。编号为以上这些号码的店铺就是此次抽样调研的对象。

3. 分层抽样

分层抽样是将总体的 N 个单位分成互不交叉、互不重复的若干个部分，称为层；然后在每个层内分别抽选若干个样本，构成一个容量为 n 个样本的一种抽样方式。分层的作用主要有三个：一是为了工作的方便和研究目的的需要；二是为了提高抽样的精度；三是为了在一定精度的要求下，减少样本的单位数以节约调研费用。分层抽样是应用最为普遍的抽样技术之一。

案例分析

某公司有 1 000 家店铺，按照店铺营业收入规模进行分类，其中年营业收入超过 1 000 万元的 A 类店有 260 家，年营业收入在 600 万～1 000 万元的 B 类店有 570 家，余下的为 C 类店。公司现在欲抽选 100 家店铺作为样本，调研店铺毛利构成情况，利用分层抽样法具体步骤如下。

第一步：计算抽样比例。调研总体 $N = 1\,000$，样本数 $n = 100$，则抽样比例 $k=n/N = 10\%$。

第二步：确定层数及各分层数据。按营业收入规模分类，宜分为 3 层：第一层（A 类）总体 $N_1 = 260$，第二层（B 类）总体 $N_2 = 570$，第三层（C 类）总体 $N_3 = 170$。

第三步：确定各层应抽取样本数。第一层（A 类）样本数 $n_1 = k \times N_1 = 26$，第二层（B 类）样本数 $n_2 = k \times N_2 = 57$，第三层（C 类）样本数 $n_3 = k \times N_3 = 17$。

第四步：确定各层抽取的样本。此步可运用简单随机抽样法或系统抽样法分层确定。

4. 整群抽样

整群抽样是将总体中各单位归并成若干个互不交叉、互不重复的集合，称为群；然后以群为抽样单位抽取样本的一种抽样方式。应用整群抽样时，要求各群有较好的代表性，即群内各单位的差异要大，群间差异要小。

案例分析

某公司欲调研 A 县居民收入及消费情况，利用整群抽样法具体步骤如下。

第一步：确定调研总体。该县有 100 000 名居民，调研总体 $N = 100\,000$。

第二步：确定分群的标注，总体（N）分成若干个互不重叠的部分，每个部分为一群。按行政村将居民分群，该县共有 100 个行政村，因而该县共有 100 个群。

第三步：根据各样本量确定应该抽取的群数。假如该例中确定抽取 6 个群，即 6 个行政村。

第四步：采用简单随机抽样或系统抽样方法，从 100 个群（村）中抽取 6 个群（村）。

5. 多阶抽样

多阶抽样是指在抽取样本时，分为两个及两个以上的阶段从总体中抽取样本的抽样方式。其具体操作过程是：第一阶段，将总体分为若干个一级抽样单位，从中抽选若干个一级抽样单位组成抽样框；第二阶段，将入样的每个一级单位再分成若干个二级抽样单位，从抽样框的每个一级单位中各抽选若干个二级抽样单位再组成抽样框，以此类推，直到获得最终抽样框。

案例分析

某企业需要调研全省居民的购买情况，利用多阶抽样法具体步骤如下。

第一步：分层。对全省居民，按人均收入从高到低将各县级行政区域（县级市、县、地级市管辖的区）排列，然后按人均收入高低将各县级行政区域分成3个层次，最后按人口比例在3个层次中共抽出50个县级行政区域。

第二步：粗分。在这50个单位中，在每一单位中按简单随机抽样法抽出3个村（居委会）。

第三步：细分。在每个村（居委会）按简单随机抽样法抽出5户作为样本。所以最后样本数为750（50×3×5）个。

二、非概率抽样

非概率抽样就是调研人员根据自己的方便或主观判断抽取样本的方法，其具体方法有偶遇抽样、判断抽样、定额抽样和雪球抽样等。

1. 偶遇抽样

偶遇抽样是指调研人员根据实际情况，为方便开展工作，选择偶然遇到的人作为调研对象，或者仅仅选择那些离得最近的、最容易找到的人作为调研对象的抽样方式。

常见的未经许可的街头随访或拦截式访问、邮寄式调研、杂志内问卷调研等都属于偶遇抽样的方式。它的优点是花费小（包括经费和时间）、抽样单元接近、容易测量；缺点是存在选择偏差，如调研对象的自我选择、抽样的主观性偏差等。

2. 判断抽样

判断抽样是基于调研人员对总体的了解和自身经验，从总体中抽选有代表性的单位作为样本的抽样方式。这种方法的优点是能够发挥调研人员的主观能动性，缺点是受主观因素影响较大。

案例分析

某奢侈品企业需要调研全国居民的购买力情况，利用判断抽样法具体步骤如下。

第一步：分析。奢侈品消费者主要集中在发达的大城市及沿海开放地区。

第二步：判断。根据全国经济发展分布水平和地理位置，选择北京、上海、深圳、成都四个城市作为调研区域。

3. 定额抽样

定额抽样是根据总体的结构特征来给调研人员分派配额，以取得一个与总体结构特征大体相似的样本的抽样方式。配额保证了在这些特征上样本的组成与总体的组成是一致的。

案例分析

假设某小区有 2 000 名居民，其中男性占 60%，女性占 40%；在职和非在职各占 50%；少儿、青年人、中年人及老年人分别占 30%、20%、40% 和 10%。现要用定额抽样法依上述三个变量抽取一个规模为 100 人的样本。

依据总体中各结构的构成比例和样本规模，可以得到样本分配定额（见表 4-4-2）。

表 4-4-2　　样本分配定额

类别	男性（60）								女性（40）							
	在职（30）				非在职（30）				在职（20）				非在职（20）			
按年龄划分	少儿	青年	中年	老年	少儿	青年	中年	老年	少儿	青年	中年	老年	少儿	青年	中年	老年
人数	9	6	12	3	9	6	12	3	6	4	8	2	6	4	8	2

4. 雪球抽样

雪球抽样是先随机选择一组调研对象，访问这些调研对象之后，再请他们提供另外一些属于所研究目标总体的调研对象，根据所提供的线索，选择此后调研对象的抽样方式。

例如，要调研退休老年人对旅游产品的消费偏好，可以清晨到公园结识几位散步的老年人，再通过他们结识其朋友，由此滚雪球，就可以调研一大批老年朋友。

知识拓展

抽样调研步骤如下。

界定总体—制定抽样框—确定调研的信度和误差—计算样本规模—决定抽样方式—分割总体—确定样本—实施抽样调研并推测总体。

工作实践

背景资料

某职业学院的基本情况如下:共有5个二级学院，其中3个工科学院、2个文科学院；工科 A 学院 500 人，男女比例为 7∶3；工科 B 学院 400 人，男女比例为 6∶4；工科

C 学院 360 人，男女比例为 8∶2；文科 D 学院 480 人，男女比例为 3∶7；文科 E 学院 660 人，男女比例为 6∶4。

实践任务

现欲调研该学院学生所使用手机的价格区间和品牌占比情况，计划抽查 120 人，请设计一份较科学的抽样调研方案。

实践指南

一、确定调研总体（N）和抽样样本（n）

调研总体（N）为全校学生数，$N = 500+400+360+480+660 = 2\,400$；计划抽查 120 人，$n = 120$。

二、根据调研目的，分析调研总体（N）的构成特点

学生选择手机通常会与性别、院系有关，因而设计抽样方案时应将性别、院系这两个关键变量考虑进去。

三、设计抽样方法

根据已有资料及总体构成特点，总体上宜采用定额抽样法将抽样名额按人数比例分配到各学院，然后各学院再采用系统抽样法选出待调研个体。

四、计算样本指标

抽样比例：$k=n/N = 120/2\,400 = 5\%$。根据抽样比例及各学院男女比例可计算出：

工科 A 学院抽样样本 $n_1 = kN_1 = 0.05\times500 = 25$，其中：男生 18 人，女生 7 人（或男生 17 人，女生 8 人）；

工科 B 学院抽样样本 $n_2 = kN_2 = 0.05\times400 = 20$，其中：男生 12 人，女生 8 人；

工科 C 学院抽样样本 $n_3 = kN_3 = 0.05\times360 = 18$，其中：男生 14 人，女生 4 人；

文科 D 学院抽样样本 $n_4 = kN_4 = 0.05\times480 = 24$，其中：男生 7 人，女生 17 人；

文科 E 学院抽样样本 $n_5 = kN_5 = 0.05\times660 = 33$，其中：男生 20 人，女生 13 人。

五、制定抽样方案

各学院将男生、女生分别按顺序排列，根据分配的样本指标，使用系统抽样法，确定出全部 120 个待调研个体。

思考与练习

一、思考题

1. 选择抽样调研方法时，主要考虑哪些因素？

2. 抽样调研方案具体包含哪些要素？

二、案例分析

调研某城市居民的年收入情况拟抽取 1 000 个样本。假定该市共有 500 个居委会，每一个居委会平均有 100 户居民。调研人员以居委会为单位，采用简单随机抽样法抽出

10 个居委会，共 1 000 户，然后把这 10 个居委会的 1 000 户居民视为样本进行普查。

问题：

1. 该调研采用了抽样调研的哪种具体方法？
2. 你认为该抽样调研方案科学吗？为什么？

三、实践演练

背景

某市有 200 所完全小学，共 120 000 名学生。这些小学分布在全市的 8 个行政区内，各区的社会经济发展水平有一定差距，以 1～8 区为序，分别有 15、20、26、24、27、23、30、35 所完全小学，各所完全小学的人数为 200～1 000 人不等。现在要采取抽样调研方法调研全市小学生开展体育运动的相关情况，要求置信度为 99%、误差为 2%。

任务

1. 以 4～5 名学生为一组，为此项调研工作设计一个抽样调研方案。
2. 以 PPT 形式在课堂上进行成果汇报，教师对成果汇报进行点评并评分。

考核

1. 教师根据各组方案的样本数合理性、控制误差方法的整体逻辑性、抽样调研的技术形式、抽样实施步骤，以及报告表现形式的简洁度、讲解思路的清晰度、表达技巧的娴熟度等要素对各组评分。

2. 各组成员根据各自承担的分工内容、团队合作态度和能力、分工完成情况及质量等要素对其他成员评分，成员间的得分必须拉开适当差距，成员分工及得分情况表须附列于各组的 PPT 报告结尾处。

学习单元五　设计市场调研问卷

学习目标

知识目标

1. 了解市场调研问卷的作用和构成。
2. 掌握市场调研问卷的设计步骤和原则。

能力目标

能根据调研任务、目标及要求，设计合格的市场调研问卷。

导 语

某职业学院一学生社团组织在校园开展了一次有关玩网络游戏情况的问卷调研，部分问卷内容如下。

1. 您的性别？（单选）

A. 男（　　）　　B. 女（　　）

2. 您是否玩网络游戏？（单选）

A. 是（　　）　　B. 否（　　）

3. 您是否认为过度玩网络游戏对身体有害？（单选）

A. 是（　　）　　B. 否（　　）

4. 有人认为沉迷于玩网络游戏会影响学习，您同意吗？（单选）

A. 不同意（　　）　　B. 不知道（　　）　　C. 同意（　　）

5. 您一天玩几小时网络游戏？（单选）

A. 0 小时（　　）　　B. 1 ~ 3 小时（　　）

C. 3 ~ 5 小时（　　）　　D. 5 小时以上（　　）

6. 您对学习和玩网络游戏的看法是？（单选）

A. 玩网络游戏对学习非常有帮助（　　）

B. 玩网络游戏会对学习造成较大影响（　　）

C. 应合理安排玩网络游戏和学习的时间（　　）

D. 其他（　　）

调研统计结果非常理想：全校 99.2% 以上的学生都能认识到沉迷于网络游戏的危害，并能合理安排学习和游戏时间。

思考：

1. 你认同这个调研结果吗？为什么？

2. 如果你不认同这个调研结果，那你认为应如何改进调研问卷的内容？

一、市场调研问卷概述

调研问卷又称调研表或询问表，是以问题的形式系统地记载调研内容的一种印件。问卷的形式有表格式、卡片式、簿记式等。通过市场调研问卷可以收集、记录、整理和分析有关市场的信息资料，从而了解市场发展变化的现状和趋势，为企业经营决策提供依据。

一份比较完善的市场调研问卷（以下简称问卷）通常由前言、主体内容和结束语三部分组成。

问卷前言主要是对调研目的、意义及填表要求等的说明，包括问卷标题、调研说明及填表要求。前言部分文字须简明易懂，能激发调研对象的兴趣。

问卷主体内容是市场调研所要收集的主要信息，它由一个个问题及相应的选择项目组成。通过主体部分问题的设计和调研对象的答复，市场调研人员可以对调研对象的个人基本情况和对某一特定事物的态度、意见倾向以及行为有较充分的了解。

知识拓展

调研对象真实意思的表达是调研问卷的生命线，问卷的设计一定要将尊重调研对象放在第一位，并站在调研对象的立场、心理、文化认知水平等角度斟酌问卷中的题目是否合适，如果有涉及调研对象的个人信息或隐私，一定要承诺其使用目的和使用范围，不能过度收集个人信息，不能让调研对象对调研产生防御心理或抵触情绪。

问卷结束语主要表示对调研对象合作的感谢，记录调研人员姓名、调研时间、调研地点等。结束语要简短明了，有的问卷也可以省略。

二、市场调研问卷的设计原则

1. 必要性原则

问卷所提问题应直接为调研目的服务，题目应是调研主题所必需的内容，没有价值的、无关痛痒的问题都不应列入。

2. 简单性原则

编写问卷要求语言简单、概念明确，问卷的规模不能太大，问题要少而精，任务容易操作。这样才能让调研对象有耐心完成问卷。遵循简单性原则应注意以下几点。

第一，语言简单，应尽量避免：①双重对象。如“你认为 A 和 B 还有 C 是否……”②双重否定。如“难道你认为 A 不是不会……”③列举项太多。如“非常同意，比较同意，同意，不是很同意，不同意，非常不同意……”

第二，概念明确。有人做过这样的试验：“你看电视新闻节目的时间在你晚上闲暇时间里所占的比例是多少？”53 个人里有 14 个人不理解这个问题的意思，而理解的人回答起来也相当吃力。

3. 可行性原则

在设计问卷时，需要时时考虑调研对象的身份、水平，分析他们的特点，站在调研对象的角度来审视问题，如这个问题会产生误解吗，容易答吗，他们愿意回答吗，等等。从而避免出现调研对象难以回答或与调研对象距离过大的问题。遵循可行性原则应注意以下几点。

第一，设计问题时，试着从用户角度考虑回答问题。

第二，将事实和态度的问题区分开，因为事实比较明确，而态度通常模糊。

第三，不要有太多的假设性问题，在几个假设性问题之后应设计一个真实问题。

第四，减少涉及回忆的问题，如必须设置要进行引导和提供线索。

4. 客观性原则

问题不要带有倾向性，避免诱导性和暗示性。要坚持客观的态度，不可以使用带有某种感情色彩的词句。例如，褒义词、贬义词、否定问题都应尽量避免。遵循客观性原则应注意避免设置以下几类问题。

第一，倾向性问题。如“很多人都觉得某商品外形亮丽，你认为……”

第二，带感情色彩问题。如“你认为某公司的行为恶劣程度……”

第三，诱导性问题。如“据报道，某品牌的市场占有率已经位列行业第一，贵店会考虑进货吗……”

5. 准确性原则

概念的界定要清晰、准确并完整，避免模棱两可的字眼。一个问题中只询问一项内容，不要随意为调研对象做假设。答案选项要准确详尽，避免交叉或相互包含。遵循准确性原则应注意以下几点。

第一，概念界定清晰。如询问收入问题，应对收入的内容进行界定，是指工资收入、家庭收入还是个人收入，是税后收入还是税前收入，是否包括第二职业收入、投资收益、转移收入等。

第二，一个问题只询问一项内容。如“你认为某衣服的做工和款式如何”，这个问题就应该只问质量或只问款式。

第三，选项全而不交叠。如“你认为店铺的折扣力度政策应该怎样调整”问题的选项“A. 增大、B. 降低”，此问题就缺少了“维持不变”的选项。

6. 通俗性原则

问卷应使调研对象一目了然，并愿意如实回答。问卷语气要亲切，符合调研对象的理解能力和认知能力。避免使用过于生僻、专业的词语，必须使用时，应进行定义和说明。如“您对 IPv6 的看法”，这个问题中的“IPv6”就会令很多非专业的调研对象感到迷惑。措辞要标准、规范、具体，防止不同的调研对象对同一问题的理解不同。

7. 逻辑性原则

问题的排列应符合调研对象的思维逻辑，一般是先易后难、先简后繁、先客观后主观、先一般后特殊、先具体后抽象、先单选后多选、先封闭式问题后开放式问题，特别是敏感性强、难度较大的问题，更应安排在问卷的后面。还要充分考虑各个问题之间的相互关联性，如乙问题是在甲问题选择某个选项后才继续回答的，这个时候就应该特别注意问题的顺序安排。

知识拓展

常见的问题顺序安排如下。

1. 时间顺序。按照时间先后来安排说明顺序，如顺序、倒序等。

2. 空间顺序。按照空间方位关系来安排说明顺序，如由里到外、由上到下、由左到右、由前到后等。

3. 逻辑顺序。按照事物的逻辑关系来安排说明顺序，如从主到次、从小到大、从少到多、从轻到重、从浅到深、从概括到具体、从整体到局部等。

8. 统计性原则

在问卷设计中，还要考虑调研对象对问题的回答是否便于进行量化统计和分析。

9. 适当性原则

一般情况下，入户访问的问卷可适当长些，回答问题的时间可以在 30 分钟左右；街头拦截式访问的问卷则要短些，回答问题的时间应控制在 15 分钟左右；而邮寄调研和留置调研的问卷要更短一些，回答问题的时间控制在 5 分钟左右；网络留置问卷的问题应该简单明了，回答问题的时间最好控制在 1 分钟左右。在问卷设计好之后，可以先进行预先测试，对问卷再做适当的调整。

10. 艺术性原则

问卷设计要整洁美观、方便阅读，所提问题要有趣味，使调研对象乐于回答。

三、市场调研问卷的设计步骤

问卷设计是一项十分细致的工作，一份好的问卷应做到内容简明扼要，信息全面；问题安排合理，合乎逻辑，通俗易懂；便于资料分析。

问卷设计是由一系列相关的工作过程构成的。为使问卷具有科学性、规范性和可行性，一般可以参照以下步骤进行。

1. 研究调研目的、询问对象

设计问卷前，设计人员应了解清楚决策问题和调研问题，认真研究调研目的，与调研人员探讨需要哪些数据，并仔细分析调研对象的特征。如果这一步工作做得好，后面的步骤就会更顺利、更有效。

2. 确定数据收集方法

获得调研数据可以有多种方法，主要有街头拦截访问法、电话调研法、上门访谈法与留置访问法等。每一种方法对问卷设计都有影响。例如，街头拦截访问法有时间上的限制；电话调研法需要丰富的词语来描述一种概念，以便于调研对象理解；上门访谈法可以给调研对象出示图片以解释或证明概念；留置访问法则要求问卷设计得非常清楚且相对简略，因为调研人员不在场，没有澄清问题的机会。

3. 确定问题回答形式

问题回答形式通常有开放式问题、封闭式问题、量表应答式问题三种。

（1）开放式问题

开放式问题是一种调研对象可以自由地用自己的语言来回答和解释有关想法的问题。也就是说，调研人员没有对调研对象的意向选择进行任何限制。

（2）封闭式问题

封闭式问题是一种需要调研对象从一系列应答项中作出选择的问题。

（3）量表应答式问题

量表是一种测量工具，是试图确定主观的、有时是抽象的概念的定量化测量程序。对事物的特性变量可以用不同的规则分配数字，因此形成了不同测量水平的测量量表，又称测量尺度。量表应答式问题是以量表形式设置的问题。

知识拓展

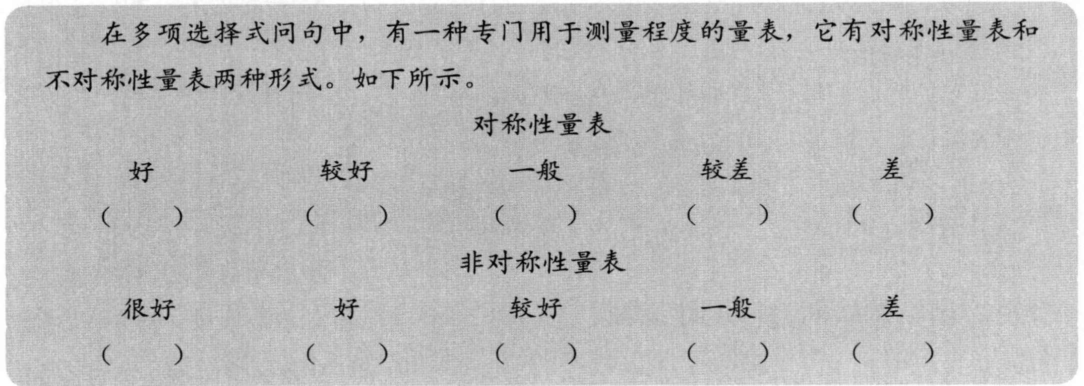

在多项选择式问句中，有一种专门用于测量程度的量表，它有对称性量表和不对称性量表两种形式。如下所示。

对称性量表

好	较好	一般	较差	差
（　）	（　）	（　）	（　）	（　）

非对称性量表

很好	好	较好	一般	差
（　）	（　）	（　）	（　）	（　）

4. 决定问题的措辞

（1）用词必须清楚。

（2）避免诱导性的用语。

（3）考虑应答者回答问题的能力。

（4）考虑应答者回答问题的意愿。

5. 确定问卷编排形式

问卷不能任意编排，问卷每一部分的位置安排都具有一定的逻辑性。有经验的市场调研人员很清楚问卷制作是获得访谈双方联系的关键。联系越紧密，调研人员越可能得到完整有效的信息。

6. 评估问卷

一旦问卷草稿设计好后，问卷设计人员应对问卷进行批评性评估。在问卷评估过程中，应当重点考虑以下问题。

（1）问题是否必要。

（2）问卷是否太长。

（3）问卷是否可以得到调研目标所需的信息。

（4）邮寄及自填问卷的外观设计是否合理。

（5）开放式问题是否留足空间。

（6）问卷说明是否使用了明显字体。

7. 获得各方面的认可

问卷设计进行到这一步，问卷的草稿已经完成。草稿应获得各相关部门的认可，草稿的复印件应当分发到直接有权管理这一项目的各部门。待各相关部门提出新意见后进行相应修改，这个过程要进行多次，以得到尽可能多的认可。

8. 预先测试和修订

当问卷已经获得管理层的最终认可后，还必须进行预先测试。在没有进行预先测试前，不应当进行正式的问卷调研。通过预先测试，可以发现问卷中存在的错误解释、不连贯的地方、不正确的跳跃模式等。可以为封闭式问题寻找额外的选项以及发现调研对象的一般反应。预先测试也应当以与最终访问相同的形式进行。例如，最终访问形式是入户调研，预先测试也应当采取入户调研的方式。

在预先测试完成后，任何需要改变的地方应当切实修改。在进行实地调研前应当再一次获得各方的认同，如果预先测试导致问卷产生较大的改动，应进行第二次测试。

9. 准备最终问卷

精心设计问卷的版式等，安排打印并做好校对，有的问卷可能还要进行特殊的折叠和装订。

10. 实施

采用适当的方法，将调研问卷发放给调研对象。

知识拓展

问卷星是一个专业的在线问卷调研、考试、测评、投票平台，专注于为用户提供功能强大、人性化的在线设计问卷、采集数据、调研结果分析等系列服务。与传统调研方式和其他调研网站或调研系统相比，问卷星具有快捷、易用、低成本的明显优势，已经被大量企业和个人广泛使用。

工作实践

背景资料

某房地产公司以前一直只给用户提供毛坯房，总经理希望在新楼盘为用户提供装修服务，这样既能解决用户装修的苦恼，又能开辟一个新的利润增长点。

总经理决定在签订购房合同的用户中进行全面调研，以获得以下问题的答案：①用户接受房地产公司装修服务的可能性；②哪些用户希望获得装修服务；③装修服务的内容和费用预算范围；④用户对装修服务的要求。调研由本公司销售人员利用访问用户的机会进行。

实践任务

结合以上背景资料，以4～5名学生为一组设计一份较科学的调研问卷初稿。

实践指南

一、调研问卷的前言设计

这是调研问卷的自我介绍，前言的内容一般应包括调研的目的、意义和主要内容，选择调研对象的途径和方法，对调研对象的希望和要求，填写问卷的说明，回复问卷的方式和时间，调研的匿名和保密原则，以及调研者的名称等。为了能引起调研对象的重视和兴趣，争取他们的合作和支持，前言的语气要谦虚、诚恳、平易近人，文字要简明、通俗、有可读性。

二、调研问卷的主体设计

总的原则是：立足于调研目的，使问卷易于回答。具体的问题设计要符合前述的10项原则，由于是销售人员当面访问购房合同签订者，调研对象通常会有热情和耐心回答问卷问题，因此问卷主体设计可以充实些。

三、调研问卷的结束语设计

结束语可以是简短的几句话，对调研对象的合作表示真诚感谢，也可稍长一点，顺便征询一下调研对象对问卷设计和问卷调研的看法，以便后续改进。

四、整体审阅调研问卷

围绕调研目的，对问卷的全部内容进行反复通读琢磨，查找并更正错漏，尤其要注意问题间的逻辑关联性是否合理。

以下为一组学生设计的问卷，供参考。

××房地产公司购房装修需求情况调研问卷

尊敬的各位先生、女士：

为了更好地满足各位的住房需求，本公司特别开展此项调研，以了解广大客户对购房装修的需求，以及对我公司房地产经营活动的期望和意见，以便于我们改进工作，提高服务水平。请您就下列问题，提供宝贵答案。为了保护您的隐私，本问卷采用不记名方式，请您如实填写答案。非常感谢您的合作。

基本资料

1. 性别：男（　　）女（　　）
2. 年龄：30岁以下（　　）31～45岁（　　）46～55岁（　　）
   56岁以上（　　）

3. 家庭人数：单身（　　）　　2～3人（　　）　　4人以上（　　）

4. 房型：一室一厅（　　）　　二室一厅（　　）　　三室一厅（　　）
四室及以上（　　）

意见调研

1. 您选择本公司房产的原因是？（可多选）（　　）

A. 地理位置好　　B. 价格适中

C. 户型结构合理　　D. 物业管理水平高

2. 购房时您是否将室内装修配套问题作为考虑因素？（单选）（　　）

A. 是　　B. 否

3. 您希望收楼时的标准是？（单选）（　　）

A. 毛坯房　　B. 已装修

4. 您最希望选择的装修方式是？（单选）（　　）

A. 自己设计并施工　　B. 自己设计，请人施工

C. 专人设计，自己施工　　D. 请装修公司全包

E. 房地产公司配套提供　　F. 其他

5. 如果房地产公司提供装修配套服务，您希望应包括哪些项目？（单选）（　　）

A. 提供统一标准的整套装修

B. 提供统一标准的装修材料

C. 提供室内装修设计

D. 提供装修过程的统一管理

E. 其他

6. 您需要了解装修公司的哪些信息？（最多选两项）（　　）

A. 企业实力　　B. 企业声誉　　C. 设计水平

D. 施工水平　　E. 收费标准　　F. 售后服务

G. 其他

7. 您最关注装修的哪些信息？（最多选两项）（　　）

A. 设计　　B. 材料

C. 做工　　D. 服务

E. 施工进度　　F. 售后

G. 价格　　H. 其他

8. 如果房地产公司提供装修中介服务，您希望应包括哪些项目？（可多选）（　　）

A. 提供装修材料的有关信息

B. 提供装修公司的有关信息

C. 提供装修监理公司的有关信息

D. 解决装修纠纷的法律中介服务

E. 提供装修过程的统一管理

F. 提供配套家具的选择方案及有关信息

G. 其他

9. 您认为装修材料信息服务应包括下面哪些内容？（可多选）(　　)

A. 价格、产地、材质　　B. 购买地点

C. 流行趋势　　D. 售后服务项目

E. 其他

10. 您希望了解装修监理公司的哪些信息？（可多选）(　　)

A. 监理人员的资信　　B. 监理人员的从业时间

C. 监理人员的个人情况　　D. 监理收费情况

E. 其他

11. 您希望了解法律中介服务的哪些内容？（可多选）(　　)

A. 服务领域　　B. 律师的从业背景资料

C. 律师的收费标准　　D. 其他

12. 您的装修费用预算是？（单选）(　　)

A. 20 000 元以下　　B. 20 001～40 000 元

C. 40 001～60 000 元　　D. 60 001～90 000 元

E. 90 000 元以上

13. 如果本公司提供装修中介服务，您认为？（单选）(　　)

A. 求之不得　　B. 为用户办了一件好事

C. 无所谓　　D. 不必要

14. 您的家庭年可支配总收入是？（单选）(　　)

A. 100 000 元以下　　B. 100 001～150 000 元

C. 150 001～200 000 元　　D. 200 001～300 000 元

E. 300 001 元以上

15. 您对我们提供的服务项目和服务水平有何宝贵建议？

为保证调研数据的准确性，以更好地帮助我们提升服务水平，请您根据实际情况回答问题。非常感谢您在百忙之中能抽出时间给予我们支持，谢谢您！

某房地产公司（公章）

2022 年 12 月 25 日

思考与练习

一、思考题

1. 市场调研问卷的结构和设计步骤是怎样的？

2. 设计市场调研问卷要注意哪些原则？

二、案例分析

以下是“ABC”木梳的一份调研问卷。

请您填写下表，将您的宝贵意见赐予我们，以便我们了解您的消费意向，请您在适当的方框内打“√”或在空白处填写答案。

1. 您听说过“ABC”这一品牌吗？

□是的　　□从未（谢谢您接受我们的调研，请领取我们的礼品）

2. 您是从何种途径知道这一品牌的？

□电视　　□网络　　□杂志

□朋友介绍　　□接受赠送

□销售点的推介　　□其他（请注明）

3. 您是否购买过“ABC”木梳？

□是的　　□从未

4. 您是否使用过“ABC”木梳？

□经常　　□曾使用过　　□从未使用过

5. 您的月收入为？

□ 500～1 000 元　　□ 1 001～3 000 元

□ 3 001～8 000 元　　□ 8 001 元以上

6. 您有过赠送或接受“ABC”木梳作为礼品的经历吗？

□经常　　□有过一两次　　□从未

7. 您认为自己是很注重生活细节的人吗？

□凡事方便即可　　□要求舒适，比较在意细节

□非常注重细节

8. 您偏爱哪种材质的梳子？

□木制　　□塑料　　□动物角、骨

□金属　　□不在意

9. 您认为木梳具有保健功效吗？

□有很大功效　　□有，但作用不大　　□没有

10. 您对“ABC”品牌的印象是？

□百年老店，信誉良好　　□物美价廉，中档品牌　　□工薪消费，低档品牌

□其他（请注明）

11. 您感觉“ABC”木梳和其他木梳最大的区别在哪里？

□品质　　□价格　　□外形

□品牌　　□购买渠道　　□其他

12. 您所知道的最近的“ABC”木梳专卖店在哪里？

□1千米内　　□较近的购物区　　□很远，购买不便

13. 您是否希望能够在网上了解和购买“ABC”木梳？

□是的，越详细越好　　□不在意　　□不用，太麻烦

14. 您对“ABC”木梳还有哪些建议？

感谢您在百忙之中抽出时间来填写问卷，谢谢您的合作！您的宝贵建议将作为我们不断完善的养料，成为我们不断进步的动力！

问题：

1. 请指出上述调研问卷存在的不妥当之处。
2. 请根据所学知识修改上面的调研问卷。

三、实践演练

背景

某学校勤工俭学组织计划成立一个集网购包裹代收、校园App送货送餐、校园相关教育培训业务信息服务、校园二手货转让中介等业务的综合服务点，决定对全校学生进行一次有关开展这些业务前景的摸底抽样调研。

任务

1. 以4～5名学生为一组，请为此设计一份调研问卷。
2. 以PPT形式在课堂上进行成果汇报，教师对成果汇报进行点评并评分。

考核

1. 教师根据各组调研问卷设计目的可达性、问卷结构完整性、问卷设计科学性及经济性，以及报告表现形式的简洁度、讲解思路的清晰度、表达技巧的娴熟度等要素对各组评分。

2. 各组成员根据各自承担的分工内容、团队合作态度和能力、分工完成情况及质量等要素对其他成员评分，成员间的得分必须拉开适当差距，成员分工及得分情况表须附列于各组的PPT报告结尾处。

模块五 执行市场调研任务

确定好调研任务、目的、方案和工具后，接下来调研人员的工作就是选用适合的调研方法具体实施调研。调研方法选择恰当与否，对调研结果影响很大，因此，市场调研必须选用科学的方法。每种调研方法都各有利弊，只有了解各种调研方法的优缺点和适用范围，才能正确选择和应用。

学习单元一 选用文献法调研

学习目标

知识目标

1. 了解文献调研法的特点。
2. 掌握二手资料的来源及收集途径。

能力目标

能根据工作实践任务，运用文献调研法实现调研目标。

导 语

小张发现身边的“吃货”特别多，因而萌发开网店和微店卖土特产的念头，他在网络上查阅到“互联网农业成功案例”“农村电子商务案例”等相关文章，其中有关中国特色农业和农村电子商务的成功案例令他很受启发，于是他又专门在网络上和图书馆搜索、查阅了中国各地特色农业及土特产的品种构成、产地分布、产量、特征、产出季节性、运输、储存、价格等信息，然后精挑细选了十多种主打产品，通过各种途径和当地农场、批发商、大农户、村民小组、创业学生等签订协议，由他们供货和发货。开店后生意日渐红火。

思考：

1. 小张在开店前做市场调研了吗？

2. 如果小张做了市场调研，他用的是什么调研方法？

文案调研法和实地调研法是市场调研中相互依存、相互补充的两种调研方法。

文案调研法又称二手资料调研法、间接调研法、资料分析法或室内研究法，它是围绕某种目的对现有的各种信息、情报，进行收集、整理、分析研究的调研方法，主要包括文献调研法、网络调研法和大数据调研法等。其中，文献调研法是通过寻找文献收集有关市场信息的调研方法。根据调研的实践经验，文献调研法常被作为调研的首选方式。几乎所有的调研都始于收集现有资料，只有当现有资料不能提供足够的信息时，才进行实地调研。因此，文献调研法可以作为一种独立的调研方法加以采用。

实地调研法是指由调研人员亲自收集第一手资料进行分析研究的调研方法，主要包括访谈调研法、观察调研法、实验调研法等。

一、文献调研法的特点

文献调研法有以下几个特点。

第一，文献调研法是收集已经加工过的文献信息，而不是对原始资料的收集。

第二，文献调研法收集文献信息的方式，主要以收集印刷型文献资料和较有公信力的网络电子文献数据信息为主。但要注意，无论是印刷型文献资料还是网络电子文献数据信息，由于它们的数量庞大、分布十分广泛、内容重复交叉及质量良莠不齐等，需要特别注意认真甄别。

第三，文献调研法具有较强的机动灵活性和高效性，尤其是运用网络收集信息，能随时根据需要进行。

第四，文献调研法更加立体化。从时间上看，文献调研法不仅可以掌握现实资料，还可以获得实地调研所无法取得的历史资料。从空间上看，文献调研法既能对内部资料进行收集，又可掌握大量的外部环境方面的相关资料。

第五，文献调研法所收集的资料包括动态和静态两个方面，尤其偏重从动态角度收集各种反映调研对象变化的历史与现实资料。

第六，文献调研法有一定的局限性。首先，文献调研法依据的主要是历史资料，现实中正在发生变化的新情况、新问题难以得到及时反映；其次，所收集、整理的资料往往不能和调研目的很好吻合，不能完全解决问题，收集资料时易有遗漏；最后，由于文献调研法所收集文献的准确程度难以把握，因此，应明确资料来源并加以说明，并要求调研人员有较扎实的理论知识、较强的专业技能。

二、文献调研法的资料来源

文献调研法收集的都是二手资料。二手资料的来源主要有企业的内部渠道和外部渠道。内部渠道主要是企业各个部门提供的各种业务、统计、财务及其他有关资料。外部渠道主要是企业外部的各级政府机构、情报单位、业务联系单位、互联网、在线数据库及图书馆等所拥有的可供用户共享的各种资料。二手资料的来源见表 5-1-1。

表 5-1-1　二手资料的来源

来源	类别	主要内容
企业内部渠道	业务资料	市场研究资料，市场策略资料，各种订货单（可以了解用户的需求量情况，用户的地理位置等），进货单（可以了解供应单位的情况），发货单（可以了解运输情况），存货单，销售记录，购销合同，发票，业务员访问报告，广告，顾客反馈信息及业务人员的各种记录等资料
	财务资料	财务定期报表，企业资产、负债、权益、收入、成本、费用、利润、存货、现金流等动态数据
	统计资料	企业资源计划系统，各类统计报表和统计分析资料，工业企业的产品产值、产量、销售量、库存量、单位成本、原材料消耗量等统计数据，贸易企业的商品购、销、存统计数据等
	其他资料	各种调研报告、工作总结、上级文件、政策法规、顾客意见和建议、档案卷宗、照片、录音、录像、剪报等
企业外部渠道	政策法规	各级党委、政府以及财政、市场监管、税务等主管部门发布的政策法规
	统计数据	各级统计部门发布的国民经济统计资料
	市场信息	经济信息中心，专门信息咨询机构，市场调研公司，各行业协会、联合会或行业管理机构提供的市场信息和有关行业情报（如本行业的统计数据、市场分析报告、市场行情报告、工商企业名录、产业研究、商业评论等）
	媒介信息	中央、省、市、县的新闻媒体报道、广告信息和各种经济信息，各种公开出版物（如有关书籍，商务性和行业性的报纸、杂志等）刊载的科技信息、经济信息等
	会议信息	各种博览会、展销会、交易会和订货会上发放的文件和材料
	图书档案	公共图书馆和大学专业图书馆里的大量经济资料，档案馆保存的各种技术档案、社会档案等
	国际市场	国际组织（世界贸易组织、经济合作与发展组织、国际货币基金组织等）、使领馆、商会、办事处及各种博览会等提供的各种国际市场资料

续表

来源	类别	主要内容
企业外部渠道	电子数据	以只读光盘方式储存和出售的专业数据库
	网络信息	一是政府机构或行业组织的网站；二是综合门户网站或大型专业网站；三是企业、组织机构、个人网站；四是由对某特殊主题感兴趣的人们组成的用户群组、论坛；五是在线数据库

三、文献调研法的资料收集途径

文献资料的收集途径主要有传统途径和网络途径两种，具体见表 5-1-2。

表 5-1-2　　文献资料的收集途径

途径	方法	主要内容
传统途径	查找	这是获取间接资料的最基本方法。从操作程序上看，首先应注意从机构内部查找已有资料。在此基础上，还需要到图书馆、资料室、信息中心等外部机构查找资料。为提高查找的效率，调研人员应熟悉检索系统和资料目录，并且在可能的情况下，尽量争取相关工作人员的帮助
	索取	向拥有信息资料的机构或个人索取已有资料。如直接派遣人员或通过信函向政府有关机构、国内外厂商、交易博览会、展销会等索取市场情报或资料文件。这种方法的效果在很大程度上取决于对方的合作态度，有些企业出于宣传的目的，会乐于向社会提供有关资料
	购买	在市场经济条件下，许多资料都是有偿提供的，有些资料只能通过购买的方法才能取得。许多专业信息公司的资料实行有偿转让，大多数信息出版物也是有价的，许多在线数据库需要付费才能使用，如中国期刊全文数据库、万方数据库、超星数字图书馆等
	接收	接收外界主动、免费提供的信息资料。现在有许多企业为宣传自己的产品或服务，扩大知名度，树立良好的社会形象，主动向社会广泛传递各种信息资料，如广告、产品说明书、宣传材料等，在有些情况下，它们也会成为有价值的资料
网络途径	域名登录	直接在浏览器地址栏输入欲登录网站的域名及扩展名，然后按“回车”键进入网站，查找自己需要的信息资料。域名是经注册在互联网中使用的独特名称（类似于商标）。扩展名表明了域名的性质，如“.com”（商业性公司）、“.edu”（教育机构）、“.org”（非营利机构）、“.gov”（政府机构）、“.net”（网络服务提供商）等
	上网导航	许多浏览器都带有“上网导航”首页功能，“上网导航”通常将各行业较有影响力的网站放在首页上，用户可根据需要登录自己想上的网站，也可以将自己的常用网址设置在“上网导航”首页上
	分类搜索	分类搜索主要是通过收集和整理互联网的资源，将搜索到的内容的网址分配到相关分类主题目录不同层次的类目之下，形成像图书馆目录一样的分类树形结构索引。目录索引无须输入任何文字，只要根据网站提供的主题分类目录，层层点击进入，便可查到所需的网络信息资源
	全文搜索	全文搜索引擎是目前广泛应用的主流搜索引擎，从互联网提取各个网站的信息（以网页文字为主），建立数据库，将检索到的与用户查询条件相匹配的记录按一定顺序列出结果

四、文献调研法的工作程序

1. 明确所需调研的资料

在文献调研工作开始前，应明确此次调研工作的现实目的和长远目的。现实目的是这次文献调研工作完成后需要提供的相关资料和解决的问题。长远目的是通过资料查阅、搜寻、统计、分析，为企业经常性的经营管理活动和方案制定提供基础性资料。

2. 审查与分析现有资料

现有资料如能满足调研的要求，可节省许多人力、物力、财力和时间。调研人员应注意与企业内部信息部门、业务部门、会计部门、档案室、资料库和企业外部的图书馆、政府机构、各类商会、有关单位、在线数据库保持密切联系。

3. 寻找资料信息来源

当着手一个正式调研项目时，调研人员寻找的第一类资料应是总体市场概况资料，该资料包括市场基本特征、一般结构、发展趋势和交易情况等。然后随着调研工作的深入，所需资料会越来越多，需要多方寻找资料信息。

案例分析

某企业发明了一种能够对假牙在口腔中咀嚼情况进行三维测量的仪器。将这种仪器批量生产推向市场之前需确定市场的销售潜力。因此该企业决定开展市场调研。调研需要的主要资料有：①国内牙医诊所的绝对数；②全国每10万人口拥有牙医的平均数；③即将开业的牙医诊所数；④未来10年新增牙医数；⑤现有牙医年龄结构；⑥全国牙医诊所在各省的分布情况。

获得上述资料的途径：①全国卫生部门的年度统计；②全国牙医卫生状况普查资料；③有关口腔医学发展动态的学术会议、论文等；④行业协会的调研和研究报告。

4. 筛选、分析资料

文献调研法所收集的资料种类、格式较多，对其整理分析是一项重要工作，应注意以下要求。

（1）同口径

将不同计算单位的资料统一转换为标准单位。

（2）清条理

从理论上对调研资料做逻辑分析，将收集的数据重新编排和有机组合，成为新的可用资料。

（3）显图表

将整理后的数字转化成统计图表，并做必要的分析和解读，方便决策者阅读和掌握真实情况。

（4）细检验

详细检查资料是否周详严谨，有无遗漏短缺。通常要对即将公布的市场信息数据用两三种来源做交叉检查。

5. 撰写文献调研报告

在确认数据资料之后，通过分析把这些资料综合成一个有意义的整体就是文献调研报告。撰写文献调研报告应注意以下要求。

（1）简单明了

将采用的有关资料制作成统计图表，方便阅读者直观理解分析结果。

（2）突出重点

对与调研结果有重要联系的资料应采用不同方式重点表述。

（3）结论明确

如果没有明确的结论和建议，调研报告就失去了使用价值。

知识拓展

在文献调研和形成报告过程中，应注意保护企业商业秘密。商业秘密是指不为公众所知悉、具有商业价值并经权利人采取相应保密措施的技术信息、经营信息等商业信息。凡以盗窃、利诱、胁迫等不正当手段获取权利人的商业秘密；披露、使用或允许他人使用以盗窃等手段获取的权利人的商业秘密；违反约定或者违反权利人有关保守商业秘密的要求，披露、使用他人的商业秘密等均属侵犯商业秘密的行为。

工作实践

背景资料

某公司老板看好休闲养老地产项目，计划通过调研论证是否可以推进该项目投资。调研任务交给了市场部王经理。

实践任务

结合以上背景资料，请以4～5名学生为一组，帮助王经理收集相关资料（不需要分析资料和撰写调研报告）。

实践指南

一、明确所需收集的资料

所需收集的资料主要有国家宏观经济发展状况及趋势，国内外房地产发展状况及趋势，国家人口发展状况及趋势，国家土地供应政策及趋势，居民房地产消费观念发展状况及趋势，休闲养老地产的政策法规，休闲养老地产的经营特色，休闲养老地产发展历程、现状、前景，休闲养老地产项目相关研究报告和相关案例等。

二、审查与分析现有资料

查阅公司现有资料，确定需要进一步收集的资料。

三、收集资料

1. 收集政策法规

既可以去图书馆查找相关法律书籍，也可以登录相关国家机构网站，根据需要进行查找，如国家土地供应政策可登录自然资源部网站查找。

2. 收集宏观数据

既可以去图书馆查找相关统计年鉴等，也可以登录国家统计局网站或地方统计局网站查找。

3. 收集休闲养老地产项目资料

既可以去图书馆查找房地产行业的相关期刊文章和专业论文，也可以在搜索引擎中输入关键词“休闲养老地产”或“养老地产”搜索、收集相应资料。常用的搜索引擎有百度（https: //www.baidu.com）、搜狗（https: //www.sogou.com）、360（https: //www.so.com）等。

思考与练习

一、思考题

1. 试述二手资料的来源和主要内容。

2. 文献资料的收集途径和方法有哪些?

二、案例分析

我国A公司要向外国B公司购买一套先进设备，谈判前，A公司工作人员查找了大量有关该设备的资料，并通过各种途径对国际市场上该设备的行情及B公司的历史和现状、经营情况做了调研。

谈判开始，B公司报价320万美元，经过讨价还价降到180万美元，A公司仍然不同意，坚持出价130万美元。B公司表示不愿继续谈下去了，说:“我们已经做了这么大的让步，贵公司仍不能合作，看来你们没有诚意，这笔生意就算了，明天我们回国了。”A公司首席谈判代表闻言轻轻一笑，把手一伸，做了一个优雅的“请”的动作。B公司工作人员真的走了，A公司的其他人有些着急，甚至埋怨首席谈判代表不该逼得这么紧。首席谈判代表说:“放心吧，他们会回来的。同样的设备，去年他们卖给C国只有125万美元，国际市场上这种设备的价格在135万美元左右是正常的。”果然不出所料，一个星期后B公司又回来继续谈判了。A公司首席谈判代表向对方点明了他们与C国的成交价格，B公司代表愣住了，只得说:“现在物价上涨得厉害，比不了去年。”A公司首席谈判代表说:“根据贵国统计部门数据，贵国近两年物价上涨指数都没有超过6%，你们算算，该涨多少？”B公司代表被问得哑口无言，在事实面前，不得不让步，最终以

132 万美元达成了这笔交易。

问题:

1. 分析 A 公司在谈判中取得成功的原因。

2. 你认为 A 公司在谈判前收集资料的途径可能有哪些?

三、实践演练

背景

某大型机构看准养老行业，准备以“大学＋医疗＋娱乐＋智能”模式进军高端养老市场，需要开展论证调研。

任务

1. 以 4～5 名学生为一组，请充分利用图书馆、互联网等资源帮助该机构开展此项文献调研。

2. 以 PPT 形式在课堂上进行成果汇报，教师对成果汇报进行点评并评分。

考核

1. 教师根据各组文献资料的权威性、实用性、完整性和时效性，以及成果汇报表现形式的简洁度、讲解思路的清晰度、表达技巧的娴熟度等要素对各组评分。

2. 各组成员根据各自承担的分工内容、团队合作态度和能力、分工完成情况及质量等要素对其他成员评分，成员间的得分必须拉开适当差距，成员分工及得分情况表须附列于各组的 PPT 报告结尾处。

学习单元二　选用网络法调研

学习目标

知识目标

1. 熟悉网络调研法的概念及特点。

2. 掌握网络调研法的方式。

能力目标

能根据工作实践任务，运用网络调研法实现调研目标。

导　语

某市一家童装厂的王经理这几天为产品滞销和资金周转困难大伤脑筋。

原来，年初该厂新设计了一批童装，借鉴成人服装的镶、拼、滚、切等工艺，在色彩和式样上充分体现了儿童的特点，但由于工艺比原来复杂，成本较高，价格比普通童装高出了80%以上。为了摸清这批新产品的市场吸引力如何，在学校暑假期间厂里与购物中心联合举办了“新颖童装迎假期展销会”，小批量投放市场十分成功，柜台边顾客络绎不绝，购买踊跃，许多商家还主动上门订货。连续几天亲临柜台观察消费者反应的王经理，看在眼里，喜在心上。心想：“只要货色好，价格高些看来没问题。”因此，决心趁热打铁，尽快组织批量生产，及时抢占市场。

王经理根据去年以来的月销售统计数，运用加权移动平均法计算计划生产量，考虑到这次展销会的热销，他决定以生产能力的70%生产新品。7月生产完成的产品很快就被订购完了。然而，到了9月初，8月生产完成的产品还没有落实销路。王经理询问了几家老经销商，他们反映，原以为新品童装十分好销，谁知7月订购的那批货，还有三分之一没有卖掉，他们现在既没有能力也不愿意继续订购新品童装了。对市场上出现的180° 的需求变化，王经理感到十分纳闷。他弄不明白，这些新品都经过试销，自己也亲自参加了市场调研，为什么会事与愿违呢？

思考：

1. 你认为该童装厂此次生产的新品为何会滞销？

2. 如果王经理想了解新品滞销的原因，想让你帮忙做市场调研，但是时间紧迫，你会采取什么方式来进行市场调研呢？

一、网络调研法的概念及特点

1. 网络调研法的概念

网络调研法是传统调研方法在新的信息传播媒介上的应用。它是指通过互联网进行的有系统、有计划、有组织地收集、调研、记录和分析与产品有关的市场信息，客观地测定及评价现在的市场及潜在市场状况，用以解决市场营销问题的调研方法。

知识拓展

《中华人民共和国网络安全法》是我国第一部全面规范网络空间安全管理方面问题的基础性法律，是依法治网、化解网络风险的法律重器。它不仅明确了网信部门与其他网络监管部门的职责分工，强化了网络运营者的主体责任，还对我们每一个人都提出了明确的要求。每个公民与组织都应该在法律的范围内使用网络。网络运营者不得收集与其提供的服务无关的个人信息，不得违反法律、行政法规的规定和双方的约定收集、使用个人信息，并应当依照法律、行政法规的规定和与用户的约定，处理其保存的个人信息。

2. 网络调研法的优势

与传统调研方法相比，网络调研法有较多的优势，具体体现在以下几个方面。

（1）调研费用低

传统方法的调研需要支付设计、印刷、发放和回收问卷等费用，以及承担聘请和培训调研人员、录入调研结果、统计数据等成本。网络调研法的成本主要是设计费和数据处理费，问卷发放和回收都通过网络进行，也无须聘请和培训调研人员，大大降低了调研的成本费用。

案例分析

小冯是某职业院校教务员，校领导让她针对即将毕业的学生做一次学生对学校满意度的调研。

小冯刚开始想要深入学生宿舍进行访谈，但是她统计了毕业班学生有将近3 000人，工作量太大了，加上校领导对获取调研结果的时限要求比较紧迫，就想到了采用网络调研来快速高效地完成任务。她先是选了一个口碑比较好的网络统计工具来制作调研问卷，针对学校想要了解的问题设计问卷内容，制作完毕后通过学生会快速地发布到每个毕业班级的微信群，鼓励学生参与问卷调研。一天过去了，她查看统计工具后台，发现大部分学生已经参与了问卷调研，已满足要求的样本数量，并且已经自动做好了汇总统计，她只要对结果进行分析就可以报告领导了。小冯不禁感叹网络调研真是便捷好用。

（2）调研范围广

传统调研的范围往往受人力、物力、财力的限制，很难做到大范围调研，但互联网已经实现了全球互联，只要是网民都可以参与填写问卷，能够进行跨地域的大规模调研。

（3）统计分析快

借助网络统计工具，可自动生成数据库，能够快速得出有统计意义的结论，节省了大量统计分析的时间。

（4）时效性较强

网络调研可以全天候实时进行，信息反馈非常及时。而传统的调研方法从收集调研数据到分析结果有时要间隔数月的时间。

（5）调研结果更客观真实

传统调研方法私密性较差，很多调研对象不愿真实地反映自己的情况。网络调研对象在互联网虚拟环境中更愿意畅所欲言，调研结果的科学性、真实性较好。

3. 网络调研的劣势

网络调研法有以下几点不足。

（1）调研对象的身份不易确定

网络调研的匿名性，对调研对象的身份和社会学特征较难确定，比如性别、职业等，这些会影响调研的可信度。

（2）样本代表性误差较大

网络调研的对象是网民，根据中国互联网络信息中心（CNNIC）发布的第 50 次《中国互联网络发展状况统计报告》，截至 2022 年 6 月，我国网民规模达 10.51 亿人，其中农村网民规模为 2.93 亿人，城乡互联网普及率差异较大。所以从网民中随机抽样的调研结果可能与调研总体有一定的误差，同时，地理分布的差别和不同网站拥有的不同用户群体也会影响调研结果的代表性。

（3）不太适合开放性问题

在面对面的线下调研中，用户的耐心往往较好，对于开放性的问题比较容易发表真实的看法。但是在网络环境下，用户回答问题的准确性往往随心情而定。特别是对一些开放性问题，由于缺少调研人员的引导，容易回答问题敷衍或者不够用心，导致开放性问题回答质量较低。特别是目前网络调研比较多，人们很容易厌烦，配合参与度低。

案例分析

小王是一名电子商务专业的在校生，依托自己家公司提供的货源信息，开了一家销售休闲服饰的微店，主要利用微信平台面向学校学生销售。虽然该休闲服饰品牌的质量及款式均有良好的市场口碑，并且每天店铺的浏览量也很高，但下订单的并不多。

小王决定在网络店铺页面嵌入调研问卷，设计了消费者对店铺、服装款式、价格、物流、服务等方面的相关问题。小王可以实时查看消费者对店铺及产品的看法，作出定价策略、营销策略的相关调整，在与消费者的实时互动中不断提升店铺服务。一段时间后，店铺订单量明显提升了。

二、网络调研的方式

与传统调研方法相类似，按照获取数据方式的不同，网络调研法也分为对原始资料的调研（直接调研）和对二手资料的调研（间接调研）。

1. 网络调研的直接调研方式

（1）网络问卷调研法

这种方式是将调研问卷的采集放到网络上进行，即将调研问卷通过网络发送给调研对象。根据问卷回收技术的不同，又可以分为站点法与 E-mail 法。站点法是将问卷放在网络站点上，由调研对象自愿填写，然后后台数据库导出数据结果进行分析。E-mail 法是通过电子邮件将问卷发送给调研对象，调研对象收到问卷后填写问卷，然后发到指定邮箱。在数据分析上，以 E-mail 方式收回的数据还要再逐一录入数据库处理，比较烦琐。

网络问卷调研设计的问题形式可以是投票式，一般是针对单一的问题，有各种备选答案可选；或是专题调研式，将调研主题分解为若干专题，多角度多侧面调研；也可以是完整的问卷形式，但是要注意问卷设计不能过于复杂、详细，否则会使调研对象产生厌烦情绪，从而影响问卷收集数据的质量。

（2）网络互动讨论法

通过网络交互功能实现人与人之间的实时沟通是非常普遍的方式。分散在不同地域的调研对象通过互联网视频会议、即时通信工具（阿里旺旺、QQ、微信等）、BBS 论坛、微博等可以实时交互。访问者在平台互动功能区发布调研项目，请调研对象参与讨论，发布各自的观点和意见，最后由调研人员加以总结和分析结果。

案例分析

互联网特别是移动互联网的迅速发展影响着人们的生活方式，网络应用已经渗透到生活的每一个角落。网络实时交互已经成为一种时尚、便捷的交流方式。

某公司想要了解各国民众对某一国际品牌的看法，于是就在各大社交平台以及品牌官网发布了相关调研公告，并且在社交平台上开放专题实时讨论收集大家的观点看法。一开始用户参与不积极，于是该公司采取了一些激励措施，如提供免费礼品、抽奖送礼品等，收到了较好的效果。

（3）网络观察法

网络观察的实施主要是通过相关软件记录上网者的活动。相关软件能够记录上网者浏览企业网页时所点击的内容，每个点击进去的页面浏览的时间，喜欢看哪些商品，看商品时，先关注的是商品的哪些方面，是价格、服务、外观还是他人对商品的评价，是否有就相关商品和企业进行沟通的愿望等；也能够记录不同商品的点击率、广告的点击率、文字信息的点击率等数据；还可以对某网站会员（注册者）和经常浏览某网站的 IP 地址进行分析，掌握他们上网的时间、点击的内容及浏览的时间，从而发现他们的兴趣、爱好和习惯，更好地为该网站的登录者提供更适合他们需要的信息和服务；还可以在相关论坛等了解人们的想法或意见。这些观察记录对于了解消费者的实际或潜在需要、地域分布、产品偏好和购买时间，从而改进商品和服务是非常重要的。

网络观察大大节省了人力和时间，降低了观察成本；而且上网者不受群体压力的影响，表现出来的行为更真实。而传统的观察法主要依靠人工对人或事物的行为或痕迹进行观察记录，需要花费大量的人力和时间，成本高，群体的压力也会使被观察者的行为有所改变，因此有很大的局限性。但是网络观察的局限性在于无法通过观察人们的表情和肢体语言变化推测人们的心理。另外，现实生活中的许多现象无法在网上观察，如路口的车流量等。

（4）网络实验法

网络实验法是选择多个可比组，分别赋予不同的实验方案，观测差异，作为决策依据的方法。例如，可以做网络广告实验。设计几种不同内容和形式的广告在网络发布，通过访问统计软件随时监测客户的反馈信息量来判断广告效果，也可以借助广告评估机构来评定效果。新产品的试销也能采用网络实验法进行，但是并非所有的新产品都适用，一些预售产品，由于在网上不能看到实物，将会影响其购买行为的发生，对实验结果的准确性产生影响。

网络实验法具有方便简单、成本低、速度快的优势，在网店更换商品、调整价格等远比线下商店方便，网上制作和发布广告的过程也很快捷。但是网络实验法也有局限性，例如，商品定价实验。传统的实验方法是选择具有可比性的几家商店，销售同一种商品，但是每家商店商品的价格不同，实验结束后通过统计不同商店的销量来确定商品合适的价格。然而在网上人们可以快捷方便地查找到同一商品在不同商店的价格，因此传统的商品定价实验方式很难在网络进行。

总之，在网络运用直接调研方式时，要注意网络环境的变化。目前由于网民样本代表性有限、网络调研对象难以控制和满足调研样本要求等因素的限制，实施网络市场调研应用的领域还有一定的局限性，要想得到有价值的调研结果，必须有选择地在网络开展市场调研活动。

2. 网络调研的间接调研方式

这种方法是指网上二手资料的收集。二手资料的来源有很多，如政府官方统计数据（统计年鉴、统计公报等）、各类图书馆、各类行业协会、专业市场调研机构、媒体、专业团体、企业情报室等。另外许多企业和机构都已在互联网上建立了自己的网站，可通过访问其网站获得相应的二手资料。

互联网上拥有海量的二手资料，要找到自己所需要的信息，首先必须熟悉搜索引擎的使用，其次要掌握专题性网络信息资源分布。网络间接调研主要通过三种方法进行：使用搜索引擎；访问相关网站，如各种专题性或综合性网站；利用相关的网上数据库。

（1）搜索引擎法

搜索引擎是互联网上使用最普遍的网络信息检索工具，搜索引擎提供了一个搜索入口，根据搜索者提供的关键词，搜索引擎使用自动索引软件反馈出与关键词相关的信息，例如要查找网络调研类的网站，可以在搜索引擎的主页搜索栏内输入文字“网络调研”并确认，系统将自动找出满足要求的信息。

（2）访问网站法

有时调研要求的专题信息会集中在某些网站上，那么我们就可以直接访问这些网站，获得所需的资料。比如想了解中国 2022 年互联网和相关服务业运行情况，就可以登录工业和信息化部官网查询相关信息。

知识拓展

工业和信息化部官网发布的《2022 年互联网和相关服务业运行情况》数据显示，2022 年，我国规模以上互联网和相关服务企业完成互联网业务收入 14 590 亿元。

（3）利用相关网上数据库

市场调研常用的数据库有维普资讯、万方数据、国研网数据库、中国知网、中国 MEDLARS 中心等。

三、网络抽样调研

网上调研方式的出现，简化了调研运作环节，但传统调研的基本理论（如抽样理论）仍适用。虽然借助互联网完成一个大样本量的调研是件很简单的事，但仅有足够的样本量并不能保证数据的真实性和代表性。毕竟，绝大多数调研都是抽样调研，而抽样调研的目的在于通过一定样本量的调研结果来推断总体情况。因此，为保证调研有统计学意义，调研人员必须能主动选择符合条件的调研对象来参加调研。常用的网络抽样调研方法有 E-mail 地址抽样、固定样本抽样、弹出窗口式抽样等。

E-mail 地址抽样：在拥有总体的 E-mail 地址的情况下，可以在 E-mail 地址中进行随机抽样。然后通过 E-mail 的形式进行调研。如果有每个 E-mail 地址的相关背景信息，还可以通过背景信息按一定配额条件进行随机抽样。这种方法达到的效果与传统方法中按地址或电话号码随机抽样的效果一样。

固定样本抽样：把已经同意参加各类调研的受访者放入固定样本资料库。每个成员都提供了背景信息和 E-mail 地址，并同意接受调研邀请。根据项目的要求，可以按一定的甄别条件（如性别、年龄、所在地区和收入等）在相应的成员中随机抽样。如果固定样本资料库的招募是采用随机的方式（如通过电话随机访问招募），则抽样就具备完全的随机性。如果是非随机的，则抽样就与传统调研方法中的联络员招募一样都不具有完全的随机性。

弹出窗口式抽样：采用软件技术，可以对网站的访问者进行计数，可以按预先设定好的间隔（如每隔 100 个访问者）弹出一个窗口邀请访问者参加访问。这种方法类似于传统调研方法中的街头拦截方式，但由于无人为控制，随机性更好。

四、网络在线调研应用介绍

1. 网络在线调研的应用条件

网络调研需要具备一定的网络技术条件才能进行。一是网站具有在线调研的技术功能支持，二是设计专业的在线调研问卷。只有在具备这两个基本条件的前提下，通过合理投放、回收和统计调研问卷，才能获得高质量的调研结果。

在线调研的应用领域非常广泛，如企业可以在企业网站或其他合作调研网站上设置调研问卷，或者通过电子邮箱将调研问卷发给调研对象，或者向调研对象发出包含问卷信息的链接。在线调研法广泛应用于各种内容的调研活动中，实际上也就是传统市场调研中问卷调研方法在互联网上的延伸。如中国互联网络信息中心每年进行两次网上问卷调研，其主要目的是发布具有权威性的《中国互联网络发展状况统计报告》。在线调研也是企业网络营销手段之一，很多企业网站都会在相应页面设置各种形式的在线调研问卷，最常见的如用户对新产品的意见调研、顾客满意度调研等。

2. 网络在线调研的应用步骤

（1）确定调研目标

互联网提供的信息浩如烟海，当调研人员开始无目的搜索时，可能无法准确地找到所需要的数据。确定调研目标可以缩小调研范围并使调研人员明确调研主题，有的放矢，避免浪费人力、财力和时间。

（2）制订调研计划，设计调研表，实施调研活动

具体来说，要确定资料来源、调研方法、抽样方案和联系方法。不同种类的调研方法应该根据不同的准则来说明。

调研表设计水平的高低直接关系到调研结果的质量，一份完整的网上调研问卷通常包括卷首语、问题指导语、问卷主体以及结束语等几个部分。网络市场调研中有的在线问卷特别是电子邮件问卷多采用封闭式问题，即在提出问题的同时，给出备选答案。结束语中可以表达对调研对象的感谢。

（3）生成调研报告

调研人员根据调研的目的和用途，对获得的调研信息进行认真筛选、分类、整理，并形成规范的市场调研报告，以供企业决策者参考。在资料的整理中要剔除不真实信息和无关内容，同时采用适当的方法进行分类处理；对整理过的资料，运用各种定性和定量的方法进行分析研究，掌握调研对象的动向和发展变化趋势，提出解决问题的措施和办法。调研报告是市场调研成果的集中体现，一般有两种形式。一是专门性报告，专供市场研究及市场营销人员使用，内容详尽具体；二是一般性报告，供管理人员和企业领导者阅读，内容简明扼要、重点突出。

工作实践

背景资料

目前，很多外贸企业开始从线下转到线上。线上营销有多种方式，如借助平台营销，建自己的网站等。广东某贸易企业主营绿色环保家居产品出口，该企业负责人计划开展网上外贸业务。

实践任务

为了能作出科学决策，该企业负责人需要知道哪些方面的数据信息呢？如何运用网络调研法获得这些信息呢？

实践指南

该项目是综合决策项目，要进行的调研也是大型综合调研，因而要求调研的内容比较全面，需要通过网络调研法获得以下几个方面的相关信息。

一、市场环境调研

具体包括国家及地区的经济现状及发展情况，家居产品出口的政策法规，家居文化及时尚趋势，当地互联网消费者的购物喜好等。

二、跨境平台调研

具体包括各个跨境平台的主要市场、卖家特点、家居产品出口规划、平台卖家入驻条件等。

三、本土竞争状况调研

具体包括该平台对应的地区及国家市场上有哪些类似家居产品，有哪些潜在的本土竞争者，类似产品的卖点、价格、宣传推广策略、优劣势、口碑等，类似产品的竞争策略及应对竞争的策略等。

四、跨境竞争状况调研

具体包括该地区及国家市场上有哪些跨境家居产品，有哪些潜在的海外竞争者，类似产品的卖点、价格、宣传推广策略、优劣势、口碑等，类似产品的竞争策略及应对竞争的策略等。

五、市场策略调研

结合网络问卷、网络实验、网络观察法等一起进行，具体包括如何设置跨境平台产品定价及价格调整政策，产品的宣传、广告、公关、促销策略等。

思考与练习

一、思考题

1. 网络调研法与传统的市场调研方法相比，有哪些优势与劣势？

2. 如果你准备在抖音开设一家土特产店，你会调研哪些内容？

二、案例分析

从 2008 年至今网购持续高速增长，主要表现为用户量稳定增长、网络交易规模持续扩大等，但目前网络购物的形式一直在变化中，从传统的淘宝店铺到现在的新媒体直播平台，电子商务生态系统总是在不断变化着，提供给消费者越来越多的购物渠道。

服装是网络购物用户关注度和购买率较高的品类。服装是易耗品，其更新换代快、流行时尚多变、产品多样，能较好地发挥网络购物的优势，并且服装具有易保存、体积小等特点。通过对服装网络消费的调研，可以及时把握大众网络服装消费的新动向，了解大众的网络服装消费观念，并为服装企业的生产销售和产品宣传策略提供参考，以促进产品的销售。基于这样一种思考，我们希望对A市近3年大众网络购买服装情况进行问卷调研，以便了解大众对网络购买服装的看法与需要。

问题:

1. 如果由你来进行调研，请问有多少种网络调研的方法?

2. 结合本单元学习的内容，请分析每一种调研方式的优缺点。

三、实践演练

背景

为了能更清晰地了解在校学生的化妆品消费情况，对学生的实际购买行为和选择倾向等进行研究，分析学生购买化妆品的影响因素和主要渠道，为相关化妆品行业发展提供参考。

任务

1. 以4～5名学生为一组，对学校的学生进行网络调研，请确定调研内容的框架和方法，1个星期后每组各派1名代表以思维导图或PPT形式在课堂上逐一讲解小组成果报告并当场答辩（其他组学生需提出3个问题）。

2. 答辩后，教师对各组报告进行点评。

考核

1. 教师根据各组成果报告框架的逻辑性、方法选用是否恰当、内容质量、表现形式的简洁度、讲解思路的清晰度、表达技巧的娴熟度等要素对各组评分。

2. 各组根据各自承担的分工内容、团队合作态度和能力、分工完成情况及质量等要素对每个成员评分，成员间的得分必须拉开适当差距，成员分工及得分情况表须附列于各组成果报告结尾处。

学习单元三　选用大数据法调研

学习目标

知识目标

1. 熟悉大数据调研法的特点。

2. 了解第三方大数据在电子商务中的应用。

3. 掌握大数据调研法在电子商务中的应用。

能力目标

能根据工作实践任务，运用大数据调研法实现调研目标。

导 语

随着社会经济和信息技术的快速发展，我们迎来了大数据时代。海量数据信息层出不穷，大爆炸的信息无论从数据量还是从数据形式上来说，都呈现出新的特点。人们在日常生产生活中产生的数据已经渗透于每一个行业中，成为企业重要的生产因素。

大数据时代背景下，利用大数据进行市场调研，并对调研数据进行诊断、分析、预测、决策，已成为电子商务企业日常经营中不可或缺的一项重要工作。电子商务企业要想在激烈的市场竞争中获得一席之地，就必须有科学、有效的数据作为引导和支撑。

小李是一名普通白领，毕业后来到某电子商务公司从事大数据市场调研工作。起初，小李并不明白为什么要花大力气，而且要有专人负责开展大数据市场调研，也不清楚这些让人眼花缭乱、变幻莫测的数据有什么意义。当企业师傅手把手地带着小李进行大数据市场调研，并根据这些数据对公司的运营情况进行专业分析后，小李不禁感慨“得数据者得天下”。

思考：

1. 小李能帮助公司开展哪些方面的大数据市场调研呢？
2. 大数据市场调研的结果对电子商务企业的经营决策有哪些帮助呢？

一、大数据调研法的特点

大数据不仅为企业带来新的业务增长和创新空间，而且将带动生产方式和经济发展模式深刻转型。大数据在优化产品结构，改善业务流程，促进信息共享，实现行业和企业间的数据交换，提高生产率，加快改革进程等方面发挥着越来越重要的作用，在企业和行业中的战略地位也越来越凸显。“互联网 +”的魅力在于对海量数据资源的挖掘和运用，而不是简单的数据计算。运用大数据法开展市场调研，有利于企业明晰市场定位，优化市场营销，助力电商企业的收益管理，协助创新用户需求，提高消费者满意度。大数据调研具有以下几个特点。

1. 大数据调研完善了传统调研方法

大数据调研一般有两种不同的途径。一是利用网络爬虫技术，可以验证超链接和 HTML 代码，用于网络抓取。二是通过公开的数据交易市场获取数据。目前公开的数据交易市场有政府官方数据系统、企业数据体系、消费者个人数据体系等。相对传统的市场调研方法而言，大数据调研法采用信息技术手段，可以利用计算机 cookies、浏览路径、IP 地址、地理位置等维度，既真实又客观地记录用户的行为，并根据指令筛选出符合条件的数据，具有互动性、及时性、便捷性、客观性、跨时空性、样本全面性、调研成本低等优点，为“全样本”数据采集带来了重大突破，可以克服传统市场调研中大规模抽样调研的缺点，逐步实现全样本数据库筛选。此外，随着大数据技术的进一步发展以及电子商务的高速发展，数据类型更加丰富多彩，同时，数据交易市场也逐步成熟，为将来市场调研针对同一目标开展不同维度的调研提供了数据支持。全方位的数据展现大大提升了市场调研结果的可信赖度，为不同行业、不同领域提供更深更广的调研服务，也为企业在战略、营销、运营、投资等方面提供可靠的数据服务。

知识拓展

大数据是人们对海量数据的挖掘和运用。大数据呈现“5V”特点。

1.Volume（数量）

数据量大，采集、存储、计算的数量规模都非常庞大。

2.Variety（多样性）

数据来源和数据类型多样化。大数据来源既有互联网上的“对外开放”数据，也有移动通信数据，还有人为数据，如各大媒体产生的数据流等。

3.Value（价值）

数据价值密度相对较低，从如此庞大的数据中开展市场调研，进行采集、清洗、筛选、呈现等操作后提炼出有价值的数据，犹如大浪淘沙却又弥足珍贵。

4.Velocity（速度）

数据增长极快，要求市场调研的处理速度也要快，时效性要高。

5.Veracity（真实性）

数据真实可信。

案例分析

在某一项市场调研中需要获取关于某个地区人流量的数据。按照传统的方法，一是可以采用计数法。由专职人员进行统计，见到一个行人就按一下计数器，从而完成在巡视区域的人数统计。二是采用视频分析法。利用视频监控的分析技术进行“人头数”统计。在被测量区域的关键点设置摄像头，通过多台摄像头视频画面分析，计算出同一时间段进入区域人员和离开区域人员的差值，从而估算出该区域人流量和密度。

在大数据背景下，可以采用通信基站连接计数法，即利用移动、电信、联通等运营商基站连接的手机终端设备进行统计，可以轻松获得该区域的手机数量，进而估算这一区域的人流量。尤其是在实施了实名制后，运营商可以了解到该路段的用户使用了哪些话费套餐，每个月话费的构成情况，还可以得出哪些消费群体来往于该路段，来往于该路段用户的平均年龄，从而可以更好地设计符合该路段用户消费特点的产品。还可以通过位置更新的速度，判断该路段的用户主要是步行还是乘坐交通工具，为该路段是否新增公交站点提供参考。运营商还可以根据该路段的话费和数据上传下载量的大小优化网络情况，为用户提供更好的网络环境。

2. 大数据调研提高效率、降低成本

大数据调研采用信息技术手段，提高了工作效率，降低了成本，具有传统调研方法无可比拟的便捷性和经济性。电子商务的大数据主要是伴随着企业的生产活动、消费者的购物行为而实时产生的。并且这些数据广泛地分布在电子商务平台、社交媒体平台、企业内部的数据系统以及第三方数据服务平台上。电子商务平台主要指淘宝、京东、拼多多、唯品会、亚马逊等电子商务购物平台，消费者会在这些平台上留下浏览时长、购买记录等痕迹，平台后台对这些消费痕迹都有数据记录。社交媒体平台主要指抖音、微信等，消费者在这些平台的购买、点赞、转发、评论等形成的数据也有利于帮助商家分析某个单品或者某次营销活动是否受消费者欢迎。企业根据自身的业务需求自行开发设计或购买管理系统，包括企业文档管理、财务管理、车间管理、进销存管理、资产管理、成本管理、设备管理、质量管理、分销资源计划管理、人力资源管理、供应链管理、客户关系管理等，这些软件可以提供实时、相关、准确、完整的数据，为企业决策提供了强有力的事实数据。第三方数据服务平台提供的数据，如百度指数、站长指数、360 趋势、5118、艾瑞数据等，为企业优化运营、精准投放、差异化营销、竞品分析等提供可靠的数据支持。

案例分析

沃尔玛百货是一家世界性连锁企业，位列 2021 年《财富》世界 500 强排行榜第 1 名。沃尔玛百货能取得成功的重要原因之一是它采用了自动补货系统，该系统能使沃尔玛百货在任何一个时间点都能知道目前某个商店中有多少货物，有多少货物在运输过程中，有多少货物在配送中心等。同时补发货系统也使沃尔玛百货了解某种商品昨天、今天、上个月、去年的销量，从而预测将来的销量。供应商对其所供应的所有货物及其在销售点的库存情况了如指掌，从而自动跟踪补充各个销售点的货源，使供应商提高了供货的灵活性和预见性，使零售商大大降低成本。

一般的企业在销售商品之前都要做广泛的市场调研，了解哪些商品销量好，应该进货多少、售价多少。然而沃尔玛百货采用信息技术手段进行大数据市场调研，实时掌握库存和销量情况，使供应商能根据市场变化和用户需求更有效地计划、更快速地作出反应，有效降低库存量，改善库存周转，减少资金占用，进而更好地作出需求预测、补货计划、运输装载计划和提高资金使用效率等。

3. 大数据调研实现了实时监控

大数据本身具有很强的动态性和时效性，电子商务平台以及移动终端等相关设备的便捷性也促进了消费数据的快速变化。随着互联网的高速发展和智能手机的普及，市场调研也逐步渗透到移动终端领域。大量手机 App 的应用为实时采集消费者信息提供了可能性与便捷性。例如，随着 POS 系统在零售终端的广泛应用，只要扫描商品条形码，就可以轻松采集该消费者所购买商品的名称、进购价、零售价、促销价、规格、库存等信息。大数据调研采用现代化智能手段，实时同步企业采购、销售、库存环节中的经营数据，高效核算经营成本，提高企业管理效率；电子商务企业逐步沉淀私域流量（指的是不用付费，可以任意时间、任意频次，直接触达用户的渠道），对 PC 端全渠道商城系统、小程序、手机 App、短视频、直播、分销、拼团等多种营销玩法提供实时数据支持，帮助企业及时掌握营销动态信息，适时调整营销策略。

知识拓展

《中华人民共和国个人信息保护法》于 2021 年 11 月 1 日起施行，这是一部全面规范个人信息保护、充分回应社会关切的法律。主要内容有：任何组织、个人不得非法收集、使用、加工、传输他人个人信息，不得非法买卖、提供或者公开他人个人信息；不得从事危害国家安全、公共利益的个人信息处理活动。收集个人信息，应当限于实现处理目的的最小范围，不得过度收集个人信息。个人信息处理者利用个人信息进行自动化决策，应当保证决策的透明度和结果公平、公正，不得对个人在交易价格等交易条件上实行不合理的差别待遇。

总之，大数据调研为企业提供了快、全、准、稳的数据支撑。快，即速度快、实时更新；全，即信息类型全面，应有尽有；准，即精准度高，迅速剔除垃圾数据；稳，即稳定的数据来源和数据调研方式。可靠的大数据调研为企业轻松实现生产可视化、过程规范化、生产可追溯、管理精细化提供了有力的技术保障。

二、大数据调研法在电子商务中的应用

1. 大数据调研帮助企业建立精准定位，提高市场竞争力

大数据调研拓宽电子商务行业市场调研的广度和深度。第一，通过大数据调研了解整个电子商务行业的生态环境，包括电子商务服务业、农村电子商务、跨境电子商务、直播电子商务、社交电子商务、产业数字化等宏观发展环境。第二，还可以了解电子商务行业的市场构成、细分市场特征、消费者需求和竞争对手状况等影响发展的多种微观因素。第三，大数据调研帮助企业做好电子商务市场评估、项目预测，最大化规避市场定位不准确而造成的投资损失。大数据时代下的市场调研采用先进的信息技术手段，可以为经营者提供足够多的样本和数据支持，经营决策的方法更加精准与便利，智能化的应用为企业节省了大量的时间、财力和精力，提高了工作效率，帮助企业开疆拓土，确立更加精准的市场定位。实时更新的调研数据还可以帮助企业及时调整战略，决策分析方法更加智能化。通过大数据调研成果来不断更新细分领域市场，辅助经营者制定正确的经营策略，提升企业竞争实力，在细分市场赢得立足之地。

案例分析

英国《金融时报》报道称，英国国家统计局公布了一组与增值税申报和卡车交通量相关的数据，旨在通过大数据及时跟踪英国经济最新走势，从而为政策决策者提供预警服务。

大数据统计显示，多数英国公司2019年第一季度营业额同比下降，而2019年1—2月在英国道路上行驶的货车数量同比基本稳定。

报道称，统计部门通过公路传感器收集的货车通行量变化分析国际贸易状况的变化，未来还将使用国际船舶跟踪系统分析进入英国的货物进口状况。

英国国家统计局首席数据科学家诺兰表示，这些信息给出了“比以往更快的英国经济变化信号”。

英国国家统计局表示，利用大数据进行的经济统计分析仍处于开发研究阶段，尚未归入官方统计数据之中。

2. 大数据调研帮助企业实现精准营销，提高消费者满意度

大数据时代，消费者获得信息的渠道多元化，消费者有了更大的自主权与议价能力，倒逼传统消费结构的改变。大数据时代下，新的消费模式正逐渐形成。

如何提高品牌的知名度和产品的曝光度？如何又快又准地帮助消费者找到想要的物美价廉的商品？如何根据顾客的喜好向其推荐合适的商品？如何拉新、促活、留存、裂变，提高商品转化率？如何提高商品的浏览率、点击率、购买率、复购率、访客数以及访问深度？这些都是电子商务企业必须思考的问题。

大数据调研能给出解决这些问题的理想的方案。大数据时代给电子商务创造了新的机遇。大数据调研已在消费者购物行为分析与预测方面有了很好的应用，电子商务企业从大数据调研的结果中能挖掘出很多有价值的信息，例如，消费者的个人信息、购买能力、消费喜好、即时需求等，进而构建用户画像，进行精准营销，降低获客成本，提高店铺利润。还可以开展需求匹配，根据消费者在搜索栏输入的关键词可以为其精准高效匹配所需求的商品。企业利用这些大数据市场调研的信息为消费者主动服务、主动出击，更多地站在消费者的立场上考虑问题，提升了顾客满意度。

电子商务企业依靠大数据调研所得到的信息进行精准营销表现为用户建模，即用户画像。通过电子商务企业产品的运营数据获取的消费者的基本信息以及消费者的网购行为，就可以精准地进行差异化组合分群。具体分为信息画像、行为画像、分群画像三个维度。信息画像是指消费者的基本属性，包括性别、年龄、地域、收入、婚否、家庭、学历、职业、收入、资产和消费水平等，属于静态数据。行为画像是指消费者的网购行为，包括浏览习惯、访问时长、浏览深度、使用频率、喜欢偏好和行为轨迹等，属于动态数据。分群画像是指用户群细分。把对产品有同一需求且有共同特征的用户贴上聚合标签，划分群体画像。

由于大数据调研为电子商务企业提供了真实可信的用户画像，通过对产品或服务的用户分析，可以把用户划分为更细小的粒度，针对特定群体进行营销，特别是对潜在用户的目标群体，可以以多种营销手段开展客户关怀、挽留、激励等活动，有利于做好客户开发和维护。

还可以根据大数据调研结果，如消费习惯、购买记录、阅读痕迹等进行针对性强的内容推荐。个性化推荐可以极大地提高消费者黏性，缩短消费者与商品之间的距离，提升购物体验。大数据调研不仅减少了全面推送造成的资源浪费，而且达到了良好的营销转化效果。

知识拓展

在淘宝、拼多多等电子商务平台购物，同样输入“连衣裙”关键词，呈现的搜索结果页面可能是不一致的，这就是“千人千面”。不同消费者的搜索结果页面之所以呈现排序不同的商品，是系统根据登录账号的用户偏好维度，包括性别、年龄、购买力、浏览记录、搜索习惯、历史购买记录订单类型等经过算法处理推荐的。也就是说，系统根据消费者的特征和需求，为每个消费者提供个性化的商品展示。消费者看到的搜索结果基本上都是其喜欢的商品，千人千面也就是把合适的店铺、合适的商品，以合适的价格推荐给合适的消费者，很好地提高了消费者的购物体验和获客转化率。

3. 大数据调研帮助企业推行精细管理，提高综合实力

在5G时代，随着搜索引擎、社交网络的不断普及，社会已经进入了人手一机、人人都是自媒体的时代。互联网上的信息呈爆炸式增长，每天在微信、微博、QQ以及各大电商平台上分享的各类文本、照片、音频、视频、数据等信息数不胜数，涵盖了商家信息、消费者信息、行业资讯、价格动态、商品浏览记录、成交记录、用户体验等海量数据。大数据时代市场调研的核心在于挖掘、提炼庞大的商业数据，从真实的数据中发现能够指导企业科学运营的规律，从而使企业实现以最小投入来实现最大产出的目标。

大数据调研通过提供5个维度调研数据来帮助电子商务企业推行精细化管理，维度一：行业数据，精准调研行业销售数据，助力企业知己知彼；维度二：店铺数据，交叉分析店铺及竞店动态，实时把控监测；维度三：品牌数据，提供全品牌管理，包括它们所处于的行业信息及走势，助力企业做好自我品牌管理；维度四：商品数据，监测销售商品不同时间段价格和销量的数据及走势，努力打造爆品；维度五：营销组合分析，有效监测广告投放数据，实时监测店铺每日销量及营销效果，轻松提升店铺销量。

电子商务企业通过利用大数据调研的数据进行统计分析，旨在充分了解市场行情，掌握竞争对手的商情和动态，对自家产品在竞争环境中所处的市场地位做到“心中有数”；电子商务企业利用大数据调研的数据同时可以进行消费者行为分析和消费趋势分析，有针对性地制定、调整、完善营销方案和营销战略，提升消费者的满意度。

案例分析

京东“1小时达”的订单履约服务，曾经被人们认为是不可能做到的事。因为商品要经历出库、包装、中转、配送等多个流转环节。那么，京东是如何做到的呢？京东运用了自身所拥有的海量数据，开展了大数据调研、分析与精准预测，在消费者下单前就提前预测好订单状态，把商品运送至离消费者最近的“移动仓”中。相当于按照消费者的购买习惯，智能化地把仓库前置。只要消费者一下单，就能立即响应、快速送达，有效减少了订单流转环节，大幅度缩短了订单履约时效，让配送“最后一公里”环节完美升级。“1小时达”几乎是中国B2C订单交付速度的极限，但是京东凭借其覆盖全国的自营物流网络资源，以及消费者购买行为的大数据预测平台，充分发挥了大数据调研的作用，实现了从线上至线下的数据收割。

三、第三方大数据在电子商务中的应用

电子商务企业在市场竞争中要不断地从宏观、中观、微观层面进行动态分析，如市场规模分析，很大的市场规模总能吸引实力雄厚的企业参与竞争角逐；市场增长速度分析，一个快速增长的市场能够刺激其他企业跟进扎堆，迫使比其弱小的竞争对手出局；

竞争对手的数量及规模分析，目前行业是被几家大企业垄断还是被众多的小企业瓜分；行业周期分析，行业在成长周期中是处于初级阶段、快速成长阶段、成熟阶段、停滞阶段还是衰退阶段；自身定位分析，包括风格定位、价格定位、目标人群定位分析等；决策分析，哪款商品最受欢迎，如何打造爆款，如何拉新、促活、留存、裂变、转化，如何提高客单价等。

应用好第三方大数据能够有效地为电子商务企业提供充分的数据信息，很好地回答以上的问题，帮助电子商务企业精准营销、科学决策。以下介绍几款常用的数据分析工具。

1. Google Analytics

Google Analytics 是著名互联网公司谷歌（Google）为网站提供的数据统计服务，功能非常强大，只要用户在网站的页面上加入一段代码，就可以获取丰富详尽的图表式报告。例如，实时报告，包括用户网站上的实时访问人数、访问者所在地区、网页浏览量、浏览内容、会话次数、跳出率、用户细分等，从而了解网站的访问情况；网站搜索报告，用户可以发现网站访问者真正要搜索查找的信息，访问者点击了哪些超链接、停留时长多久，网页布局是否有利于访问者进行搜索访问，可以直观地评估访问者与网页的互动情况，从而改进网站的布局与内容，甚至开展事件跟踪，了解访问者的行为方式；社交转化报告，显示来自各个社交网络的访问所带来的转化率和转化价值，帮助网站对社交媒体营销效果进行评估，用真实数据为网站营销策略提供事实依据。

网站还可以把社交电子商务与内容电子商务关联在一起，构建站内、站外社区，让更多的访问者主动分享网站内容。移动网站报告：网站可以了解移动流量的来源，并预测哪些地理位置的流量可能增加，访问者是通过哪些设备访问网站的，网站可以针对这些设备为品牌方设置更好的广告格式。品牌方还可以通过这些网站向使用智能手机和平板电脑的访问者全天候地展示自己的品牌，提高品牌的曝光率。电子商务报告：从销售报告中反推分析了解顾客的站内行为，分析网站的数字营销效果，包括内容营销、电子邮件营销、社交营销、搜索广告、展示广告等，了解不同渠道吸引哪些消费者购买什么商品，进而调整营销策划方案，更有利于精准营销。

2. Alexa

Alexa 是亚马逊公司的子公司，是一家专门发布网站世界排名的网站，一直致力于开发网页抓取和网站流量计算工具。Alexa 中国免费提供 Alexa 中文排名官方数据查询、网站访问量查询、网站浏览量查询、排名变化趋势数据查询。Alexa 排名是常被引用评价某一网站访问量的指标。浏览率算法的计算主要取决于访问用户数和页面浏览数。访问用户数是指通过网络访问某个特定网站的人数，页面浏览数是指用户访问了某个特定网站的多少个页面。

Alexa 排名对电子商务企业有什么影响呢？举个例子，某个进行商品交易的站点，如果该站点的排名很低，消费者会不由自主地怀疑该站点的可信度，从而直接影响该站点的产品销售。很多广告主在投放广告之前，也都会调研投放站点的 Alexa 排名，如果该站点排名不靠前，也就意味着投放的广告浏览量不会高，广告营销效果不好。一个靠前的 Alexa 排名能让计划要上市、融资或者转让的网站获得高额投资或高价转让费，也能提升企业的社会形象。总之，无论企业想要获得较高的风险投资、展示更好的业绩、出售站内链接和广告位，还是转让网站或域名，Alexa 排名都是一项重要的数据信息。

3. 飞瓜数据

随着互联网红利的逐渐消失，以直播为载体的内容营销全面爆发。尤其是 2020 年后，电商直播和网红经济呈井喷式发展。直播成为各企业、各品牌商开展营销活动的重要手段。消费者逐渐养成直播购物的习惯，直播营销的产业链也日渐形成。直播数据的调研与分析是直播营销中不可或缺的一部分，要想优化直播运营效果，提高直播带货的转化率，运营商就要学会深耕数据。企业可以通过账号后台、平台提供的数据分析工具，以及第三方数据工具来分析数据，改善经营。市场上有很多专门为企业提供直播数据的第三方数据工具，例如，飞瓜数据、蝉妈妈、卡思数据、抖查查和灰豚数据等。以飞瓜数据为例，这是一家在短视频领域颇有权威的数据平台，能够提供抖音数据、快手数据等，内容包括抖音快手排行榜、抖音快手电商数据、视频监控、商品监控等。可以查看国内热门短视频平台的电商达人销量榜，对不同的抖音号之间的基础数据进行比较；可以通过大数据调研，监测自身直播视频的数据变化，如直播销售额、正在购买人数、直播用户留存率、用户画像数据、直播互动数据等，了解推广策略、主推商品、推广效果等是否良好；还可以对比分析同行或者其他视频达人的直播销量、转化率和粉丝量等相关数据，通过借鉴学习别人的直播模式来提升自己，进而提高获客转化率。总之，直播数据的调研与分析是电商直播运营的重要内容，企业利用第三方数据工具可在短时间内分析、预测用户的购买需求，在激烈的直播带货竞争中快速、准确地吸引消费者的眼球，提高其购买欲，从而提升企业效益。

工作实践

背景资料

数据的真正价值在于数据驱动决策，决策者通过充分的数据信息来助力业务决策，基于数据的分析决策要比基于本能、假设或认知偏见而作出的决策更科学、更可靠、更有远见。

大数据技术在电子商务中已得到广泛应用。在网店运营中，数据化运营更为重要。卖家可以通过大数据调研法判断行业趋势，及时发现店铺存在的问题，并提出有效的解决方案。

实践任务

以淘宝店为例，分小组认真思考应该开展哪些大数据调研，以帮助店铺更好地分析竞争对手，更有效地开展选品和市场营销等活动。同时举一反三，把这种大数据调研的工作思维运用到京东、拼多多乃至其他跨境店铺和直播业务中。

实践指南

可以通过生意参谋、店查查、店侦探、电商记等工具进行淘宝店的大数据调研。主要内容包括以下几个方面。

一、市场大盘数据调研

具体包括市场大盘（行业趋势、行业构成）、市场排行（商品/店铺排行榜）、搜索排行（行业热词榜）、搜索分析、搜索客群、行业客群、客群透视、属性洞察、产品洞察等，帮助企业获取市场大盘全景洞察、市场机会深度解析、市场客群多维透视、竞争对手实时监控等数据，让店铺清晰了解市场状况，深度挖掘潜在客户需求，为拓展市场提供数据支持决策。

二、店铺数据调研

具体包括店铺的访客数、浏览量、人均浏览量、关注店铺人数、直播间访客数、商品访客数、支付买家数、支付件数、支付转化率、客单价、访客价值、新访客、老访客、下单转化率、下单买家数、加购数、商品收藏次数、商品详情页跳失率、收藏人数、平均停留时长、申请退款金额、近180天描述评分、近180天服务评分等。

三、竞争店铺数据调研

具体包括竞争店铺监控、识别与分析，竞争商品监控、识别与分析，竞争品牌监控、识别与分析，竞争动态分析。

思考与练习

一、思考题

1. 大数据调研有哪些优势？请列举你熟悉的行业是如何利用大数据进行调研的？

2. 请你说说电子商务企业如何利用大数据调研开展精准营销？

二、案例分析

京东是中国的综合网络零售商，是中国电子商务领域受消费者欢迎和具有影响力的电子商务网站之一，在线销售家电、数码通信、计算机、家居百货、服装服饰等大类数万个品牌百万种优质商品。

问题：

1. 在Alexa网站中查看京东（https: //www.jd.com/）的排名，认真查阅并分析Alexa全球排名、中文网站排名、电子商务网站排名、7天排名趋势、预估流量、每周预估收入、流量排名、到访排名、页面访问量、平均每个访问者浏览的页面数、每百万人中访问人数等指数。

2. 分析京东的Alexa排名和指数，说说可以从哪些方面提高其排名。

3. 从大数据调研的角度，说说还需要掌握网站的哪些数据。

三、实践演练

背景

小林准备在淘宝上开一家零食店，可惜预算有限，不能销售太多类型的零食，因此计划在干果和坚果中二选一来售卖。于是，小林开始着手分析哪一种零食的需求量较高。他通过百度指数对比分析了干果和坚果近30天的需求图谱，发现近30天干果的搜索指数始终高于坚果，干果的咨询指数始终高于坚果；搜索量区域排名从高到低前十的省份分别是山东、广东、河北、北京、河南、江苏、新疆、浙江、山西、辽宁，而且每个区域的搜索指数都是干果远远高于坚果，搜索这两类零食的消费者年龄主要集中在20～39岁；喜欢这两类零食的消费者从事的行业有医疗、教育、餐饮、金融理财，兴趣分布在影视音乐、医疗健康、咨询、教育培训、餐饮美食、软件应用、书籍阅读、旅游出行、休闲爱好、金融财经等领域。

通过大数据调研，小林决定在淘宝上销售干果。而且，为了节约推广资金，他计划将广告投放的人群定位为山东、广东、河北、北京、河南等省份20～39岁的年轻白领，他们广告画面中设计出现的场景为办公场景、影视休闲场景、旅游出行场景、学习场景、医疗保健场景等。

任务

1. 以4～5名学生为一组，通过第三方大数据工具进行综合分析，说说该淘宝店除了销售干果，还可以销售哪些零食？

2. 分组进行大数据市场调研。每个小组模拟开淘宝店，要求各组的店铺销售不同品类的商品，如水果、海鲜、首饰、鞋子、箱包等。仿照小林选品的做法，进行开店前的大数据市场调研，说说小组将会进哪些商品，用数据事实说话，这些商品的市场需求如何，消费人群有哪些特点，如何开展精准营销。

3. 各组整理出选品调研报告并在课堂上进行汇报，教师和其他各组都有投票权，评选出最佳数据调研报告。

4. 教师根据调研报告和课堂汇报情况进行点评。

考核

1. 熟练掌握相关第三方大数据工具的使用。

2. 调研报告用数据事实说话，做到客观、真实、有参考价值。

3. 团队合作、分工明确，每个淘宝店铺的商品要达到10个以上，数据报表完备，选品合理得当，分析准确。

4. 教师根据各组整体表现及组内成员互评情况，给每名学生评分。

学习单元四　选用访谈法调研

学习目标

知识目标

1. 了解访谈调研法的概念和分类。
2. 掌握访谈调研法的工作程序和步骤要点。

能力目标

能根据工作实践任务，运用访谈调研法实现调研目标。

导　语

R 公司搞了一场七夕节的街头采访活动，凡是配合采访的路人将会得到一束鲜花以作感谢。小王和几名同事一起承担采访任务。

小王看到一辆车旁边有个中年男子好像挺悠闲，就上前采访，就在她刚开始做自我介绍时，摄像师就冲上来了，然后几名同事也七嘴八舌地拿着手机过来，朝着小王和中年男子就一阵猛拍，受访的中年男子一下子就发怒了："拍什么拍！"

现场十分尴尬，小王很紧张，一个劲儿道歉，主管也过来跟对方道歉，表示立即删掉视频。

思考：

1. 小王的采访为什么没有成功？
2. 你认为小王应如何改进采访工作？

在实际工作中，一些决策问题根本找不到适用的二手资料，或是二手资料不充分，此时调研人员就必须亲自收集原始资料，最常用的方法就是实地调研法。实地调研法主要包含访谈调研法、观察调研法和实验调研法三种。

一、访谈调研法概述

1. 访谈调研法的概念

访谈调研法是指调研人员通过口头访问或书面访问的方式向调研对象有目的、有计划、有准备地了解、收集信息资料的调研方法。该方法是市场调研中最基本、应用最普遍的方法。

2. 访谈调研法的分类

按照调研人员对访谈结构的控制程度分类，访谈调研法可以分为结构式访谈、开放式访谈和半结构式访谈三种，见表 5-4-1。

表 5-4-1　　按照对访谈结构的控制程度分类

类别	含义	特点
结构式访谈	结构式访谈，也称标准化访谈或封闭式访谈，调研人员按相同的方式和顺序向调研对象提出事先设计好的有固定格式的相同问题，调研对象从备选答案中选择	研究的可控（问题的控制、环境的控制）程度高，应答率高，结构性强，易于量化；但灵活性差，对问题探究的深入程度不够
开放式访谈	开放式访谈，也称无结构式访谈或非标准化访谈，不设置固定问题，不依照固定的访问程序进行，鼓励调研对象自由表达自己的观点	具有较强的灵活性，并且访谈细致深入，可以对感兴趣的问题深入追问，挖掘出生动翔实的实例，得到更为深入的信息；但费时、费力，结构不完整，难以量化
半结构式访谈	半结构式访谈有访谈提纲和标准化的题目，也给调研对象留有较大的表达自己想法和意见的余地，并且调研人员在进行访谈时，具有掌控访谈程序和用语的自由度	兼有结构式访谈和开放式访谈的优点。既可以避免结构式访谈呆板，缺乏灵活性，难以对问题做深入探讨等局限；也可以避免开放式访谈费时、费力，容易离题，难以做定量分析等缺陷

按照调研人员与调研对象的联系方式分类，访谈调研法可以分为个人访谈、电话访谈、直邮访谈和网络访谈四种，见表 5-4-2。

表 5-4-2　　按照与调研对象的联系方式分类

类别	含义	特点	方式
个人访谈	个人访谈是指在访问的过程中，调研人员与调研对象进行面对面交流的方式	直接交流，富有灵活性；可以进入调研对象的内心，了解他们的心理活动和思想观念；获取的信息更加深入、详细和全面；可深入地了解行为发生的背景和影响行为的决定因素；可用于研究个人的敏感性问题。但需要具有熟练掌握访谈技巧和受过专门培训的有职业素养的调研人员，记录和分析耗时	入户访谈 拦截访问 专业人士访谈 焦点小组访谈
电话访谈	电话访谈是指通过现有的通信网络，利用随机生成的号码，与调研对象交流沟通获取答案的方式	调研时间快，费用相对低廉；问卷回收快速；可以广泛访问样本对象。但样本总体不齐全，抽样容易失去代表性；不能显示调研人员身份，不能当面观察调研对象，调研对象易有抗拒心理	中心控制 计算机辅助 计算机化声音辅助

续表

<table>
<tr><th>类别</th><th>含义</th><th>特点</th><th>方式</th></tr>
<tr><td rowspan="5">直邮访谈</td><td rowspan="5">直邮访谈是指将事先设计好的调研问卷通过各种方式投送给调研对象，要求填好后寄回的方式</td><td rowspan="5">调研空间范围较大，样本数目多，而费用开支少；调研对象有充足的时间填答问卷，可以对较敏感问题或隐私问题进行调研。问卷回收率较低；信息反馈周期长，影响收集资料的时效；难以甄别调研对象是否符合调研条件</td><td>邮寄传真</td></tr>
<tr><td>专送</td></tr>
<tr><td>书刊附页</td></tr>
<tr><td>柜台散发</td></tr>
<tr><td>夹报附送</td></tr>
<tr><td rowspan="4">网络访谈</td><td rowspan="4">网络访谈，又称在线调研，是指通过互联网及其调研系统与调研对象接触，采集数据或资料，把传统的调研、分析方法在线化、智能化的方式</td><td rowspan="4">不受时空、地域限制，组织简单，费用低廉，实时互动，客观性好，速度快。调研对象的代表性存在不准确性，对于网络的安全性要求高，调研容易被人为操纵，调研对象难以限制</td><td>网上问卷</td></tr>
<tr><td>网络论坛</td></tr>
<tr><td>网上焦点小组访谈</td></tr>
<tr><td>委托专业在线调研网站</td></tr>
</table>

多数情况下，访谈调研法要借助调研问卷进行，根据问卷发送场所、与调研对象的联系方式以及问卷回收方式不同可以有多种组合分类方式，见表 5-4-3。

表 5-4-3　　访谈调研法的组合分类

<table>
<tr><th>与调研对象联系方式</th><th>方式</th></tr>
<tr><td rowspan="2">通过调研人员前往调研对象住所进行</td><td>1. 个人访问（面访调研）</td></tr>
<tr><td>2. 自我管理式问卷调研（留置问卷）</td></tr>
<tr><td rowspan="3">由调研人员在特定地点进行</td><td>1. 街头拦截，面访调研</td></tr>
<tr><td>2. 街头拦截，调研对象自填问卷</td></tr>
<tr><td>3. 中心地点（访谈室或会议室）访问调研</td></tr>
<tr><td rowspan="6">通过通信手段进行联系</td><td>1. 电子邮件调研</td></tr>
<tr><td>2. 手机短信调研</td></tr>
<tr><td>3. 邮寄调研</td></tr>
<tr><td>4. 电话调研</td></tr>
<tr><td>5. 传真调研</td></tr>
<tr><td>6. 互联网电子问卷调研</td></tr>
<tr><td rowspan="2">通过报刊和互联网广告、宣传单、店内海报、商品包装等方式进行联系</td><td>1. 回答者自愿参与调研</td></tr>
<tr><td>2. 产品留置测试</td></tr>
</table>

二、个人访谈调研法

1. 入户访谈

入户访谈是指调研人员确定了合适的调研对象之后，进入调研对象住所进行访谈的方式。

由于访问是在调研对象住所或者其他固定场所进行的，调研对象受外界因素干扰较少，有充足的时间来回答问题，因此对于内容量较大或者访问时间较长的调研，采用入户访谈的方式更为适宜。同时，调研人员可以借助访问辅助用品，如样品、照片、卡片等来实现选项较多或内容较复杂的访问，这在一般的电话访谈、直邮访谈或网络访谈中是难以做到的。

入户访谈的工作程序见表 5-4-4。

表 5-4-4　　入户访谈的工作程序

程序	内容
1. 入户前准备	准备标准访谈问卷或提纲、访谈所需的材料与工具
2. 确定调研对象	依据调研目的设定样本、确定调研对象
3. 培训调研人员	培训礼仪、专业知识、访谈技巧等
4. 预约	了解调研对象，联系和说明调研目的，约定访谈时间及条件
5. 上门访问	做好自我介绍与访谈介绍，采用标准式访谈或按提纲交谈，访谈时间不宜超过 45 分钟。注意做好记录，如需录音、录像要征得调研对象同意
6. 辞谢	调研人员礼貌告辞
7. 访问结果检查	判定资料真实性及是否需二次访问
8. 正式致谢	以书面或电话形式向调研对象致谢

2. 拦截访问

拦截访问是指在购物中心、车站、广场等人流密集的公共场合，通过拦截的方法对特定目标对象进行访谈的方式。

拦截访问通常有两种形式。一是调研人员在事先选定的若干地点，按一定程序和要求随机抽取调研对象，征得对方同意后，在现场按访谈问卷进行简短的调研；二是指中心地点调研或厅堂测试，是在事先选定的若干场所内，租借好访问专用的房间或厅堂，根据调研要求，还可以摆放若干供调研对象观看或试用的产品。第一种方法通常结合某种市场推广活动，将产品展示、促销等和问卷调研有机结合进行；第二种方法适用于需要进行实物展示或特别要求有现场控制的探索性研究，或需要进行实验的因果关系研究，如广告效果测试、新品入市研究等。

与入户访谈相比，拦截访问的费用低、访问的效率高；但访问样本的代表性有一定的局限性，拒访比例较高。

拦截访问的工作程序如图 5-4-1 所示。

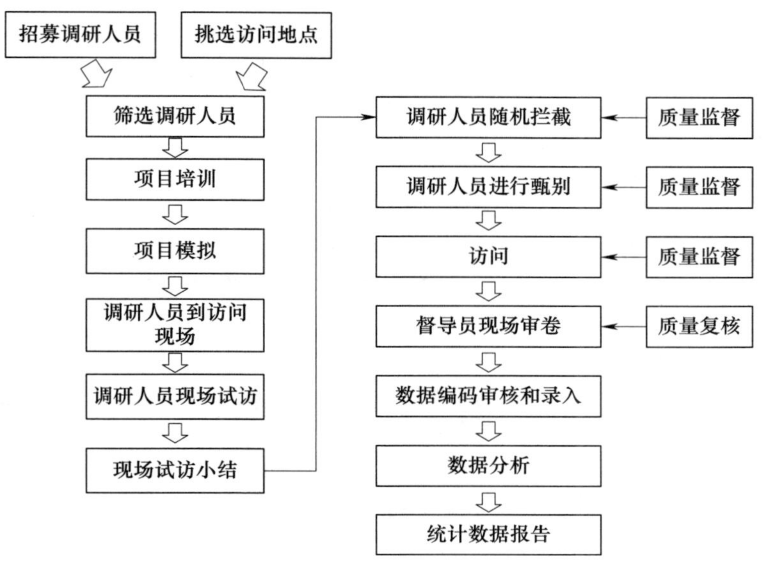

图 5-4-1 拦截访问的工作程序

3. 专业人士访谈

专业人士访谈是指调研人员对专业人士进行相应问卷或提纲式访问的方式，主要适用于工业产品或服务类产品的调研。

专业人士访谈通常采用函询或现场深度访谈的方式进行，在反复征求专家意见的基础上，经过客观分析和多次征询，逐步使各种意见趋于一致。专业人士一般为营销顾问或来自经销商、分销商、供应商和贸易协会等。

专业人士访谈样本小、针对性强、信息质量高；但对调研人员的要求较高，甄选受访对象难度较大。

专业人士访谈的工作程序见表 5-4-5。

表 5-4-5 专业人士访谈的工作程序

程序	内容
1. 调研前准备	拟定调研提纲，准备向专业人士提供的资料
2. 确定专业人士	按照调研所需要的知识范围，确定专业人士范围及数量
3. 培训调研人员	培训礼仪、专业知识、访谈技巧等
4. 预约	向所有专业人士提出调研目的及有关要求，约定访谈时间
5. 上门访问	做好自我介绍与访谈介绍，采用标准式访谈或按提纲交谈，注意做好记录，如录音、录像要征得调研对象同意

续表

程序	内容
6. 辞谢	调研人员礼貌告辞
7. 第一次意见汇总	汇总意见、制作成图表并进行对比，联系第二次访问
8. 重复访问	将汇总意见（不具名）反馈给专业人士，再进行一轮重复访问，看专业人士是否修改第一次的调研意见
9. 形成结论	再次汇总（有时需要再次重复访问），形成调研结论
10. 致谢	以书面或电话形式向专业人士致谢

4. 焦点小组访谈

焦点小组访谈法，又称小组座谈法，就是采用小型座谈会的形式，挑选一组具有同质性的调研对象，由一名经过训练的主持人以一种无结构、自然的形式，与该小组具有代表性的调研对象交谈，从而获得对有关问题的深入了解。

知识拓展

座谈会与研讨会有以下区别。

1. 指代不同

座谈会是由训练有素的主持人以非结构化的自然方式对一小群调研对象进行的访谈。

研讨会是专门针对某一行业领域或某一具体讨论主题在集中场地进行研究、交流讨论的会议。

2. 目的不同

座谈会的目的是从适当的目标市场中抽取一群人，通过听取他们谈论调研人员所感兴趣的话题来得到观点。

研讨会的目的是针对特别具体的问题展开公平、公开的讨论，实现观念交流分享，并商议对策和形成相关决定。

3. 规模不同

座谈会的人数通常为 6 ～ 10 人，地点通常选择在会议室内举行，由主持人与调研对象以聊天的方式讨论，讨论的内容围绕个案的主题。

行业技术性研讨会的规模通常为 50 ～ 200 人，也有 20 ～ 50 人的小规模研讨会，通常小于 50 人的研讨会采取圆桌式，便于公平交流。

焦点小组访谈的工作程序见表 5-4-6。

表 5-4-6　　焦点小组访谈的工作程序

程序	内容
1. 准备访谈	准备焦点小组测试室，征募参与者，确定参与人员并发出通知
2. 选择主持人	主持人要求形象姣好，具备亲和力、沟通能力、观察能力、组织能力、把控会议能力
3. 编制讨论指南或提纲	调研小组集体讨论研究，编制讨论提纲，按一定顺序逐一讨论所有话题，确保小组讨论不偏离调研主题
4. 召开会议	第一阶段是建立友好关系，解释小组规则，并提出讨论主题。第二阶段是由主持人引导进行深入的讨论并做总结。时间宜控制在 2 个小时内
5. 致谢	向参与者致谢
6. 编写访谈报告	形成调研结论并撰写报告

三、电话访谈调研法

1. 中心控制电话访问

中心控制电话访问是指调研人员在统一的时间和地点执行所有的电话访问。这种方式方便监督和控制访问质量，防止不规范的行为发生，并便于随时对调研结果进行汇总，但是人工成本较高。

2. 计算机辅助电话访问

计算机辅助电话访问是将现代通信技术及计算机信息处理技术应用于传统的电话访问，它是利用专业软件和计算机、电话等进行的互动式电话访问形式。

在进行电话访问时，须事先输入调研对象的电话号码，由计算机按程序自动拨号，电话调研人员在接通电话后不知道对方身份，面对屏幕上的问卷，向通话另一端的调研对象读出问题，并将调研对象回答的结果录入计算机；督导员在另一台计算机前借助局域网和电话交换机等对整个访问工作进行现场监控。访问过程和内容可以实时录音，以确保调研访问内容真实可靠。采用这种调研方式，调研内容客观真实、保密性强、访问效率高，所得数据可被各种统计数据处理软件直接使用。

知识拓展

电话访谈有以下技巧。

1. 目的明确

明确此次电话访谈的目的，明晰通过此次电话访谈要获得的信息，制定访谈提纲。

2. 做好准备

在拨打电话之前，应准备问题列表，并对可能得到的答案有所准备。

3. 通话规范

普通话标准，口齿清晰，语气不卑不亢。

4. 开诚布公

及时告知本次访谈的背景，主动介绍自己的信息。

5. 获得允许

征询调研对象的许可后再进入电话访谈的正式内容。

6. 择时再访

如果调研对象不方便接受访谈，尽可能与其约定下次访谈的时间。约定时间应采用选择性的问题，如“您看我们的下次访谈定在明天上午还是下午呢？”

7. 聚精会神

电话访谈时要注意倾听电话中的背景音，如电话铃声、门铃声、讲话声等，应询问调研对象是否需要暂停访谈，以示尊重。

8. 恰到好处

把握好告知调研对象给予物质奖励的时机。

9. 问题明确

提问要具体、精准，不要引发歧义。

10. 控制时间

第一，控制问题数量；第二，掌握访谈节奏。

11. 注意衔接

问题之间衔接过渡自然、符合逻辑。

12. 心无旁骛

电话访谈时学会倾听，增强互动，并进行录音（注意保密），在访谈中专注于了解信息，访谈后再整理资料。

13. 抓住关键

学会将问题适时转移或拆分以转到关键信息提问上。

14. 循循善诱

通过提问引导调研对象，并正确理解调研对象的真实想法。

15. 增强自信

要有信心和恒心。

3. 计算机化声音辅助电话访问

计算机化声音辅助电话访问是一种人机对话模式，它使用内置声音回答技术将电话访谈进行简化，通过事先录制好的声音来提问并念出封闭式题目的答案，由调研对象按电话键盘上的数字来选择答案，如果是开放式问题，则需要将回答进行录音。计算机化声音辅助电话访问通常用于样本数量不大的较简单问卷的调研。

无论采用哪种方式，电话访谈的时间宜控制在 20 分钟内，调研人员均要注意电话礼仪。电话访谈的工作程序如图 5-4-2 所示。

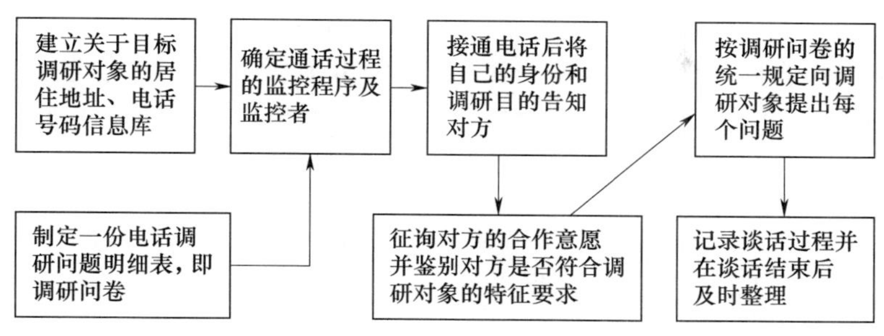

图 5-4-2　电话访谈的工作程序

四、直邮访谈调研法

直邮访谈调研法是指调研人员通过分析调研问题及调研对象，将调研问卷邮寄给目标调研对象的一种精准访谈形式，具有分类精准、定向传播、保密性好、效果持久、成本低廉等特点。直邮访谈调研法解决了电话访谈难以约见客户的问题，可以帮助调研人员准确找到调研对象，把问卷直接发给调研对象，并给调研对象充分的时间回复。

直邮访谈调研法特别适合于商场、超市、商业连锁、餐饮连锁、专卖店、电视购物、网上购物、电话购物等各类实体卖场和虚拟卖场的相关消费者调研项目，也非常适合于其他行业相关产品的市场售后调研。采用直邮访谈调研法，数据库的建设非常重要，质量不高的数据库只会让调研问卷成为一张废纸。

直邮访谈调研法的常用形式如下。

1. 邮寄传真

按会员地址将问卷邮寄或传真给过去一段时间（根据行业情况而定）有消费记录的会员（邮寄或传真份数依各机构实际会员数而定）。

2. 专送

组织员工将问卷投送至目标调研对象家（单位）中，注意约定回收方法和时间，此种方法精准度高，易实现有效监督；但人工成本较高。

3. 书刊附页

出资将调研问卷印制成书刊的附页，由书刊读者（调研对象）按指定回收路径和时间段寄回（邮资通常由调研人员负担），该方式的反馈周期较长，为增加调研对象的回复率，通常会配以相应奖励手段，如赠送参与者会员优惠卡等。

4. 柜台散发

此种方法通常适用于店铺，调研人员将调研问卷放在店铺柜台，由顾客（调研对象）自行取阅并答卷，然后统一投放于指定地点。对于一些简单问题的调研，现在比较先进的是在店铺现场设置电子设备，如员工服务电子评价器。

5. 夹报附送

将问卷夹在当地畅销报纸中进行投递（夹报费用为0.10～0.20元/张），此种方法借助报纸发行网络和客户数据库，样本覆盖面较广，但调研人员应注意选择报纸受众与公司目标调研对象特征重合度高的、由邮局发行或有专门发行机构的有较大影响的报纸。

五、网络访谈调研法

网络访谈调研法的种类见表5-4-7。

表5-4-7　　网络访谈调研法的种类

方法	种类
网上问卷调研	主动式：利用E-mail发送问卷
	被动式：网址链接、在线答题
网上焦点小组访谈调研	在特定的网络聊天群获取看法和评价
网络论坛调研	在论坛上发布消息给出调研问题，通过跟帖获取资料
委托专业在线调研网站	网络调研公司拥有高质量的市场调研样本、功能强大的在线调研系统，能够提供网络市场调研的全方位市场调研解决方案，如问卷星、问卷网等

1. 网上问卷调研

网上问卷调研分为主动式和被动式两种方式。

主动式是利用电子邮件进行调研，将设计好的调研问卷直接发送到调研对象的邮箱中，或者在电子邮件正文中给出一个网址链接到在线调研问卷页面，请调研对象填写并回复。这种方式在一定程度上可以对用户加以选择，并节约调研对象的上网时间。如果调研对象选择适当且调研问卷设计合理，往往可以获得相对较高的问卷回收率。但采用电子邮件调研方式的前提条件是已经获得调研对象的电子邮件地址，并且预计他们对调研的内容感兴趣，因此没有用户资源的企业无法采用这种方式。

被动式是把问卷放在互联网的相关网站上，等待调研对象在访问站点时主动填写。可以在一些门户网站（如新浪、搜狐、网易）或大型专业网站上设置问卷链接，并进行适当的宣传来吸引浏览者点击，让他们自愿填写并提交问卷。此种方法可以即时统计调研结果，通常根据浏览量和点击量来计算费用。

2. 网上焦点小组访谈调研

网上焦点小组访谈调研与焦点小组访谈类似，就是主持人将挑选出来的一组具有同质性的调研对象在同一时间邀请进入一个特定的网络聊天群，按照访谈提纲进行讨论，从而收集访谈者的意见。这种方式可以通过技术手段自动完成录音、录像，主持人可以更加专心地将精力放在调研内容上，提高了工作效率和效果，并且大大节约了组织传统会议的成本。

3. 网络论坛调研

调研人员将需要调研的问题在论坛发布，然后等待跟帖，就可以获取相关的信息数据和资料，实现调研目的。网络论坛人气较高，而且由于论坛话题的开放性，几乎所有的调研内容都可以通过论坛开展。

许多大型专业网站都有自己的主题论坛模块或相应的用户社区，调研人员可以根据需要选择相应论坛或社区，及时和论坛管理员沟通交流，经常发帖回帖，以期取得更好的调研效果。

4. 委托专业在线调研网站

目前，问卷调研网站非常多，很多人无法判断究竟哪个问卷调研网站比较好。这就要求从多个角度、不同层面去分析和了解问卷调研网站。首先要考察网站的实力基础，其次看网站的流量，再次要在网络上多了解该网站的信息，最后对信息进行整合后作出判断。

许多专业在线调研网站可以承接企业的调研业务，并能够有针对性地合理发放问卷，具有大数据处理能力强、数据传送快、优化模板多、技术力量雄厚、资金充足有保障的优势。样本服务既可以找任何一家样本库对接，也可以同时对接多家，缺点是成本高，需要专人维护。如果调研项目较少，就找一家有 SaaS（软件即服务）系统且提供样本服务的公司即可。多数专业在线调研网站的系统是免费的，样本部分则需要付费。样本的价格和问卷长度、抽样条件有关。

工作实践

背景资料

甲银行计划在一所职业院校毕业班学生中推销信用卡，为更深入地了解目标客户的情况，甲银行王经理准备先在该职业院校校园组织一次“高职生信用卡观念”焦点小组访谈。

实践任务

结合以上背景资料，请以 4～5 名学生为一组帮助王经理制定一份“高职生信用卡观念”焦点小组访谈提纲。

实践指南

访谈提纲的作用是保证主持人能有条不紊地按照事前设计的思路、步骤举行会议，确保实现调研目的，并便于事后分析和总结会议结论。

表 5-4-8 为某小组为本次焦点小组访谈所设计的提纲，供参考。

表 5-4-8　　“高职生信用卡观念”焦点小组访谈提纲

会议议程	主要内容及流程
1. 解释焦点小组访谈法及规则（10 ～ 12 分钟）	开场白：同学们，今天把大家请来，主要目的有两个。一是让同学们了解信用卡的相关知识，二是希望为即将步入职场的同学们提供优质的信用卡。为了实现上述目的，请同学们实事求是地踊跃发言，谢谢大家
	A. 解释焦点小组访谈法
	B. 陈述焦点小组访谈法规则 （1）没有所谓的正确答案，只要说出你的观点 （2）要倾听别人的发言 （3）有录音、录像 （4）请依次发言 （5）请不要向我提问，我的想法并不重要，你们的想法和感受才是重要的 （6）我们要讨论一系列话题，会随时将讨论推进到下一个话题
2. 了解使用信用卡的历史（15 分钟）	转话题：我对你们对信用卡的态度和使用信用卡的情况很感兴趣
	A. 你有多少种信用卡？你是什么时候拥有这些信用卡的？
	B. 你是通过什么途径办理这些信用卡的？
	C. 你最常用的是什么信用卡？为什么经常使用它？你常用信用卡的目的是什么？
	D. 高职生申请信用卡是不是很难？是否有些信用卡比较容易申请？如果有，是什么卡？高职生是否很难申请到一张优质的信用卡或者合心意的信用卡？
	E. 你目前对信用卡及其使用的态度如何？当你拥有一张信用卡后，你的态度是否有所改变？如何改变？
3. 展示广告设计图（25 分钟）	转话题：现在我将向你们展示几种信用卡广告设计图。它们将会出现在校园人流比较集中的地方，如学校食堂、学生活动中心，每一种广告代表不同的产品和服务。我想知道你们对不同宣传广告的反应，我每出示一种，希望你们用 1 分钟写下看见后的第一反应。之后我们将更为详细地讨论每一种广告设计
	A. 展示第一种广告 （1）请记录自己的第一反应 （2）讨论：a. 你对这种广告的第一反应是什么？你喜欢该广告设计的什么地方？不喜欢什么地方？b. 你会停下来仔细看吗？你会被它吸引吗？为什么会？为什么不会？它有什么地方吸引你？
	B. 展示第二种广告
	C. 展示第三种广告
	D. 展示所有的广告 （1）在这些广告设计中，哪一种最可能吸引你的注意，使你停下来仔细观看？ （2）哪一种最不可能吸引你的注意？为什么？

续表

会议议程	主要内容及流程
4. 展示宣传册与赠品（25分钟）	转话题：我现在想让你们看一看信用卡的赠品，这些赠品是与刚才讨论过的广告相配套的。首先，我向你们展示宣传册和赠品样本。其次，希望你们记下自己的第一反应。最后我们对每种赠品进行讨论
	A. 展示第一种宣传册和赠品 （1）请记录自己的第一反应 （2）讨论：a. 你的第一反应是什么？b. 你特别喜欢赠品的什么地方？特别不喜欢赠品的什么地方？c. 你理解赠品的含义吗？d. 你认为赠品重要吗？e. 你会因为赠品而申请信用卡吗？为什么？f. 这种信用卡会取代你现在用的信用卡吗？g. 你会考虑使用这种信用卡吗？h. 毕业后你还会继续使用这种信用卡吗？i. 在多大程度上你会使用这种信用卡？为什么会？为什么不会？你打算真的使用这种信用卡还是只想拥有它？你打算毕业后还保留它吗？
	B. 展示第二种宣传册和赠品
	C. 展示第三种宣传册和赠品
	D. 展示所有的宣传册和赠品 （1）你认为最佳赠品是什么？ （2）考虑到赠品因素，你会选择哪一种信用卡？为什么？
5. 展示信用卡设计（10分钟）	转话题：最后，我想让同学们看一看附带环保赠品的信用卡的三种设计样式。同前两次讨论一样，我先出示每种设计，要求你们记下自己的第一反应，然后讨论每种设计
	A. 展示第一种设计 （1）请记录自己的第一反应 （2）讨论：a. 你的第一反应是什么？你特别喜欢设计中的哪些方面？不喜欢设计中的哪些方面？b. 在设计中是否有什么地方令你在以前使用它时感到不方便？
	B. 展示第二种设计
	C. 展示第三种设计
	D. 展示所有的设计 （1）你会选用哪一种信用卡？喜欢哪一种？ （2）你不会使用哪一种信用卡，为什么？
6. 简单总结致谢（1分钟）	非常感谢同学们对我们这次座谈会的支持与配合。我们通过这次访谈获得了很多有价值的材料和信息，增加了我们为同学们提供优质信用卡的信心。期待我们的信用卡和我们的服务能永远陪伴在同学们身边。再次感谢同学们的大力支持，谢谢！

思考与练习

一、思考题

1. 试述焦点小组访谈调研法的特点及注意事项。

2. 试述拦截访问调研法的特点及注意事项。

二、案例分析

小李做的首份兼职就是电话访问员，他觉得自己做得还不错，总结了以下心得。

承担这份工作之前，首先要了解这个工作的性质，熟悉调研问卷。在开场白里要告诉对方你是谁，要做什么，为什么做。在与对方交谈的时候，有一个妙招就是不断称呼对方的名字，因为人在听到自己的名字时是最集中注意力的。所以，在做访问的时候适时称呼对方名字，会有较好的效果。另外，就是要学会赞美对方，当然赞美不能太牵强，要让对方觉得你是发自内心的。还要适时告之客户调研剩余时间，以免对方产生不耐烦的情绪。在结束的时候应该对客户表达真诚的感谢。

问题:

1. 小李做电话访问员成功的因素有哪些?

2. 结合案例，论述做电话访问员有哪些工作技巧。

三、实践演练

背景

某公司计划销售一款专供大学生使用的洗衣机，为此准备先在大学校园组织一次有关洗衣需求的市场调研。

任务

1. 以小组为单位，自定调研主题并制定一份焦点小组访谈提纲。

2. 以 PPT 形式在课堂上进行成果汇报，教师对成果汇报进行点评并评分。

考核

1. 教师根据各组提纲的目标可达性、逻辑性、实用性、完整性和可行性，以及报告表现形式的简洁度、讲解思路的清晰度、表达技巧的娴熟度等要素对各组评分。

2. 各组成员根据各自承担的分工内容、团队合作态度和能力、分工完成情况及质量等要素对其他成员评分，成员间的得分必须拉开适当差距，成员分工及得分情况表须附列于各组的 PPT 报告结尾处。

学习单元五　选用观察法调研

学习目标

知识目标

1. 了解观察调研法的类别、特点和应用。
2. 掌握观察调研法的工作步骤。

能力目标

能根据工作实践任务，运用观察调研法实现调研目标。

导　语

奇瑞汽车为了更好地挖掘用户需求，推出更受客户欢迎的产品，专门找到典型用户，深度介入用户生活，拍摄用户与奇瑞汽车的微型纪录片：怎么买车、用车，家庭人员构成，怎么生活、娱乐，怎么开车接送孩子、老人，怎么带家人旅游等。小到个人爱好，大到工作梦想，都录制在视频里。视频在奇瑞食堂循环播放，让各部门的人都知道自己要服务的是怎样的群体，以便将产品更好地嵌入他们的生活里。

结果：①各部门对用户有了共识；②通过反复观看视频，挖掘出用户的隐性需求，如汽车的舒适度、更宽敞的空间、更高的安全性等。

思考：

1. 奇瑞公司采用了哪种调研方法？
2. 你认为拍纪录片和访谈，哪种形式效果更好？

一、观察调研法概述

1. 观察调研法的概念

观察调研法是指调研人员利用自身的感官或借助仪器设备直接或者间接记录和观察正在发生的市场行为和状况，从而获取市场信息资料的实地调研方法。

2. 观察调研法的分类

观察调研法的常见分类见表 5-5-1。

表 5-5-1　　　　观察调研法的常见分类

标准	分类		含义
观察对象的隐藏性	直接观察法	顾客观察法	顾客观察法是指在市场中以局外人的方式秘密注意、跟踪和记录顾客行为，以取得调研资料的方法。此方法通常配备各种计数仪器，方便调研计数和提高资料的可信度
		神秘购物法	神秘购物法，又称伪装购物法或神秘顾客法，是指由调研人员扮成购物者，专门到服务实施场所进行观察以获取调研资料的方法
	间接观察法		间接观察法是指通过对调研对象有意无意中遗留在现场的实物或痕迹进行观察，以了解或推断过去的市场行为。如网店后台根据商品的点击率来了解商品的受欢迎程度等
采用工具	人员观察法		人员观察法是指主要利用调研人员的眼睛、耳朵等感觉器官去感知观察对象的方法
	机器观察法		机器观察法是指用机器取代调研人员的感觉器官去感知观察对象的方法，如交通流量计数表、街道录像监控等
环境控制	自然观察法		自然观察法是指调研人员在一个自然的环境中（包括超市、展示地点、服务中心等）观察调研对象的行为和举止的方法
	设计观察法		设计观察法是指调研机构事先设计模拟一种场景，调研人员在一个已经设计好的并接近自然的环境中观察调研对象的行为和举止的方法。所设置的场景越接近自然，被观察者的行为就越接近真实

案例分析

某职业院校商贸系受某服装研究部门的委托，运用神秘购物法对某专卖店的营业员进行了直接观察。观察的内容主要包括营业员的礼仪、营业员的推销技巧、店铺和货品的整洁程度、管理人员的态度等。研究者事先设计了 20 个项目及相应的评分标准（见表 5-5-2），制作出了暗访操作流程图（见图 5-5-1），由经过培训的职业院校学生担任观察员进行调研。

表 5-5-2　　　　神秘购物法调研表

店铺地址：　　　　　　　　店铺编号：

访问日期：　　　　　　　　进店时间：

店内顾客人数：　　　　　　观察员：

调研表编号：　　　　　　　总得分：

调研项目	等级	评分标准
1. 营业员的礼仪		
（1）顾客进店时，有营业员立即面向顾客打招呼	优	营业员立即面向顾客热情自然地打招呼
	良	营业员面向顾客打招呼，但不够自然、热情
	中	营业员打招呼，但没有面向顾客
	差	不打招呼

续表

调研项目	等级	评分标准
（2）营业员着装统一、佩戴胸卡、发饰整洁、化妆自然	优	着装统一、佩戴胸卡、发饰整洁、化妆自然
	良	四项中有一项欠缺
	中	四项中有两项欠缺
	差	四项中有三项以上欠缺或其中一项严重欠缺
（3）营业员各就各位，无倚靠、聊天、干私事现象	优	营业员各就各位，无倚靠、聊天、干私事现象
	良	四项中有一项欠缺
	中	四项中有两项欠缺
	差	四项中有三项以上欠缺或其中一项严重欠缺
（4）能用普通话接待顾客，用语规范，待客礼貌，面带笑容	优	能用普通话接待顾客，用语规范，待客礼貌，面带笑容
	良	四项中有一项欠缺
	中	四项中有两项欠缺
	差	四项中有三项以上欠缺或其中一项严重欠缺
（5）当顾客表示只想看看时，营业员没有板起面孔的现象	优	营业员态度热情，并适当推荐一些特色商品
	良	营业员态度热情，但未推荐商品
	中	营业员态度有较大变化，也未推荐商品
	差	营业员板起面孔
（6）收银员态度亲切、和蔼，唱收唱付，并说“谢谢”	优	态度亲切、和蔼，唱收唱付，并说“谢谢”
	良	态度一般，并说“谢谢”
	中	态度一般，没有说“谢谢”
	差	态度差
2. 营业员的推销技巧		
（7）同停留在货架前挑选货品的顾客主动打招呼并询问其需求	优	店员主动过来打招呼并询问需求
	良	店员主动过来打招呼但没有询问需求
	中	店员未主动打招呼，但顾客招呼时能迅速过来
	差	店员未主动打招呼，当顾客招呼一遍以上时才过来
（8）全面详细地介绍商品的特性、面料及洗涤方式	优	全面详细地介绍商品的特性、面料及洗涤方式
	良	顾客询问后，一问多答
	中	顾客询问后，被动解答，一问一答
	差	顾客询问后，因反感而不答

续表

调研项目	等级	评分标准
（9）鼓励顾客试穿，愿意陪顾客到试衣间，并将待试服装为顾客准备好	优	鼓励顾客试穿，陪同顾客到试衣间，并将待试服装准备好
	良	鼓励顾客试穿，陪同顾客到试衣间，但未将待试服装准备好
	中	不鼓励顾客试穿，顾客提出试穿后同意顾客试穿，但不陪同顾客到试衣间
	差	不鼓励顾客试穿，也不同意顾客试穿
（10）告诉顾客售后服务的内容，包括免费修改裤长以及更换颜色、尺码等	优	主动告诉顾客全部售后服务的内容
	良	告诉顾客两项售后服务内容
	中	告诉顾客一项售后服务内容
	差	未告诉顾客售后服务内容
（11）如果服装不合适，主动、热情地给顾客更换或介绍其他商品给顾客试穿	优	若顾客提出不合适，主动征询不合适原因，并为顾客提供其他合适货品
	良	若顾客提出不合适，没有征询不合适原因就为其提供其他货品
	中	若顾客提出不合适，让顾客自己挑选其他货品
	差	若顾客提出不合适，收回货品，不予理睬，或强行推销该货品
（12）如试穿满意，顺便向顾客介绍、搭配其他货品和饰品	优	主动介绍并主动引导顾客搭配其他货品
	良	未主动为顾客搭配，当顾客提出搭配要求后，能热情帮助顾客搭配
	中	当顾客提出搭配要求后，才不情不愿地寻找相应货品
	差	当顾客提出搭配要求后，没有反应
（13）服饰搭配恰到好处，令顾客满意	优	服饰搭配恰到好处，顾客非常满意
	良	服饰搭配水平较高，顾客比较满意
	中	服饰搭配水平一般，顾客可以接受
	差	服饰搭配水平太差，顾客不能接受
（14）在不需要同时接待其他顾客时，陪同顾客到收银处付款，并说致谢语	优	陪同顾客付款，并说致谢语
	良	陪同顾客付款，没有说致谢语
	中	让顾客自己去付款，说致谢语
	差	让顾客自己去付款，不说致谢语

续表

调研项目	等级	评分标准
（15）顾客离店时，有营业员能立即主动地对每位离店顾客说送别语	优	顾客离店时，营业员热情、自然地说送别语
	良	顾客离店时，营业员说送别语，但不热情
	中	营业员偶尔对个别离店顾客说送别语
	差	不说送别语
3. 购物环境		
（16）在收银台附近，醒目摆放或张贴着“顾客服务热线”的标牌	优	店内收银台附近有服务热线标牌，且很醒目
	良	店内收银台附近有服务热线标牌，但不够醒目
	中	店内收银台附近有服务热线标牌，但非常不醒目
	差	无服务热线标牌
（17）店内货架、橱窗、门面招牌、地面整洁	优	店内货架、橱窗、门面招牌、地面整洁
	良	四项中有一项欠缺
	中	四项中有两项欠缺
	差	四项中有三项以上欠缺，或其中一项严重损害商店形象
（18）货品摆放整齐，货架不空置，货品及模特无污渍、无损坏	优	货品摆放整齐，货架不空置，货品及模特无污渍、无损坏
	良	有一个货架（或货品、模特）未达到要求
	中	有两个货架（或货品、模特）未达到要求
	差	货品乱放，或三个以上货品及模特有污渍、有损坏
（19）试衣间整洁、门锁安全、设施齐全（配备衣钩、拖鞋）	优	试衣间整洁、门锁安全、设施齐全
	良	三项中有一项欠缺
	中	三项中有两项欠缺
	差	三项均有欠缺或其中一项严重欠缺
（20）灯光明亮，音响适中，温度适宜，走道通畅（无杂物堆放）	优	灯光明亮，音响适中，温度适宜，走道畅通（无杂物堆放）
	良	四项中有一项欠缺
	中	四项中有两项欠缺
	差	四项中有三项以上欠缺，或其中一项严重欠缺

说明：对每项调研内容打分，优 5 分、良 4 分、中 3 分、差 1 分，满分 100 分。

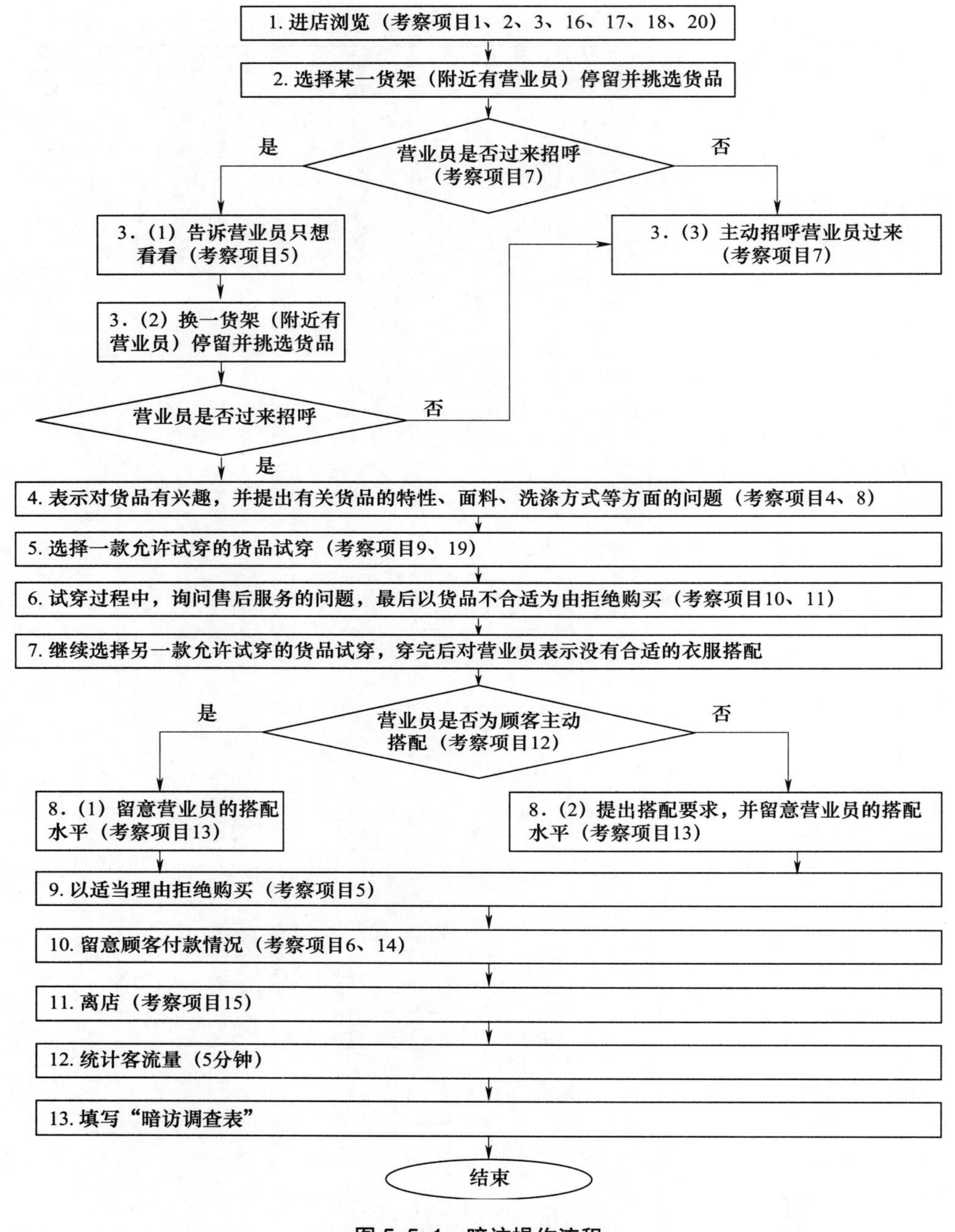

图 5-5-1　暗访操作流程

二、观察调研法的特点和应用注意事项

1. 观察调研法的优点

（1）观察调研法的最大优点是直观性和可靠性，可以比较客观地收集第一手资料，直接记录调研的事实和调研对象在现场的行为，调研结果更接近于实际。这是文案调研法等间接调研方法所不可比拟的，也是访谈调研法所不及的。

（2）观察调研法基本上是调研人员的单方面活动，是在自然状态下的非参与观察，能获得生动的资料。它一般不依赖语言交流，不与调研对象进行人际交往，因此，它有利于对无法、无须或无意进行语言交流的现象进行调研，有利于排除语言交流或人际交往中可能发生的种种误会和干扰。

（3）观察调研法简便易行、灵活性强，可随时随地进行调研。它能通过观察直接获得资料，不需要其他中间环节，能捕捉到正在发生的现象，具有及时性的优点。

2. 观察调研法的缺点

（1）观察调研法只能反映客观事实的发生经过，而不能说明发生的原因和动机。

（2）观察调研法常需要大量调研人员到现场进行长时间观察，调研时间较长，调研费用支出较大。因此，这种方法在实施时常会受到时间、空间和经费的限制。

（3）观察调研法对调研人员的业务技术水平要求较高，如要求调研人员应具有敏锐的观察力、良好的记忆力，具备必要的心理学、社会学知识及对观察设备的操作技能等。

3. 观察调研法的应用范围

观察调研法在市场营销中的常见应用如下。

（1）商品跟踪测试。

（2）消费者购买行为、购买动机、购买偏好及购买能力观察。

（3）商场管理水平、营业状况、购物环境、商品陈列、价格策略及服务态度观察。

（4）车流量、客流量和人流量及构成观察。

（5）对生意伙伴、竞争对手进行跟踪和暗访调研。

（6）生产经营者现场评估与考察。

（7）生产和服务作业研究。

4. 运用观察调研法的注意事项

（1）为了使观察结果能反映调研对象的一般情况，应选择具有代表性的典型对象，在最适当的时间进行观察。

（2）在实际观察时，不能让调研对象有所察觉；否则，就无法了解调研对象的自然反应、行为和感受。

（3）在实际观察时，必须实事求是、客观公正，不得带有主观偏见，更不能歪曲事实真相。因此，要求调研人员遵守有关法律和职业道德，更不能对涉及国家机密和个人隐私的内容进行观察。

（4）调研人员应掌握和运用先进的记录技术，以便更加高效、详细地记录调研内容。

（5）为了观察客观事物的发展变化过程，进行动态对比研究，通常需要做长期反复的观察。

知识拓展

近年来，不少经济学家已经在研究中证明，某一地区灯光的卫星观测数据，能揭示当地的经济发展水平。因为夜间灯光亮度不仅能反映生产和服务的活跃程度，也能反映消费活动的活跃程度，如果从长时间跨度来观察，就能得出经济强弱变化的情况。

改革开放以来，中国经济取得了连续多年双位数增长的奇迹，但与此同时，世界部分地区的市场参与者对中国GDP统计精度产生怀疑。这种疑问使得他们编制出一系列代理变量，用以替代中国GDP官方数据，供世界部分市场参与者分析和使用，如彭博指数、巴克莱指数等。

来自纽约联邦储备银行等的研究人员，通过美国防卫气象卫星计划（DMSP）项目提供的全球夜间灯光亮度变化情况观测数据分析得出结论，即中国经济发展状况不但没有被高估，反而是被低估了。这一分析很快就引起了广泛关注。

三、观察调研法的记录技术

准确、及时、无遗漏地记录转瞬即逝的宝贵信息及事物的变化情况，能加快调研工作的进程，便于资料的整理及分析。在采用观察调研法时，应注意采用适用的记录技术，记录技术的好坏直接影响调研结果。记录技术主要包括观察卡片、标记符号、速记、记忆和机械记录五种。

1. 观察卡片

观察卡片或观察表的结构与调研问卷基本相同。制作观察卡片的程序是：首先根据观察内容列出所有观察项目；去掉非重点的、无关紧要的项目，保留一些重要的能说明问题的项目；列出每个项目中可能出现的各种情况，合理编排；通过小规模的观察来检验卡片的针对性、合理性和有效性，最后制成卡片。

知识拓展

顾客流量及消费调研卡片

店铺名称：________　　　　观察时间：_____年__月__日__时至__时

观察地点：_______　　　　观察员：_____

项目	入向	出向
人数		
消费金额（元）		

2. 标记符号

标记符号是指用符号代表在观察中出现的各种情况，在记录时，只需根据所出现的情况记下相应的符号，或在事先写好的符号上打钩即可，不需要再用文字叙述。这样不仅加快了记录速度，避免因忙乱而出错，而且便于资料的整理。

3. 速记

速记是用一套简便易写的线段、圈点等符号系统来代表文字进行记录的方法。

4. 记忆

记忆是指在观察调研中，采取事后追忆的方式进行记录的方法。通常在调研时间紧迫或缺乏记录工具的情况下使用。由于人的大脑不可能准确无误地储存很多信息，因此，必须抓住要点进行记忆，提纲挈领，事后及时进行整理。采用记忆的方法虽然可以消除调研对象的顾虑，但常容易遗忘一些重要的信息。

5. 机械记录

机械记录是指在观察调研中通过录音、录像、拍照等手段进行记录的方法。这种记录方法能详尽地记录所要观察的事实，免去观察者的负担，但容易引起调研对象的顾虑，使调研结果失去真实性。

知识拓展

目前广泛使用的专业记录仪器主要有以下几种：

1. 视向测定器。又称眼睛照相机，它可以在1秒内拍摄16个视线的动作，测出视线停留的位置和时间，用于探测调研对象对广告的反应。

2. 瞬间显露器。它可以在短暂的时间内显示广告，用以了解广告的各个构成要素显示所需的时间。

3. 精神电流测定器。它可以通过测量人的脉搏、血压、呼吸等间接测出其情感变化和心理反应。

4. 皮肤电流反射器。这种仪器可以根据受测者因精神变化而在皮肤上出现的反应，进行相应判断。

四、观察调研法的工作步骤

观察调研法的工作步骤见表5-5-3。

表5-5-3　观察调研法的工作步骤

程序	内容
明确问题和对象	选择和确定调研问题，确定观察者与观察对象

续表

程序	内容
制订观察计划	规定明确的观察目的、重点、范围，要收集的材料，观察的次数，每次观察的时间，采用的仪器，需要制作的表格以及填写要求等
做好观察准备	（1）确定观察的项目和指标 （2）选择观察途径和方法 （3）观察取样 （4）设计观察表格及记录方法 （5）其他准备，包括仪器、人员培训、分工及应变措施等
按照计划进入现场实施观察并做好记录	（1）选好观察位置，有较好的角度和光线以保证观察有效、全面、精确 （2）不惊扰观察对象，也不与观察对象交流 （3）记录要准确、全面和有序
整理与分析观察资料	（1）详细检查所有记录的材料，看分类是否恰当、是否有遗漏和错误 （2）整理所需材料至基本齐全 （3）按观察记录的时间顺序分类存放资料，以便查阅 （4）整理记录材料后，对某些重要事项要详细地加以说明
提出观点并撰写研究报告	根据对观察资料的分析研究，提出自己的观点，并加以论证，最后撰写调研报告

知识拓展

不得委托“私家侦探”采取跟踪、盯梢、偷拍等侵害被调查人隐私权的方式获取相应的信息。

《中华人民共和国民法典》第一千零三十二条规定，自然人享有隐私权。任何组织或者个人不得以刺探、侵扰、泄露、公开等方式侵害他人的隐私权。隐私是自然人的私人生活安宁和不愿为他人知晓的私密空间、私密活动、私密信息。

工作实践

背景资料

调研人员：以4～5名学生为一组。

调研对象：××电器商场的不同年龄段的顾客。

调研目标：通过对××电器商场的不同年龄段顾客的跟踪调研，分析其消费行为。

实践任务

利用节假日完成调研，各组提交一份调研报告并在课堂上做汇报。

实践指南

以下为某小组提交的调研报告，供参考。

×× 电器商场顾客消费行为跟踪调研报告

一、准备工作

1. 设计调研表

本调研表是跟踪调研表，主要由调研人员记录顾客的相关行为。

2. 确定人员分工

以个人为单位，每人负责跟踪 10 位顾客。

3. 统一调研时间

调研时间定为 2022 年 12 月 4 日。

4. 规定调研方法

主要调研在商场停留 1 个小时内的顾客。每名调研人员从顾客进入商场开始跟踪调研，记录其相关行为，直至他们离开商场（顾客停留时间大于 1 个小时的除外）。我们将顾客的年龄分为青年（16～34 岁）、中年（35～54 岁）和老年（55～75 岁）3 个年龄段，每个年龄段各 10 人，每名调研人员负责跟踪 1 个年龄段的顾客。

二、实施过程

我们小组 3 人于 12 月 4 日上午 9：15 准时到达 ×× 电器商场门口，开始调研工作。每名调研人员在商场开门前几分钟都找到了自己想跟踪的调研对象。由于顾客在商场内的移动速度和停留时间不同，所以给我们的调研工作带来一些不便，但我们仍然坚持调研，终于在上午 10：30 全部完成对第一名顾客的跟踪调研，其中耗时最短的调研人员只用了 10 分钟。每名调研人员都在调研表上记录了顾客的情况及行为。小组在当天 20：00 完成全部调研任务。

三、调研结果及分析

1. 调研结果

（1）男性：18 人　　女性：12 人

（2）单独：5 人　　结伴：25 人

（3）提包：16 人　　空手：14 人

（4）进入商场后的行走方向：左转 13 人　右转 7 人　直走 10 人

（5）询问商品价格和性能：17 人　　未询问商品价格和性能：13 人

（6）征求身边人意见：16 人　　未征求身边人意见：1 人

（7）购买商品：5 人　　未购买商品：25 人

（8）刷卡支付：1 人　　支付宝支付：2 人

微信支付：2 人　　现金支付：0 人

（9）参加优惠活动：3 人　　未参加优惠活动：2 人

（10）要求送货上门：0 人　　不要求送货上门：5 人

（11）停留时间：10 分钟以下 5 人　10～30 分钟 18 人

30～60 分钟 7 人

2. 调研分析

（1）在30名目标顾客中，单独来××电器商场的人数占总人数的16.7%，结伴而来的占83.3%，可见大多数顾客都是结伴来商场购物的，因为家用电器的购买是一种比较复杂的消费行为，顾客的谨慎程度较高，通常会征求家人或朋友的意见。

（2）进入商场后左转的人数比例为43.3%，直走的为33.3%，右转的为23.3%，大多数顾客都有向左转的习惯。

（3）在结伴而行并询问商品价格的17名顾客中，有16名顾客征求了身边人的意见，可见顾客的同行人对其购买决策有很大的影响。

（4）在5名购物的顾客中，采用支付宝和微信支付方式的各有2人，无人采用现金支付，可见，方便快捷的电子支付已经成为顾客首要的支付方式。

（5）在5名购物的顾客中，有3名顾客参加了优惠活动，可见顾客对促销活动的参与程度比较高。

（6）在5名购物的顾客中，无一人要求送货上门，可见在非购物旺季期间购买大家电的顾客比较少。

（7）大多数顾客在商场内停留的时间为10～30分钟。

四、结论及意见

到××电器商场购物的顾客大多数结伴而行，在进入商场时，他们一般都会向左转，所以应该在商场左边摆放一些有吸引力的POP广告（购买点广告）。有一部分人不会在任何柜台停留，他们仅边走边看，所以商场应该重视柜台的装饰，比如摆放一些有视觉冲击力的装饰品或POP广告，吸引顾客在柜台前驻足，然后通过销售人员推销，使其对柜台内的商品产生兴趣，从而使顾客接触了解并购买商品，这样可以间接地增加商品的销售量。顾客在购物时会尽量征求身边人的意见，然后再结合自己的意愿作出购买决策，销售人员对目标顾客同伴的态度也会间接影响顾客是否购买，所以销售人员应该以对待目标顾客的态度来对待他身边的同伴。一部分顾客会通过比较之后作出购买决策。购买商品后有相当一部分顾客选择电子支付方式，所以商场网络系统的正常运行及其运行速度很重要。顾客对商场促销活动的参与程度很高，促销对顾客购买行为有着重要的影响，所以商场应该加大促销的力度和促销的商品覆盖面。

思考与练习

一、思考题

1. 简述观察调研法的特点和主要应用范围。

2. 观察调研法有哪些记录技术，在运用时要注意哪些事项？

二、案例分析

（1）美国人类学教授雷兹通过对垃圾进行分析来研究人们的消费情况。他说：“垃圾袋绝不会说谎，什么生活水平的人就丢什么样的垃圾。”如夏季从垃圾桶内的丢弃物中观察冰激凌包装纸的品牌，可以得知什么牌子的冰激凌在该地销量最大；从对易拉罐的分类整理中，可以得知什么牌子的啤酒、饮料在该地最畅销；从损坏的玩具中可以得知玩具哪些部位最容易损坏，以便在新设计的产品中加以改进。

（2）一家世界著名企业在中国北方市场推出了一款全新的洗衣粉，大获成功。在这个品牌推出之前，该公司对中国消费者进行了深入调研，了解他们如何洗衣，并用摄像机录下他们的洗衣过程，记录下每一个有用的数据。

问题：

1. 以上两个案例分别用了哪种观察调研法？
2. 结合案例，观察校园垃圾袋内的丢弃物成分，试得出几个调研结论。

三、实践演练

任务

利用周末或节假日时间，以4～5名学生为一组，使用观察调研法跟踪某家大型超市的某食品大类商品（如方便面、啤酒、饮料等）的顾客购买行为，并提交一份调研分析报告，以PPT形式在课堂上进行成果汇报，教师对成果汇报进行点评并评分。

考核

1. 教师根据各组的观察卡片设计的严谨性、观察记录的完整性、观察数量的多少、观察记录总结分析的逻辑性，以及PPT表现形式的简洁度、讲解思路的清晰度、表达技巧的娴熟度等要素对各组评分。

2. 各组成员根据各自承担的分工内容、团队合作态度和能力、分工完成情况及质量等要素对其他成员评分，成员间的得分必须拉开适当差距，成员分工及得分情况表须附列于各组的PPT报告结尾处。

学习单元六　选用实验法调研

学习目标

知识目标

1. 了解实验调研法的类型、特点和应用。
2. 掌握实验调研法的设计和应用。

能力目标

能根据工作实践任务，运用实验调研法实现调研目标。

导 语

心理学家做过一个实验：分别让一位戴金丝眼镜、手持文件夹的青年学者，一位打扮入时的漂亮女孩，一位挎着菜篮子、脸色疲惫的中年女人，一位留着怪异头发、穿着邋遢的年轻小伙子在公路边搭车，结果显示，漂亮女孩、青年学者搭车成功率很高，中年女人稍困难，年轻小伙子就很难搭到车。

尽管“不能以貌取人”，但在实际的人际交往中，给他人的第一印象很大程度上取决于其外表。

Q 食品公司的销售经理与公司的广告代理商在讨论 Q 咖啡的广告设计时出现分歧。销售经理认为上述现象很有启发性，建议在广告中使用有吸引力的女性形象；而广告代理商则持相反的观点，认为使用外表并不出众的人做广告能使广告更为可信和有效，并且还建议用男性而不是女性来做广告。双方最终决定通过实验来回答分歧问题：应该挑选形象靓丽的人还是形象一般的人做广告？应该用男性形象还是女性形象？

实验步骤一：准备分别由魅力男士、魅力女士、普通男士、普通女士手拿咖啡的 4 个不同的广告设计方案。

实验步骤二：在全市随机抽样产生男女各 100 名参加实验的实验员。

实验步骤三：将男女各 100 名实验员随机平均分成 4 组（每组包含男女实验员各 25 人），然后将每组抽签分派到 4 个广告的实验组中，每个实验组都与另外 3 个对照组放在一起比较，由实验员进行比较打分，以测试他们对 4 个广告的喜欢程度。

通过统计，实验结果表明：①魅力男士形象人气最高。②有魅力的形象在异性实验员中人气最高。③魅力男士形象在女性实验员中的人气最高。

在以上结论的基础上，广告代理商建议在广告中采用魅力男士形象。

思考：

1. 实验中为什么要将实验员分成男女组？

2. 实验调研法在市场营销活动中有哪些主要应用场景？

一、实验调研法的概念和要素

1. 实验调研法的概念

实验调研法是指调研人员有目的、有意识地通过改变或控制一个或几个市场影响因素的实践活动，来观察市场现象在这些影响因素下的变化情况，进而认识市场现象的本质和发展变化规律。

2. 实验调研法的要素

实验调研法主要包含以下 5 个基本要素。

（1）实验者。实验调研有目的、有意识的活动主体。

（2）实验对象。通过实验调研所要了解、认识的市场现象。

（3）实验环境。实验对象所处的市场环境。

（4）实验活动。改变市场现象所处市场环境的实践活动。

（5）实验检测。在实验过程中对实验对象所做的检验和测定。

二、实验调研法的特点

实验调研法是一种具有实践性、动态性、综合性的直接调研方法，它具有其他调研方法所没有的优点，同时也有自身的局限性。

1. 实验调研法的优点

（1）由实验活动引发市场现象的发展变化，能够在市场现象的发展变化过程中直接掌握大量的第一手资料。

（2）积极主动地改变某种条件，促进市场现象朝着设定的路径发展，能够揭示或确立市场现象之间的相互关系。

（3）市场实验具有可重复性，这使得实验调研的结论具有较高的准确性和较强的说服力。

（4）特别有利于探索解决市场问题的具体途径和方法。在商品生产和营销过程中，不论是宏观管理还是微观管理，都有很多具体的方针政策、措施方法等问题，需要不断探索、研究和完善，实验调研法为此提供了重要的检验手段。因为只有经过实践检验的方针政策、措施方法，才能证明其正确性和可行性，实验调研恰恰起到了这个作用。

2. 实验调研法的局限性

（1）实验调研的结论总带有一定的特殊性，其应用范围是很有限的。因为实验对象和实验环境的选择难以具有充分的代表性；在实验调研中，人们很难对实验过程进行充分、有效的控制；很多影响因素是无法也不能排除的，而对它们又很难一一测定或综合测定出来，因此准确区分和检测实验效果与非实验效果就很困难。

（2）实验调研法对调研人员的要求比较高，花费的时间也比较长。

案例分析

境外金融服务已经成为银行最重要的战场之一，各银行信用卡纷纷与境外机构合作，为境外消费的多个场景提供权益，将特定的权益推荐给特定人群能够有效提升客户的境外信用卡消费额度。

A银行为配合旅游旺季的到来，决定向其某类信用卡客户提供境外消费超额返现奖励。但此类信用卡客户多，向全部客户发送营销信息成本较高。A银行在与某互联网数据公司合作后，建立预测模型，寻找出两个月内有出国需求并有购物需求的人群，精准发送促销短信。

为比较效果，该行随机抽取了一定数量的内部客户作为实验组，向其发送短信。结果表明，精准发送促销短信的实验组的转化效果比控制组的转化效果提升20倍以上。

三、实验调研法的类型

在实验中，可以将实验单位随机地分成两个部分，一部分是接受处理后的自变量，称为处理组或者实验组；另一部分是受控制的，即不接受处理的，称为控制组或者对照组。

案例分析

某连锁店营销经理要研究折价促销对销售额的影响，可以选取条件相仿的两家店铺，一家店铺实施折价促销（实验组），一家店铺不实施折价促销（控制组），然后分别收集两家店铺的销售额数据，进行统计、比对，以得出结论。

对实验单位进行处理之后才测量自变量对因变量影响的，称为事后设计。在实验中，选择一批实验对象作为实验组，通过对其实验激发的前后结果检测，并进行分析得出结论的，称为事前事后设计。

实验调研法包含实验组前后连续对比实验、实验组与控制组对比实验和实验组与控制组前后对比实验三种类型。

1. 实验组前后连续对比实验

这是最简单的一种实验调研法，它是在没有控制组作参照的情况下，考察实验组在改变实验因素前后发生的变化，从而测定实验因素对调研对象影响的实验效果。因此，它是一种纵向对比，即在前后时间上的比较。

采用这种方法，事先要对正在经营的情况进行测量（X_1），然后再测量实验后的情况（X_2），再通过观察实验激发前后 X_1 和 X_2 的变化来分析实验的影响。其模型见表5-6-1。

表 5-6-1　　　　实验组前后连续对比实验模型

项目＼组别	实验组	控制组
事前测量结果	X_1	无
实验激发（实验条件处理）	有	无
事后测量结果	X_2	无

案例分析

某厂家为了提高某饮料的销售量，计划改变该饮料的外包装，选定了 5 家店铺进行实验跟踪。先统计了该饮料原包装一个月的销售量，然后将该饮料全部换成新包装，再统计一个月的销售量，将两次销售量进行对比后再作出决策，该次实验就是实验组前后连续对比实验。

实验组前后连续对比实验是事前事后设计，它是一种纵向比较，操作起来简便易行，表面上看比较科学，但事实上其实验误差较大，因为它无法消除事前事后实验期间其他非实验因素的影响，因为在进行事前实验和事后实验期间其他非实验因素会发生改变，这样实验组的事后测定值就不纯粹是实验因素改变的结果，还有非实验因素，如自然因素、商业因素、心理因素等，这些都会影响实验效果的准确性。

2. 实验组与控制组对比实验

实验组与控制组对比实验是有控制的事后设计，是指在同一时期内，对实验组改变其实验因素进行实验，对控制组则不改变任何实验因素，按常规活动，将实验组和控制组的事后测定值进行对比。其模型见表 5-6-2。

表 5-6-2　　　　实验组与控制组对比实验模型

项目＼组别	实验组	控制组
事前测量结果	无	无
实验激发（实验条件处理）	有	无
事后测量结果	X_2	Y_2

案例分析

某厂家为了提高某饮料的销售量，计划改变该饮料的配方，选定了两家条件相仿的店铺进行实验跟踪，其中一组采用新配方（实验组），另一组采用原配方（控制组），分别统计两家店铺一个月的销售量，将两组销售量进行对比后再作出决策，该次实验就是实验组与控制组对比实验。

实验组与控制组对比实验是一种横向比较，即在同一时间上的不同比较。这种方法是目前市场调研中最常见的方法。由于这是一种横向对比实验，在同时间里，诸如自然因素、商业因素、心理因素等非实验因素基本相同，在实验对比中扰动相同，克服了实验组前后连续对比实验所存在的非实验因素干扰。该种实验结果的准确性直接取决于控制组与实验组的可比性，两者客观条件越接近，实验结果的准确性越高；反之也成立。

3. 实验组与控制组前后对比实验

实验组与控制组前后对比实验是指在实验中，分别设立控制组和实验组，在实验组中引入实验因素，控制组中不引入实验因素，按常规活动，然后将实验组事前事后实验测定值同控制组事前事后实验测定值进行对比的实验调研方法，故也可以称作有控制组的事前事后设计。其模型见表 5-6-3。

表 5-6-3　　实验组与控制组前后对比实验模型

组别 / 项目	实验组	控制组
事前测量结果	X_1	Y_1
实验激发（实验条件处理）	有	无
事后测量结果	X_2	Y_2

案例分析

某厂家为了提高某饮料的销售量，计划改变该饮料的配方，于是选定了两家条件相仿的店铺进行实验跟踪。先分别统计了两家店铺一个月的销售量 X_1 和 Y_1；然后，其中一组采用新配方（实验组），另一组采用原配方（控制组），再分别统计两家店铺一个月的销售量 X_2 和 Y_2；将两组销售量的变化情况进行对比后再作出决策，该次实验就是实验组与控制组前后对比实验。

实验组与控制组前后对比实验，实际上是一种双重对比的实验法，它吸收了前两种方法的优点，也弥补了前两种方法的不足。不但能够反映实验组与控制组的区别，而且能够区分实验变量与非实验变量的影响；但这种方法的应用比较复杂，它必须对实验组和控制组分别作出实验前后的检测，才能得出实验结论。

知识拓展

外来变量的存在会影响因变量，扰乱实验效果，严重威胁实验的有效性。所以必须要对这些外来变量加以控制，常见的控制方法有以下几种。

随机化分组：实验单位随机分配到实验组和控制组中，同时实验条件也随机分配到各组，可以近似地认定实验的各组从一开始就是基本平等的。

匹配分组：这是相对于随机化分组而言的，就是在分配实验单位的时候按照一些关键背景变量来比较实验单位，使得每个实验组都有相匹配的实验单位。

统计控制和实验控制：分别指采用统计分析的方法去测定外来变量并修正其影响和精心设计实验方案，使外来变量得到有效控制。

四、实验调研法的应用——市场测试

1. 市场测试的含义

市场测试就是将一个品牌或产品投放到一个典型的市场上进行有限规模的推广或销售并测定效果。这样企业在开始全国性或区域性推广或销售活动之前，就可以发现产品缺陷和潜在风险，避免浪费，并收集到各种市场信息和市场对品牌或产品的反应，从而重新评估相关营销计划，调整营销决策或战略。

2. 市场测试的基本类型

（1）标准市场测试

这是指研究人员选择几个测试地区，一般选择两个相互匹配的城市或具有代表性的两个地理区域作为实验市场，将产品投放到两个城市或地区市场上进行试销，经过一定时间后，比较试销的结果。城市实验适用于广告计划或价格水平的选择，地区实验一般用来比较两套可供选择的市场营销方案。

（2）模拟市场测试

这是一种实验室市场测试，并不是在市场中进行真实测试。该方法要求在客流量高的地方抽取样本，并把从个体中抽取的样本和目标组的代表暴露在多种刺激下，让他们在这种刺激中作出类似的选择。研究人员通过观察和了解消费者对新产品的初步反应，应用数学方法估计新产品的市场份额，以便制定新产品全国推广策略。

案例分析

对于食品、饮料行业的产品经理来说，如何发现并满足消费者的口味偏好，是在产品设计环节就需要考虑的核心问题。如果产品的口味不被消费者认可，产品面向市场后必然遭遇失败。因此，在产品开发设计、新产品投放市场、产品市场推广到新一轮产品开发的各个环节都应当进行产品口味测试，及时发现产品在口味方面的不足，以便改进。

口味测试研究适用的行业有食品、饮料、医药、餐饮等。

口味测试研究通常采用模拟市场测试方式，包括提供大量实验样品（老产品、新产品、对比产品等）基础上的定性研究和定量研究。

1. 定性研究。通过消费者深度访谈、小组座谈以及专家访问等形式，确定该产品口味的所有属性（如润喉糖类的甜味、苦味、香味、清凉味、刺激味等）。注意这些口味属性的改变必须是企业清楚知道如何通过调整配方来实现，且消费者能切实通过味觉、嗅觉、触觉等感官感受到。

2. 定量研究。一般通过对目标顾客预约访问、定点街访或入户访问的方式。调研主要指标包括被访者对该产品口味的整体喜好程度，被访者对该产品口味属性的评价（1 分表示不够、3 分表示刚好、5 分表示太过），被访者对该产品所承载功能的评价，被访者对该产品喜欢与不喜欢方面的描述。

3. 标准市场测试的步骤

（1）确定测试目标。

（2）选择测试市场。

（3）制订详细的测试计划。

（4）执行计划。

（5）分析测试结果。

4. 模拟市场测试的步骤

（1）从新产品的目标市场获得有代表性的消费者样本参与一系列实验。

（2）让消费者观看在竞争环境中的新产品测试广告。

（3）参与者组成小组进入一家模拟商店。

（4）讨论他们的选择以及作出选择的原因，同时填写覆盖同样问题的结构化问卷。

（5）一段时间过后，再给参与测试者打电话。

知识拓展

没有深圳、珠海、厦门、汕头、海南等经济特区改革开放试验田的创新引领作用，就不会有今天粤港澳大湾区以及整个东南沿海地区的经济繁荣，中国的经济腾飞就失去了一个十分重要的增长极。

今天的上海浦东，正由中国改革开放的窗口走向全面深化改革的试验田，一项项改革措施从这里复制推广到全国。

党中央决定支持海南全岛建设自由贸易试验区，支持海南逐步探索稳步推进中国特色自由贸易港建设。

深圳前海，作为“特区中的特区”，如今已成为粤港澳大湾区、深圳先行示范区建设新引擎，成为打造粤港澳大湾区全面深化改革创新试验平台。

在社会主义建设征程中，一切伟大成就都是敢为天下先努力奋斗的结果，一切伟大事业都需要一代代人在继往开来中勇于创新接续推进。

工作实践

背景资料

国内某化妆品公司近年来开发出适合东南亚女性的具有独特功效的中草药精华系列化妆品，并在多个国家获得了专利保护。现在公司计划对其中A产品改变配方。营销部经理初步分析了亚洲各国和地区的情况，发现泰国市场潜力大，购买实力强，且没有同类产品竞争者，决定选择泰国作为实验市场。公司调研人员将泰国女性化妆品市场划分为18～24岁、25～34岁及35岁以上3个子市场，并选择了其中最大的子市场准备重点开发。营销部经理对前期工作感到相当满意，为确保成功，他预计进行一次市场实验以决策是否改变A产品的配方。

实践任务

以4～5名学生为一组，为该公司营销部经理设计一份实验调研方案。

实践指南

营销部经理为了验证是否该改变A产品配方，可以选择采用以下三种实验调研方法中的一种。

1. 实验组与控制组对比实验。
2. 实验组与控制组前后对比实验。
3. 模拟市场测试。

具体方案设计可参照本单元的相应案例进行。

思考与练习

一、思考题

1. 简述实验调研法的主要应用场景。
2. 简述实验调研法的几种实验设计思路及特征。

二、案例分析

某公司准备改进咖啡杯的设计，为此进行了市场实验。

第一步，进行咖啡杯形状调研：设计了多种形状的咖啡杯，让500名消费者进行观摩评选，研究消费者用干手拿杯子时，哪种形状好、手感好；用湿手拿杯子时，哪种不易滑落。调研结果显示四方长腰果形杯子最合适。

第二步，进行咖啡杯颜色调研：让30名消费者每人各喝4小杯相同浓度的咖啡，但是咖啡杯的颜色分别为咖啡色、青色、黄色和红色；然后统计试饮的结果，发现有三分之二的消费者认为咖啡色杯子的咖啡较浓，青色杯子的咖啡太淡了，黄色杯子的咖啡浓度合适，90%的消费者认为红色杯子的咖啡太浓了。根据这一调研结果，公司决定以后生产黄色咖啡杯。

问题：

1. 请问本案例中采用了哪种调研方法？属于哪种市场测试类型？

2. 在不改变参加实验人数的情况下，你认为该实验有需要改进的地方吗？如有，请提出。

三、实践演练

任务

某公司计划推出一款新型洗发水，但不知道推出之后市场反响如何，所以想做一个实验调研。请为该公司设计一份实验调研方案，以 PPT 形式在课堂上进行成果汇报，教师对成果汇报进行点评并评分。

考核

1. 教师根据各组方案设计的目标、思路、方法及实施步骤的科学性，以及 PPT 表现形式的简洁度、讲解思路的清晰度、表达技巧的娴熟度等要素对各组评分。

2. 各组成员根据各自承担的分工内容、团队合作态度和能力、分工完成情况及质量等要素对其他成员评分，成员间的得分必须拉开适当差距，成员分工及得分情况表须附列于各组的 PPT 报告结尾处。

模块六　形成市场调研报告

调研项目的原始数据收集完成后，要做好数据的规范处理，科学管控调研数据质量并录入统计分析软件，运用定量和定性分析形成调研结论，撰写调研报告上交给调研项目委托方。

学习单元一　建立调研数据管理体系

学习目标

知识目标

1. 了解建立调研数据指标体系应遵守的原则。
2. 掌握控制调研数据质量和建立数据指标体系的方法。

能力目标

能根据管理目的，科学控制调研数据质量和建立数据指标体系。

导　语

小马和小张到梦幻岛进行 A 牌运动鞋市场拓展。他们一上梦幻岛就惊讶地发现这里的居民基本赤脚。小张一看，说:“唉，没啥市场！”小马却掏出手机给公司李总报告说:“梦幻岛人口多，但交通和信息闭塞，现在全岛居民基本赤脚。茫茫蓝海，市场将为我独霸！”

小张抢过电话说:“在全球化竞争的大背景下，这么轻而易举地就让我们找到了蓝海，您觉得可能吗？难道其他品牌会发现不了？我看肯定是岛民长期不穿鞋的生活习惯短期内无法改变，所以各品牌商只能望而止步！”听了小马和小张的分析，李总只说了一句:“继续调研，要用数据说话！”

一个星期后，小张率先给李总发了一份详细的调研报告，报告里记录了他与岛内精心选取的300位居民的谈话内容，以及他抽取居民样本的甄别条件，最后的结论就是：岛内居民全部以捕鱼为生，脚一年四季泡在水里，根本就不需要鞋!

又过了两天，小马打来了电话，说了调研结果：这个市场可以开发，原因是岛上的居民每周都要上山砍柴，并且经常会被划破脚。而且，这两天他结识了梦幻岛岛主的女儿，她已经答应给A牌运动鞋作形象代言。

听了小马的分析，李总问了几个问题:①梦幻岛上有多少居民？收入水平如何？②大概有多少人需要上山砍柴？上山砍柴的人中有多大比例有意愿买鞋？③上山砍柴人的男女比例？能接受什么价位的鞋子？④运动鞋的市场容量有多大？运输成本、营销成本、销售成本各是多少？

李总一直认为想要作出正确的决策需要有充分的数据去论证，见到小马回答不上来，于是指示:“继续深入调研，用翔实的数据论证。”

思考：

1. 如何处理“面对相同的数据，不同的人有不同的认知”的情况？

2. 真实的数据是否一定能帮助决策者推导出正确的结论？

在做市场调研前，必须梳理出调研思路，如调研对象、需要收集的数据、调研效果等。只有有了明确的目标，才能获得有效的数据。对收集到的调研数据，需要整理出有用数据，并进行细致的处理、分析。

一、调研数据质量控制

1. 调研数据质量控制的含义

调研数据质量控制是指对调研数据从规划、采集、评估、清洗、录入、存储到应用各个阶段可能出现的各类数据质量问题，进行合理识别、舍弃、处理等一系列管理活动。

调研数据质量控制主要包含两个方面内容。一是改善调研数据质量，二是改善调研组织质量。调研数据质量的改善主要包括数据评估、数据清洗、数据监控、错误预警等内容；调研组织质量的改善主要包括数据管理制度、人员素质管理等环节。

2. 调研数据质量评估维度

任何改善都是建立在评估的基础上，知道问题在哪里才能实施改进。通常数据质量需要通过以下几个维度评估。

（1）数据真实性

数据必须客观地反映调研对象的真实情况，真实可靠的原始数据是调研工作的灵魂，是调研统计分析的基础，是科学得出调研结论必不可少的第一手资料。

（2）数据准确性

准确性也称可靠性，是用于分析和识别哪些是不准确的或无效的数据，不可靠的数据会得出不准确的结论。

（3）数据唯一性

用于识别和度量同一调研对象是否出现重复数据。重复数据会导致调研结论失真。

（4）数据完整性

完整的数据包括模型设计、数据结构、数据条目、数据属性、数据收集完成度、数据保管等方面。不完整数据的参考价值会大大降低。

（5）数据一致性

如果采集多源数据，则数据命名、数据结构、约束规则、数据含义应一致，防止数据内容冲突或不相容。

（6）数据关联性

数据关联性问题是指数据关系如函数关系、相关关系、聚类关系、索引关系和因果关系等缺失或错误。出现数据关联性问题，会直接影响数据分析的结果，进而影响管理决策。

（7）数据及时性

数据及时性是指能否在需要的时候获得数据，这是影响数据处理和管理效率的关键指标。

3. 调研组织质量评估维度

（1）配置管理

用于度量数据在其采集和使用过程中是否得到控制和规范，即数据的规划、产生、变更直至删除的过程中是否受到控制。

（2）培训

用于度量数据的采集和使用者是否经过了知识和技能的培训，培训流程是否合理、完善，培训效果是否能满足岗位需要等。

（3）流程管理

用于度量调研作业流程和人工操作流程等的设置是否科学。

（4）管理因素

用于度量调研人员素质及调研组织管理机制等方面是否与调研要求匹配。

4. 整理调研数据

整理调研数据可以从以下 4 个方面入手。

（1）对于规范的数据按照维度整理后录入，并进行建模分析；对于不规范的数据必须先通过定性处理，使其规范化，再用数据分析工具进行分析。

（2）对于封闭性问题，按照选项归类即可；对于开放性问题，经过分类归纳集体讨论整理出有用的内容。

（3）访谈类调研的数据整理，可以将录音整理形成访谈记录。焦点访谈可以设计卡片等形式，让用户做选择题，以获取有数据价值的内容。在整理访谈记录时，要根据问题来归纳整理观点、意见等。

（4）深度访谈的数据整理，可以通过头脑风暴建立多个用户模型定量化这些数据。

二、调研数据指标体系

数据指标是对某个事物结果量化，形成数值化的度量方式。但要完整地衡量某一事物或业务，一个数据指标往往是不够的。如同描述一个人，仅仅描述身高、体重等单一维度不能反映其全貌一样，单一的数据指标也不能反映整体情况，需要建立数据指标体系，通过一系列有逻辑关系的、多维度的数据指标来评估调研对象的状况。

1. 建立调研数据指标体系的原则

（1）系统性原则

建立的指标体系要从不同维度、不同时段、不同侧面反映出调研对象的主要特征和状态，而且还要反映各指标间的内在联系。

（2）典型性原则

务必确保指标体系具有一定的典型性、代表性，尽可能准确反映特定调研对象的有代表性的典型特征，并保证可靠性。

（3）科学性原则

各指标体系的设计及选择必须以科学性为原则，能客观真实地反映调研对象的特点、综合状况和各指标之间的相互联系。

（4）可比、可操作、可量化原则

在指标选择上，要特别注意在总体范围内的一致性，指标体系的构建是为分析预测服务的，指标选取的计算方法必须统一，各指标尽量简单明了，便于收集和数据计算。

2. 调研数据指标体系分析的主要方法

（1）对比分析法

对两个或两个以上的数据进行对比分析，分析其中的差异，从而揭示这些事物发展变化的原因和规律。对比分为横向对比和纵向对比。

（2）结构分析法

分析调研对象各部分与总体之间关系的方法，即总体内各部分所占比重。

（3）交叉分析法

交叉分析法，又称立体分析法，是在纵向分析法和横向分析法的基础上，从交叉、立体的角度出发，同时将两个有一定联系的变量及其值交叉排列在一张表内，使各变量值成为不同变量的交叉点。一般采用二维交叉表的形式。

案例分析

在横向对比中，A店铺的各项主要销售指标不如B店铺。但如果进行纵向对比，发现A店铺的各项销售指标是逐年上升的，而B店铺的各项销售指标是停滞不前或缓慢上升的，甚至有下降的趋势。

例如，A店铺连续6个月的销售额为200万元、250万元、320万元、380万元、480万元、520万元；而B店铺同期连续6个月销售额为800万元、820万元、830万元、840万元、850万元、860万元。销售额指标和利润（假定总利润率B店铺各月均高于A店铺）指标反映出B店铺优于A店铺。但是A店铺的销售额增长率和利润增长率指标都是逐月上升，而B店铺的销售额增长率和利润增长率指标都是逐月下降。因此，从长远趋势考虑，A店铺的经营发展状况可能会优于B店铺。

（4）分组分析法

按照数据的某些特征将数据进行分组，然后再按组别进行分析的方法。

（5）聚类分析法

聚类分析法，又称群分析法，是根据调研数据的特点，将它们归为不同的类别，要求能反映调研数据的特征。

（6）相关分析法

相关分析法是研究调研数据中两个或两个以上处于同等地位的随机变量间的相关关系的统计分析方法，常用来根据某个变量的变化趋势推测与之有相关关系的另一变量的变化趋势。

（7）漏斗图分析法

漏斗图分析法是指以漏斗图的形式来展现分析结果，一般用于业务流程管理的分析，在网店分析中，通常用于转化率分析。

案例分析

在淘宝购买一件商品需要经过浏览商品—加入购物车—付款—收货—评价等步骤。浏览商品的客户群体中，有多少人将商品加入了购物车，之后付款的客户又有多少，再到收货的客户比例、评价比例等指标用在网购的各个关键业务环节。长期追踪这些指标对于改善经营极有帮助，如果哪个指标波动较大，就说明那个环节出了问题，应进一步分析原因，找出根源，优化管理。

3. 调研数据指标体系分析的要点

数据指标体系分析有以下要点。

（1）数据指标体系分析需要掌握数据统计分析软件和数据分析工具，常用的有 Excel 和 SPSS。

（2）数据指标体系分析有描述、诊断、预测和给出对策 4 种分析目的。在进行分析前要明确分析目的，再选用相应的分析方法和工具。

（3）对比分析的各指标要可比，即时间、空间、数量关系等要对应。

（4）在运用数据对事物进行分析预测时，既要善于运用关键指标判断，又要采取多种方法对指标体系进行全方位分析判断。

（5）描述数据指标体系要全面，要兼顾集中趋势、一般水平、离散趋势和差异波动。

（6）聚类分析分类要合理，分类标准要统一，各类之间差异要显著。

（7）分析相关性要严谨，要通过散点图分布和相关系数进行论证。

（8）用漏斗图分析法分析业务流程，逻辑要严密，不能漏掉流程中的分支。

工作实践

背景资料

新零售是一种以消费者体验为中心的数据驱动的泛零售形态，它的产生使得零售行业的模式从传统的“货场人”“场货人”转变为“人货场”的模式，无论是对零售行业模式的重构，还是催生出更加丰富的服务业态，都离不开数据。

电子商务和传统零售同属于零售业，所以很多指标还是通用的。但由于两者之间存在差异，所以两者的数据分析指标也有不同。

实践任务

结合以上背景资料，以 4～5 名学生为一组，讨论、分析在电子商务数据分析中如何建立数据指标体系。

实践指南

构建电子商务数据分析的基本指标体系，应当具体问题具体分析，不同企业或店铺的侧重点也有所差异，需要因地制宜分析。以下 8 类指标及指标体系思维导图可供参考。

1. 总体运营指标。从流量、订单产生效率、总体销售业绩、整体指标等方面进行把控，可以对电子商务运营平台有个大致了解，如运营情况、盈亏情况等。

2. 网站流量指标。即对访问企业或店铺网站的访客进行分析，可以基于这些数据对网页进行改进，以及对访客的行为进行分析等。

3. 销售转化指标。分析从下单到支付整个过程的数据，可以帮助提升商品转化率。也可以对一些频繁异常的数据展开分析。

4. 客户价值指标。主要是分析客户的价值，可以建立客户关系管理模型，找出那些有价值的客户，从而精准营销。

5. 商品类指标。主要分析商品的种类，哪些商品卖得好，商品库存情况。通过建立关联模型，分析哪些商品可以同时销售的概率比较高，从而进行捆绑销售。

6. 市场营销活动指标。主要分析市场营销活动给网店带来的效果，以及分析广告的投放效果。

7. 风控类指标。分析买家评价，以及投诉情况，以便于发现问题、改正问题。

8. 市场竞争指标。主要分析市场份额以及网站排名，以便进一步调整经营策略。

电子商务数据分析指标体系的思维导图如图 6-1-1 所示。

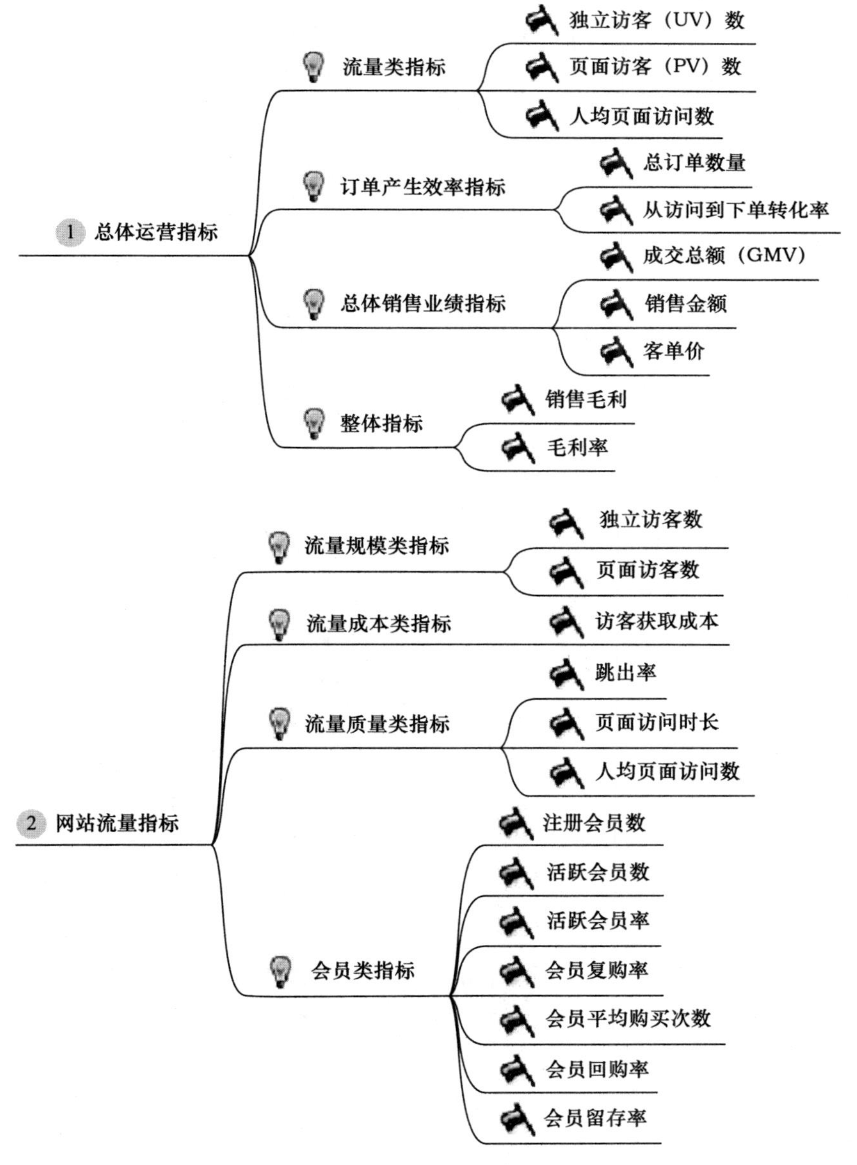

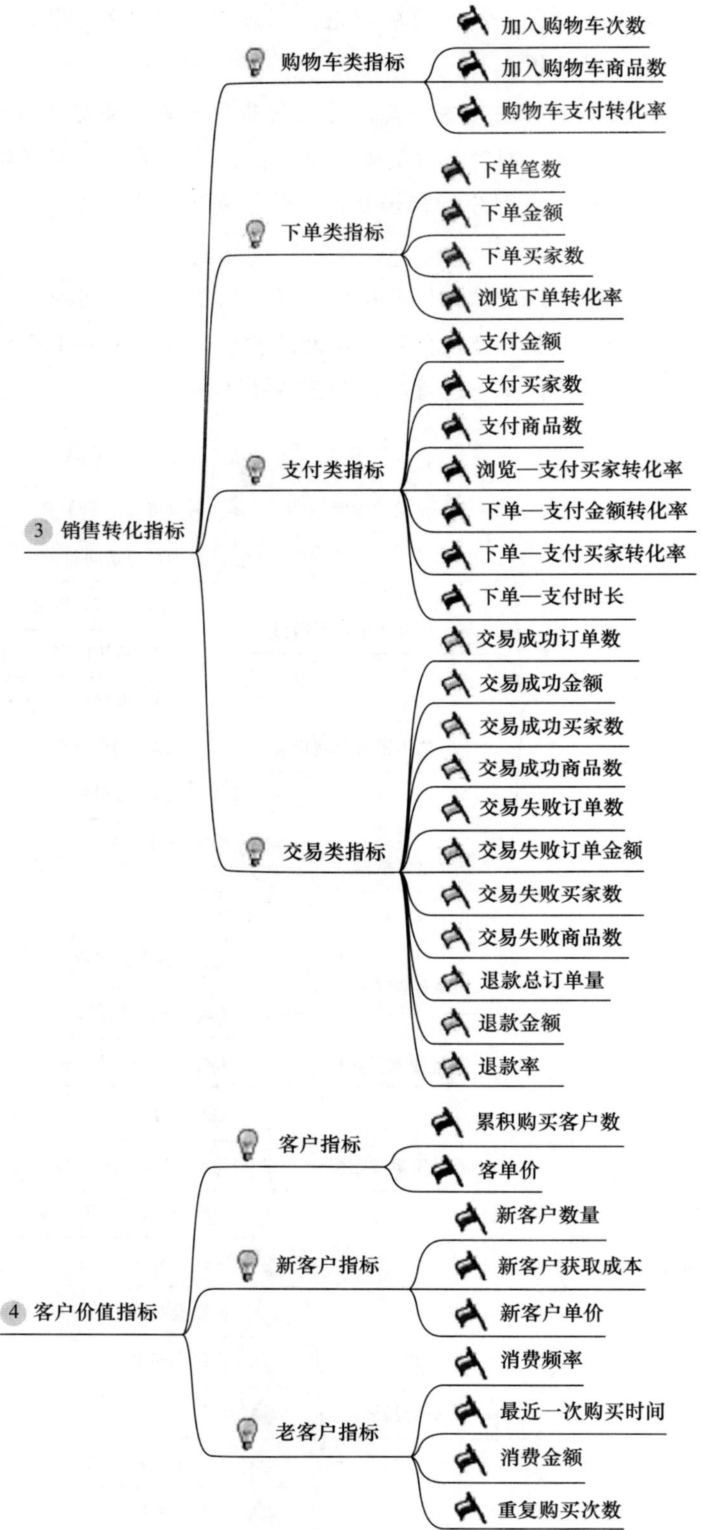
购物车类指标
加入购物车次数
加入购物车商品数
购物车支付转化率
下单类指标
下单笔数
下单金额
下单买家数
浏览下单转化率
支付类指标
支付金额
支付买家数
支付商品数
浏览—支付买家转化率
下单—支付金额转化率
下单—支付买家转化率
下单—支付时长
3 销售转化指标
交易类指标
交易成功订单数
交易成功金额
交易成功买家数
交易成功商品数
交易失败订单数
交易失败订单金额
交易失败买家数
交易失败商品数
退款总订单量
退款金额
退款率
客户指标
累积购买客户数
客单价
新客户指标
新客户数量
新客户获取成本
新客户单价
4 客户价值指标
老客户指标
消费频率
最近一次购买时间
消费金额
重复购买次数

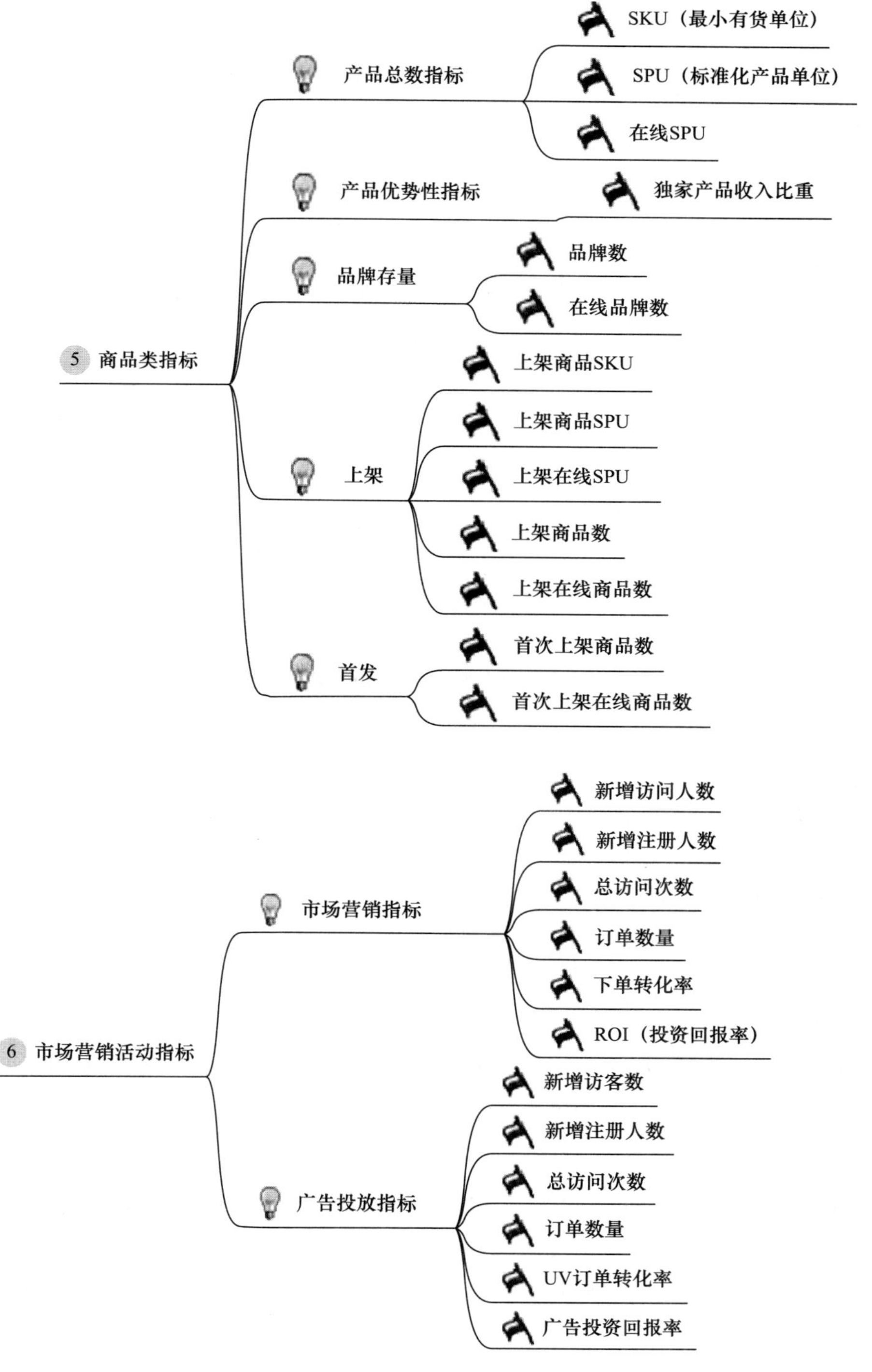
5 商品类指标
产品总数指标
SKU（最小有货单位）
SPU（标准化产品单位）
在线SPU
产品优势性指标
独家产品收入比重
品牌存量
品牌数
在线品牌数
上架
上架商品SKU
上架商品SPU
上架在线SPU
上架商品数
上架在线商品数
首发
首次上架商品数
首次上架在线商品数
6 市场营销活动指标
市场营销指标
新增访问人数
新增注册人数
总访问次数
订单数量
下单转化率
ROI（投资回报率）
广告投放指标
新增访客数
新增注册人数
总访问次数
订单数量
UV订单转化率
广告投资回报率

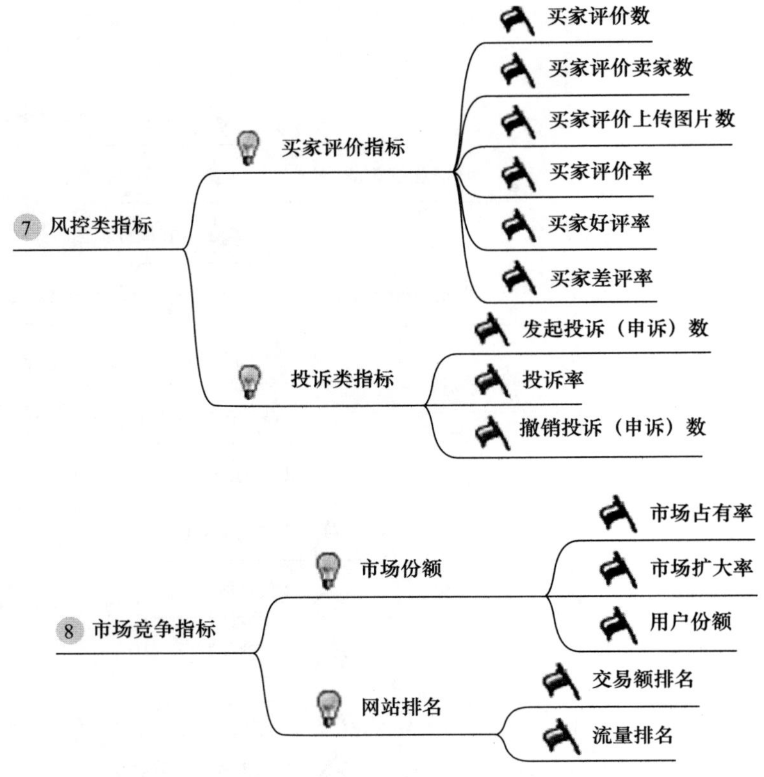

图 6-1-1 电子商务数据分析指标体系的思维导图

思考与练习

一、思考题

1. 可以从哪些方面评价调研数据的质量？

2. 建立调研数据指标体系的原则有哪些？

二、案例分析

2021 年，中央网信办发布《关于进一步加强娱乐明星网上信息规范相关工作的通知》(以下简称《通知》)，从内容导向、信息呈现、账号管理、舆情机制 4 个方面提出 15 项具体工作措施，力求有效规范娱乐明星网上信息。

近年来网上泛娱乐化倾向、低俗炒作现象屡禁不止，流量至上、畸形审美、“饭圈”乱象等不良文化冲击主流价值观，一些网上有关明星的宣传信息内容失范，绯闻八卦占据网站平台头条版面、热搜榜单，占用大量公共平台资源。《通知》要求，严把娱乐明星网上信息内容导向，建立负面清单，禁止娱乐明星网上信息含有宣扬畸形审美、低俗绯闻炒作、恶意刷量控评、虚假不实爆料、诱导非理性追星等内容。

《通知》按照信息内容属性、影响作用等因素，将娱乐明星网上信息划分为演艺作品、个人动态、商业活动、公告、公益、权威发布6种类型，针对网站平台首页首屏、热门推荐、热搜榜单等重点环节提出明确要求，以进一步规范娱乐明星网上信息呈现。

针对网络平台上的相关账号管理，《通知》要求，加强对明星、经纪公司、粉丝团、娱乐类公众账号、MCN（多频道网络）机构等账号和主体的管理，从源头上规范娱乐明星网上信息，同时要求网站平台建立健全涉娱乐明星网上舆情监测、处置和引导机制。

《通知》强调，要严格对违法失德明星艺人账号进行管理，对违法失德明星艺人采取联合惩戒措施，全网统一标准，严防违法失德明星艺人转移阵地、“曲线复出”。

《通知》还对娱乐营销账号及其所属MCN机构作出管理规定，对于有组织或批量发布涉明星不实爆料、恶意抹黑、拉踩引战等信息，或进行刷量控评、恶意营销炒作的娱乐类公众账号，从严处置处罚。

问题:

1. 娱乐明星网上信息不规范的表现主要有哪些?

2. 杜绝畸形审美、低俗绯闻炒作等的根本途径和方法是什么?

三、实践演练

背景

某公司市场部要评价公司旗下50家O2O专卖店的经营绩效，以决定分别采取何种配套激励政策。

任务

1. 以4～5名学生为一组，帮助市场部制定评估指标体系。

2. 以PPT形式在课堂上进行成果汇报并答辩，教师对成果汇报进行点评并评分。

考核

1. 教师根据各组评估指标体系的激励性、系统性、全面性、经济性及科学性，以及表现形式的简洁度、讲解思路的清晰度、表达技巧的娴熟度等要素对各组评分。

2. 各组成员根据各自承担的分工内容、团队合作态度和能力、分工完成情况及质量等要素对其他成员评分。成员间的得分必须拉开适当差距，成员分工及得分情况表须附列于各组的PPT报告结尾处。

学习单元二　整理录入问卷信息

学习目标

知识目标

1. 了解调研问卷回收整理的流程及原则。
2. 掌握调研问卷编码和数据录入的方法。

能力目标

能规范处理回收的调研问卷，并进行问卷编码和数据录入。

导　语

顾客在网店购物后，会被要求对此次购物是否满意作出评价，这实际上就是一次售后调研。网络平台会对顾客评价进行汇总整理，得出网店的好评率。如果网店的好评率高，就会为店铺带来更高的点击量和成交量；反之亦然。与此同时，出现了职业刷手和差评师。差评对新开网店影响很大，只要有几个差评就会造成极坏的负面影响，新开网店基本上就面临倒闭了。

思考：

1. 差评师为什么喜欢找新开网店下手？

2. 网店和网购平台应如何防止差评师的造假行为？

一项大型调研工作，从前期准备到正式执行，再到最后的数据处理，中间通常存在问卷回收整理这一环节，该环节流程如图 6-2-1 所示。

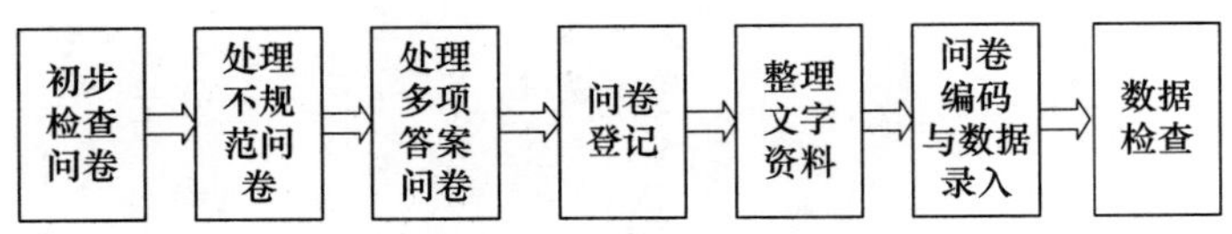

图 6-2-1　问卷回收整理流程

一、初步检查问卷

对于市场调研所回收的问卷，应当场进行初步检查，检查程序与内容见表 6-2-1。

表 6-2-1　　初步检查问卷的程序与内容

程序	内容
检查相关配额	检查回收的问卷数量是否与要求的数量一致。如数量不够，要立即补足
检查答案	检查是否完整作答，答案是否存在逻辑矛盾。如有，应设法核实清楚，确实无法核实的，只能将该题作为遗漏值来处理
检查字迹	检查问卷字迹是否清楚，尤其是开放式问题，有时调研对象的回答较长，而调研人员无法快速记下来，字迹会比较潦草，或用一些符号和缩写来代替，应与调研人员确认清楚
初步整理	将问卷按照要求分成几叠，方便下一步录入

二、处理不规范问卷

1. 空白不完整问卷的处理

有时由于问卷问题不合理，或者调研对象不愿意回答某些问题，或由于调研对象、调研人员本身的疏忽而导致问卷中某部分或某些问题答案空白，如果是可以解决的，就请调研人员当场更正，如果是无法解决的，就以遗漏值的方式来处理。

2. 乱填问卷的处理

调研对象不认真作答或者乱填答案的问卷必须作为废卷处理，剔除样本，以免影响整体调研结果。

三、处理多项答案问卷

若市场调研问卷是单项选择题，但由于问卷上没有注明，或者调研对象认为是多选答案因而选择了两个或两个以上答案。对于这种情况，目前主要有以下两种处理方法。

1. 视为遗漏值的方式处理

如果只有极少数的问卷发生这种现象，则对于整个研究分析结果不会造成实质性影响，可以直接以遗漏值的方式处理。

2. 用加权法的方式处理

如果问卷中这种样本很多，把它们视为遗漏值来处理会影响整个数据分析结果时，可以先把答案录入数据库，再采用加权法的方式进行处理。

四、问卷登记

对回收的问卷，在剔除废卷后要统计有效问卷的回收率，并进行登记。登记问卷一般采用表格的形式（见表 6-2-2）。

表 6-2-2　　××调研问卷回收情况登记表

调研地点	××		
调研时间（段）	（　）年（　）月（　）日（　）时至（　）年（　）月（　）日（　）时		
调研对象范围	××		
发放问卷	（　）份		
回收问卷	（　）份	问卷回收率	（　）%
有效问卷	（　）份	有效问卷回收率	（　）%
调研人员签名	××	日期	（　）年（　）月（　）日
督导员签名	××	日期	（　）年（　）月（　）日

五、整理文字资料

整理文字资料的一般程序是审查—分类—汇编。

1. 审查

审查就是通过仔细检查核对，判断、确定文字资料的真实性和合格性。

（1）调研资料的真实性审查

真实性审查，也称可靠性审查，包括两个方面内容。一是文字资料本身的真实性审查，二是文字资料内容的可靠性审查。

（2）调研资料的合格性审查

合格性审查主要是审查文字资料是否符合设计要求。

2. 分类

分类就是根据文字资料的性质、内容和特征，将相异的资料区别开来，将相同或相近的资料合为一类的过程。文字资料的分类有两种方法，即前分类和后分类。

（1）前分类

前分类是在设计调研提纲和表格时，就按照事物或现象的类别设计调研指标，再按分类指标调研资料、整理资料。这样，分类工作在调研前就安排好了。如有结构观察的卡片、标准化访问的记录等大都采取前分类方法。

（2）后分类

后分类是指在调研资料收集之后，再根据资料的性质、内容和特征将它们分别集合成类。如文献调研的资料大都采取后分类方法。

3. 汇编

汇编是指按照调研的目的和要求，对分类后的资料进行汇总和编辑，使之成为反映调研对象总体情况的系统、完整、集中、简明的材料。

资料汇编有以下基本要求。

（1）完整和系统

所有可用的资料都要汇编到一起，大类、小类要层次分明、井井有条，能系统、完整地反映调研对象总体情况。

（2）简明和集中

要用尽可能简明的文字集中地说明调研对象的总体情况，并注明资料的来源和出处。如有必要，还可以对资料的价值和作用等做简短述评，以供进一步研究参考。

六、问卷编码与数据录入

对回收的问卷，在剔除废卷后要对有效问卷及答案进行编码。

1. 问卷编码

问卷编码应该有明确的内容标识，首先需要设定一个调研问卷编码规则，然后再进行问卷编码。需要注意问卷编码不能有重复码，且一般不使用 0001、0002 这样纯数字的序号。

2. 答案编码

就是把问卷的答案加以量化，成为计算机可以接受的语言，如 1、2、3、4、5 等。一般根据问题的答案进行分类编码，答案分几类就有几种编码，通常是在问卷审核时把答案都记录下来进行归类然后再编码。

3. 数据录入

数据录入就是将问卷数据所对应的编码通过扫描或用键盘输入计算机，建立数据文件的过程。目前，问卷数据录入的方式主要有三种：人工录入；计算机辅助系统转换；光电录入，包括光电扫描和条形码判读。

人工录入要挑选和培训数据录入人员，并规定统一的录入内容和格式。

在数据录入过程中应注意以下事项。第一，统一规定数据文件名。第二，数据录入时要为每一名录入人员提供一份有关录入内容和格式的手册。第三，要为每名录入人员提供足够的空间摆放问卷，避免不同录入人员的录入问卷或者同一录入人员已录入和未录入的问卷发生混淆，造成漏录或重复录入，影响问卷的质量。第四，每名录入人员在完成各自负责的问卷的录入任务后，由研究人员把这些数据合并成一个总的数据文件，以供统计分析使用。为了避免数据丢失，要把每名录入人员录入的数据单独存档，以备查找。

小型调研通常可将数据录入 Excel 中进行统计处理。

知识拓展

常用的统计分析软件有如下几种。

1. SAS

SAS 是目前国际上较为流行的统计分析系统，被誉为统计分析的标准软件。SAS 是一个程序化的软件，在 SAS 中写程序比点选菜单要简便快捷。SAS 既可以处理横截面数据、时间序列数据，也可以处理面板数据。虽价格不菲，但已被广泛应用于政府行政管理、科研、教育、制造和金融等不同领域，并且发挥着越来越重要的作用。

2. SPSS

SPSS 具备自动统计绘图、深入分析数据等功能，使用方便、功能齐全、输出页面漂亮，擅长处理横截面数据，应用于通信、医疗、银行、证券、保险、制造、商业、市场研究、科研教育等多个领域和行业，是世界上应用较广泛的专业统计软件。

3. Excel

Excel 是常见的办公软件，可以很灵活便捷地处理各种数据。

4. S-plus

S-plus 是深受统计学家喜爱的软件，不仅功能齐全，而且编程功能强大。

5. Minitab

Minitab 方便易用，功能强大。

6. Statistica

Statistica 功能齐全，容易使用。

7. Eviews

Eviews 是主要用于处理回归和时间序列的软件。

8. R

R 统计应用软件是开源软件，软件中包含异常丰富（有 1 万多个）可以调用的“包”。R 语言对于横截面数据、时间序列数据、面板数据都能处理。

七、数据检查

在录入问卷信息后，应该对数据进行检查。先要人工检查是否有遗漏和差错，然后再用软件中的检查或统计功能检查是否有录入错误。

工作实践

背景资料

某项目调研组在校园内完成了一项有关洗衣粉的调研，经资料检查、整理，共回收了198份有效答卷，需要录入Excel进行统计处理。原始调研问卷如下。

调研问卷

请您完成一份有关洗衣粉使用情况的调研问卷

性别：□男　□女

住处：□公寓　□走读

年级：□ 2019 级　□ 2020 级 □ 2021 级　□ 2022 级　□其他

您一个月的平均生活费是____。

□800元以下　□800～1 200元　□1 200～1 500元　□1 500～1 800元　□1 800元以上

1. 近一年，您使用过的洗衣粉品牌有哪些？（多选）______

A. 奥妙　B. 雕牌　C. 汰渍　D. 碧浪

E. 超能　F. 立白　G. 白猫　H. 其他

2. 近一年，您偏好去哪里购买洗衣粉？（单选）______

A. 学校超市　B. 大卖场

C. 批发市场　D. 其他

3. 您最近一次购买洗衣粉的规格是多少？（单选）______

A. 特小包（250 g）　B. 小包（250～500 g）

C. 中包（500～750 g）　D. 大包（750～1 000 g）

E. 特大包（1 000 g 以上）

4. 假设购买500 g的洗衣粉，您可以接受什么价位？（单选）______

A. 3～4 元　B. 4～5 元

C. 5～6 元　D. 6～7 元

E. 7 元以上

5. 500 g 的洗衣粉，您大概会使用多久？（单选）______

A. 一个至两个月　B. 两个至三个月

C. 三个至四个月　D. 四个月以上

6. 您选购洗衣粉时，以下哪项描述与您的情况相符？（单选）______

A. 多次使用同一个品牌　B. 两个到三个品牌交替使用

C. 无特别品牌偏好

7. 您主要从以下哪些渠道获知洗衣粉的信息？（最多选两项）______

A. 电视广告　B. 商场广告　C. 网络广告　D. 路牌广告
E. 报纸杂志　F. 亲友介绍　G. 导购员推荐　H. 卖场促销
I. 广播　J. 传单　K. 其他

8. 您喜欢以下哪些促销方式？（最多选两项）______
A. 折扣优惠　B. 赠品　C. 抽奖活动
D. 买一送一　E. 加量不加价　F. 其他

9. 您选择洗衣粉时比较注重哪些辅助功效？（最多选 3 项）______
A. 清香效果　B. 溶解速度　C. 泡沫丰富程度　D. 是否伤手
E. 固色功能　F. 易冲漂程度　G. 适用于特殊衣料　H. 其他

10. 以下因素对您购买洗衣粉的影响程度有多大？（打“√”）

程度因素 / 重要	非常重要	比较重要	重要	一般重要	不重要
价格					
品牌					
包装					
促销					
香味					
是否伤手					
去污能力					

11. 您除使用洗衣粉外，还会选择使用以下哪种洗涤用品？（单选）______
A. 仅用洗衣粉　B. 肥皂
C. 洗衣液　D. 肥皂和洗衣液

12. 您选择使用洗衣液的原因是什么？（最多选两项）______
A. 洁净力更强　B. 使用方便
C. 性价比高　D. 不伤手　E. 其他

实践任务

以 4～5 名学生为一组，完成回收的有效问卷的编码、答案编码与数据录入工作。

实践指南

一、问卷编码（供参考）

1. 编码规则

（1）编码方法

第 1～2 位：问卷发放年限码。

第 3～6 位：调研城市国标码。

第 7～9 位：问卷编码。

（2）调研城市国标码

1101 北　京　　1201 天　津　　1301 石家庄

1302 唐　山　　1303 秦皇岛　　1306 保　定

1308 承　德　　1401 太　原　　1402 大　同

2. 按照编码规则，如某份有效回收问卷编码为“181101088”，其中，18 代表这份问卷是 2018 年发放；1101 代表发放地是北京；088 代表这是第 88 份问卷。如果回收问卷时发现数量不足，则可以根据编码知道是哪里出现了反馈缺失；在问卷分析中如果有异样数据对结果造成影响，也便于与原始数据进行核对。

二、答案编码

1. 单选题编码

单选题只需要建立一个变量，变量就是这道调研问题；变量值是答案选项，通常是答案序号。然后对每一个选项建立一个编码。

例如，问卷中第 6 题为单选题，设计编码方案见表 6-2-3。

表 6-2-3　　单选题编码设计方案

变量名称	变量类型	变量字节	取值范围	取值对应的含义	备注	对应题号	对应问题
Q6	数值型	1	1 2 3	1——多次使用同一个品牌 2——两个到三个品牌交替使用 3——无特别品牌偏好		6	您选购洗衣粉时，以下哪项描述与您的情况相符

2. 多选题编码

多选题需要建立多个变量，每一个选项对应一个变量。

多选题编码有二分法和分类法两种方法。

（1）二分法

将每个可能的答案设为一个变量，变量的取值最多有两个（1 和 0），分别表示“选”或“不选”（在实际应用中，经常只有一个取值 1，代表“选”，而用空值代表不选）。这种方法比较简单，但需要的变量个数比较多。

（2）分类法

按照限选的最多答案设置变量个数，每个变量的取值为选项值。例如，一道多选题，如果最多可选 3 个答案，那就设置 3 个变量，分别用来存放 3 个可能的答案。如果某调研对象只填答 2 个，那么第 3 个变量的取值为缺失值；如果某调研对象只填答 1 个，那么第2、第3个变量的取值均为缺失值。分类法的优点是需要的变量个数比较少。

例如，问卷中第1题为多选题，设计编码方案见表6-2-4。

表6-2-4 多选题编码设计方案

变量名称	变量类型	变量字节	取值范围	取值对应的含义	备注	对应题号	对应问题
Q1	数值型	1	1、2、3、4、5、6、7、8	1. 奥妙 2. 雕牌 3. 汰渍 4. 碧浪 5. 超能 6. 立白 7. 白猫 8. 其他		1	近一年，您使用过的洗衣粉品牌有哪些

3. 开放式问题编码

开放式问题编码就是将问题转化为一个或几个变量，将所有可能的答案类别赋予相应代码。

例如，您为什么不考虑未来两年购买该产品？

假设收集所有答案后，归纳整理如下：

①太大，厨房进不去；②买不起；③外观丑陋；④不喜欢颜色；⑤听说质量不可靠；⑥家里只有两个人，不需要；⑦预计会降价，到时候再买；⑧使用起来太复杂；⑨不知道。

将上面的答案合并为四个方面原因，设计编码方式见表6-2-5。

表6-2-5 开放式问题编码设计方案

回答类别编号	回答内容描述	进行合并的答案
1	产品设计	1、3、4、8
2	成本因素	2、7
3	质量因素	5
4	没有需求	6、9

在编码的时候尽量使用自然数，不要使用小数和字母，需要注意编码的唯一性和排斥性，不同的编码值代表的意义不能有重复。

三、数据录入

1. 在Excel中录入数据（单选题）

例如，在Excel中录入第4题单选题数据，如图6-2-2所示。

问卷编号	Q4
181101001	2
181101002	1
181101003	4
181101004	2
181101005	3
181101006	2
181101007	2

图 6-2-2　在 Excel 中录入第 4 题单选题数据

2. 在 Excel 中录入数据（多选题）

例如，在 Excel 中录入第 1 题多选题的数据，如采用二分法，如图 6-2-3 所示。

问卷编号	Q1-1	Q1-2	Q1-3	Q1-4	Q1-5	Q1-6	Q1-7	Q1-8
181101001	0	1	0	0	0	1	1	0
181101002	0	1	1	0	0	0	0	1
181101003	0	0	1	0	1	0	0	0
181101004	1	0	0	1	1	1	0	0
181101005	0	0	0	0	0	1	1	1
181101006	1	1	1	1	0	0	0	1
181101007	0	1	1	1	0	0	0	0

图 6-2-3　在 Excel 中录入第 1 题多选题数据（二分法）

又如，在 Excel 中录入第 7 题多选题的数据，如采用分类法，如图 6-2-4 所示。

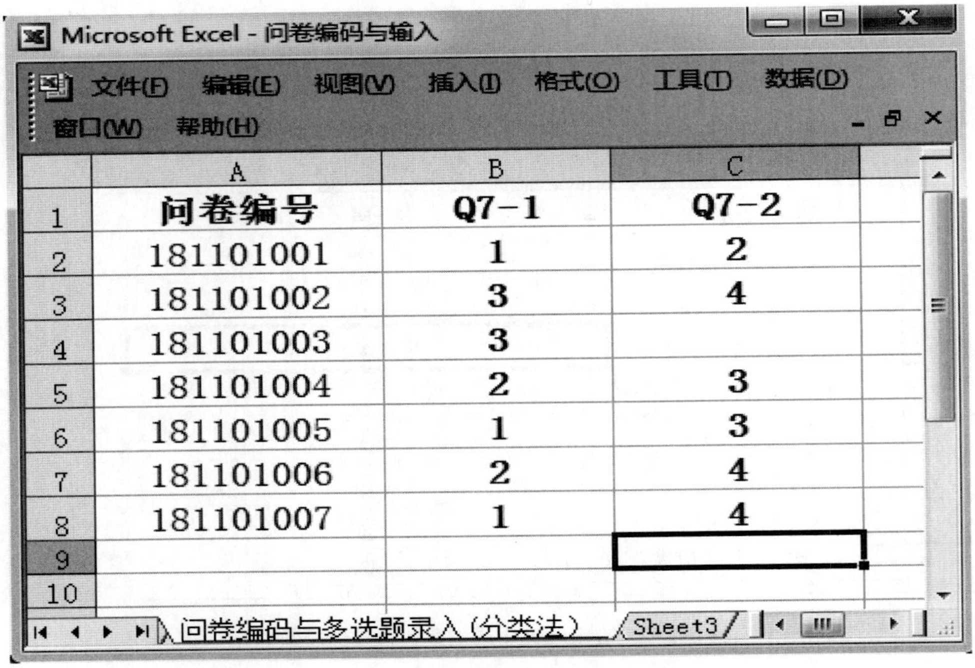

Microsoft Excel - 问卷编码与输入

文件(F) 编辑(E) 视图(V) 插入(I) 格式(O) 工具(T) 数据(D) 窗口(W) 帮助(H)

	A	B	C
1	问卷编号	Q7-1	Q7-2
2	181101001	1	2
3	181101002	3	4
4	181101003	3	
5	181101004	2	3
6	181101005	1	3
7	181101006	2	4
8	181101007	1	4
9			
10			

问卷编码与多选题录入（分类法） Sheet3

图 6-2-4　在 Excel 中录入第 7 题多选题数据（分类法）

3. 在 Excel 中录入数据（量表）

对于量表问卷，必须将编码设计好，量表有多种编码方式，常用的三种编码方式见表 6-2-6。

表 6-2-6　常用量表编码方式

评价	编码方式 1	编码方式 2	编码方式 3
非常重要	5	2	1
比较重要	4	1	2
重要	3	0	3
一般重要	2	-1	4
不重要	1	-2	5

例如，在 Excel 中录入第 10 题量表题的数据，采用编码方式一，如图 6-2-5 所示。

Microsoft Excel - 问卷编码与输入

文件(F) 编辑(E) 视图(V) 插入(I) 格式(O) 工具(T) 数据(D) 窗口(W) 帮助(H)

	A	B	C	D	E	F	G	H
1	问卷编号	价格	品牌	包装	促销	香味	是否伤手	去污能力
2	181101001	2	3	1	2	2	5	4
3	181101002	4	1	1	2	1	3	4
4	181101003	2	5	3	2	4	5	5
5	181101004	5	4	1	3	1	1	5
6	181101005	2	3	1	5	1	5	5
7	181101006	1	2	1	5	3	5	4
8	181101007	3	1	2	2	1	2	5
9								

量表录入

图 6-2-5　在 Excel 中录入第 10 题量表题数据（编码方式一）

思考与练习

一、思考题

1. 初步检查问卷的程序与内容是什么？

2. 问卷编码和数据录入主要包含哪些内容？

二、案例分析

一位市场调研人员在调研中共发出 300 份问卷，在整理回收的 297 份问卷中，发现以下问题：1 份问卷只做了一多半，2 份问卷答案完全雷同，2 份问卷每道单选题均为多选答案，3 份问卷多处前后逻辑自相矛盾。

问题：

1. 你认为该调研人员应如何处理问题问卷？

2. 该调研人员的有效问卷回收率是否能达到项目要求的 96% 以上？

三、实践演练

背景

某学校勤工俭学组织计划成立一个集网购包裹代收、校园 App 送货送餐、校园相关教育培训业务信息服务、校园二手货转让中介等业务的综合服务点，决定对全校学生进行一次有关开展这些业务前景的摸底抽样调研。

任务

1. 以 4～5 名学生为一组，在学校进行调研，要求可信度为 95%、误差为 2%。

2. 回收问卷整理后，进行问卷编码和数据录入。

3. 以 PPT 形式在课堂上进行成果汇报，教师对成果汇报进行点评并评分。

考核

1. 教师根据各组调研实施的系统有效性、原始资料的完整性、编码的科学性、录入的精确性，以及报告表现形式的简洁度、讲解思路的清晰度、表达技巧的娴熟度等要素对各组评分。

2. 各组成员根据各自承担的分工内容、团队合作态度和能力、分工完成情况及质量等要素对其他成员评分。成员间的得分必须拉开适当差距，成员分工及得分情况表须附列于各组的 PPT 报告结尾处。

学习单元三　数据分析

学习目标

知识目标

1. 熟悉常用的数据分析方法。
2. 掌握数据相关分析、因果分析和聚类分析的概念和用法。

能力目标

能够对调研项目案例进行数据分析。

导　语

数据分析在互联网企业和传统型企业里应用已经十分广泛。企业在作出决策前，常常需要进行数据分析，将收集的大量数据进行整合汇总，分析变量之间的相互关系，以及预测未来的发展趋势，以便作出科学判断。

某企业经理叫小张做一份第一季度产品销量数据分析报告，于是小张收集了许多第一季度的数据，制作了各种图表，并放进报告当中。但经理却并不满意，原因是小张只是简单整合了数据，并没有进行具体分析，看不出是什么因素影响了产品销量。

在做数据分析时，你是否也会产生一些困惑，不知道怎么分析、从什么维度分析、分析之后要怎么判断等。对此，你该怎么办呢?

思考:

1. 为什么要进行数据分析？
2. 如何定量分析数据间的关系？

一、数据分析概述

1. 数据分析的概念

数据分析是指采用适当的统计方法对所收集的大量数据进行分析，将它们加以汇总、理解和消化，以求最大化地开发数据的功能，发挥数据的作用。数据分析是为了提取有用信息和形成有效结论而对数据加以详细研究和概括总结的过程。

2. 数据分析的目的

数据分析的目的是把隐藏在看似杂乱无章的大量数据背后的信息集中和提炼出来，总结研究对象的内在规律。数据分析能够帮助人们作出判断和决策，以便采取适当的策略与行动。

3. 数据分析的作用

（1）分析现状。通过数据分析可以清晰地了解到机构的整体情况，各项业务的发展及变化。

（2）分析原因。针对某一问题，采用某种数据分析方法研究原因。

（3）预测未来。通过数据对未来的趋势进行预测，为制定企业的运营目标及策略提供有效的参考与决策依据，以保证企业的可持续健康发展。

4. 常用的数据分析方法

常用的数据分析方法有相关分析、因果分析、聚类分析、对应分析、回归分析、方差分析等。

知识拓展

数据分析中有以下常见误区。

1. 忽略沉默用户

“发声”的数据是最好获取的，但如果没有考虑那些沉默的数据，那么这种数据分析就不够科学。

2. 过度依赖数据

过度依赖数据会导致做很多没有价值的数据分析。

3. 错判因果关系和相关关系

没有厘清变量间的逻辑关系是因果还是相关关系，造成错判，导致分析失误。

4. 对二手数据分析报告缺乏批判性思维

很多二手数据分析报告可能存在数据采集、数据指标体系建立、数据逻辑判断的错误，要基于批判性思维参考引用。

5. 数据分析基于特定立场

数据分析人员可能因为利益瓜葛和特殊考量而持特定立场，根据特定立场分析数据，其结论必然偏颇。

6. 过于迷信自动化系统分析

虽然自动化系统的执行不存在偏见，但系统是由人设计的，具有主观性，因此自动化系统执行的结果也可能存在偏见。

二、数据相关分析

1. 相关分析的概念

相关分析是研究现象之间是否存在某种对应依存关系，并探讨其相关方向以及相关程度的分析过程。

相关关系是一种非确定性的关系，即存在一定的联系，但无法确定具体的关系。例如，以 *X* 和 *Y* 分别代表一个人的身高和体重，或分别代表广告费支出与产品销量，则 *X* 与 *Y* 显然有关系，而又没有确切到可由其中的一个去精确地决定另一个的程度，这就是相关关系。

2. 相关系数

当一组数据增加或减少时，另一组数据随之增加或减少，则称两组数据为正相关关系；当一组数据增加或减少时，另一组数据却随之减少或增加，则称两组数据为负相关关系。相关系数用来衡量两组数据的相关程度，用字母 *R* 来表示，相关系数的数值大小可以表示两组数据的相关程度。相关系数的变化范围在“1”和“-1”之间，1 表示两个变量完全正相关，-1 表示两个变量完全负相关，0 表示两个变量不相关。

知识拓展

相关系数越趋近于 0 表示两组数据相关关系越弱。当相关系数在 -0.3 和 0.3 之间，为低度相关；当相关系数在 -0.3 和 -0.6 之间或者 0.3 和 0.6 之间，为中度相关；当相关系数在 -0.8 和 -1 之间或者 0.8 和 1 之间，为高度相关，即可以判断两个变量之间存在相关性。

案例分析

王老师在某职业院校任教，担任电子商务实务课程教师，他想调查所任教班级学生课后学习时间与电子商务实务课程成绩高低是否有相关关系。于是他通过雨课堂后台随机抽取了部分学生课后学习的时间数据，并将学生课后学习时间与获得的课程总评成绩作为分析的数据。

（1）录入数据

将数据录入 Excel，如图 6-3-1 所示。

	A	B
1	课后学习时间（小时）	学习成绩
2	0.5	60
3	0.6	65
4	0.5	62
5	2	92
6	2.5	95
7	2	90
8	1	72
9	1	70
10	1.5	80
11	1.2	75
12	0.7	78
13	2.8	99
14	1.7	85
15	1.8	87
16	2.2	92

图 6-3-1　录入数据

（2）绘制散点图

选中两列数据，在菜单栏中点击“插入”，选择“散点图”，如图 6-3-2 所示。

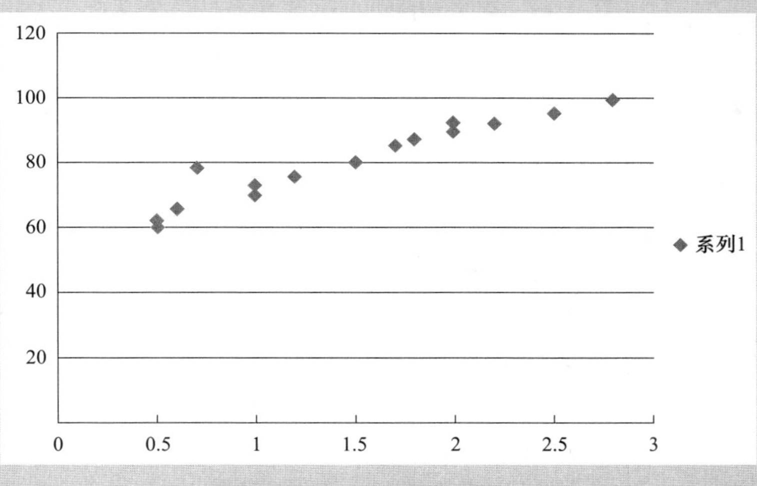

图 6-3-2　绘制散点图

（3）添加趋势线

点击散点图中数据的“点”，单击右键选择“添加趋势线”，如图 6-3-3 所示。

（4）求相关系数

选择“显示公式”“显示 R 平方值”，R 值就是相关系数，具体操作如图 6-3-4 所示。

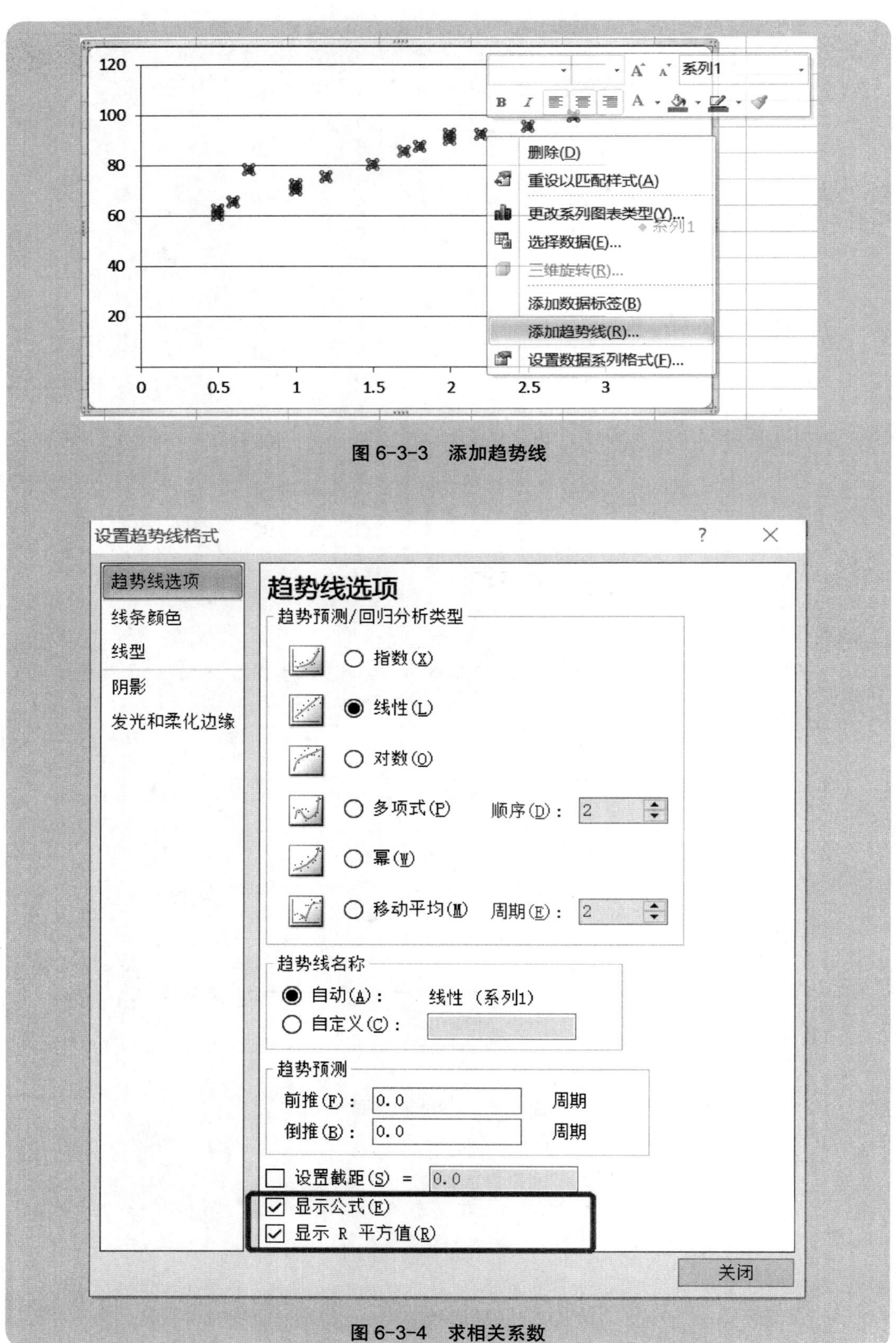

图 6-3-3　添加趋势线

图 6-3-4　求相关系数

（5）分析得出结论

通过分析可知，R=0.923 6，如图 6-3-5 所示，在 0.8 和 1 之间，为高度正相关。由此可知，学生课后学习时间和课程成绩呈现高度正相关关系，课后学习时间越长，课程成绩越好。

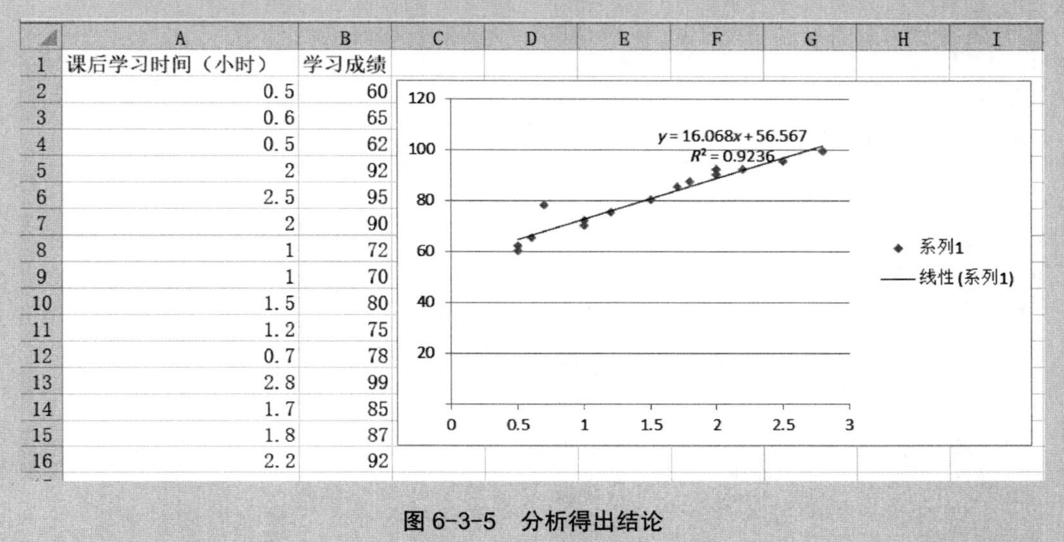

	A	B
1	课后学习时间（小时）	学习成绩
2	0.5	60
3	0.6	65
4	0.5	62
5	2	92
6	2.5	95
7	2	90
8	1	72
9	1	70
10	1.5	80
11	1.2	75
12	0.7	78
13	2.8	99
14	1.7	85
15	1.8	87
16	2.2	92

图 6-3-5　分析得出结论

三、数据因果分析

1. 因果分析的概念

因果分析，也称鱼骨分析，是发现问题根本原因的分析方法。

实践中往往产生问题的原因是多方面的，且主次不同。在分析原因时，要从大到小、从粗到细，逐步找到产生问题的根源，并根据相互关联性整理形成层次分明、条理清楚的图形。

2. 因果分析的步骤

（1）查找要解决的问题。

（2）把问题写在“鱼头”上。

（3）讨论问题出现的可能原因。

（4）将原因写在“鱼骨”上。

（5）根据“鱼骨”上的原因，继续分析可能是什么原因导致的，并将它们写在“鱼刺”上。

（6）根据鱼骨图和调研的数据，计算出每种原因或相关因素在问题产生过程中所占比重，即重要程度，据此制定相应的解决方案。

案例分析

某炼油厂经营状况不佳，该炼油厂的市场部门采用因果分析法对其市场营销问题进行剖析，如图 6-3-6 所示。

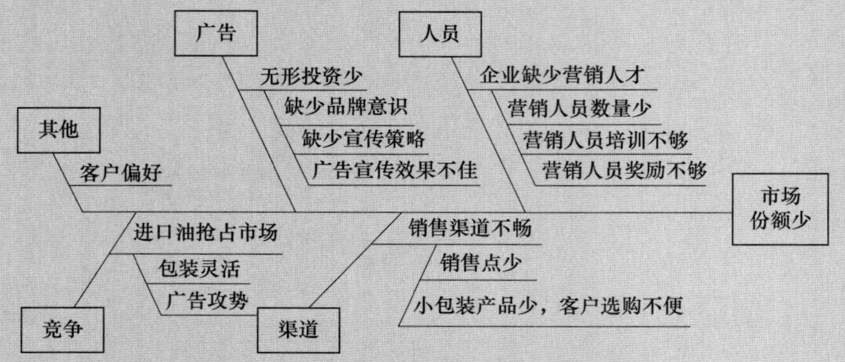

图 6-3-6　炼油厂营销问题因果分析

图中的“鱼头”表示需要解决的问题，即该炼油厂产品在市场中所占份额少。根据实地调查和讨论，把该炼油厂市场营销不佳的原因概括为五类，即人员、渠道、广告、竞争和其他。在每一类中又包括若干因素，如营销人员数量少、销售点少、缺少品牌意识、进口油抢占市场等。

第一步，列出原因。将上述五类影响炼油厂产品市场份额的原因及其相关因素绘制成鱼骨图。

第二步，找出原因。市场部门根据实地调研的数据，计算出每种原因或相关因素在问题产生过程中所占比重，以百分数表示，找出产生问题的主要原因。

例如，通过计算发现，“营销人员数量少”所占比重为 35%，“广告宣传效果不佳”为 18%，“小包装产品少，客户选购不便”为 25%，三者共占 78% 的比重，可以被认为是导致该炼油厂产品市场份额少的主要原因。

第三步，制定解决方案。针对这三大因素提出改进方案，如扩招营销人员，提升广告宣传效果，增加小包装产品供应等。

四、数据聚类分析

1. 聚类分析的概念

聚类分析是指将物理或抽象对象的集合分组为由类似对象组成的多个类的分析过程。聚类是将数据分类到不同的类或者簇的过程，所以同一个簇中的对象有很大的相似性，而不同簇的对象有很大的相异性。

聚类分析属于探索性分析。在分类过程中不必事先给出分类标准，聚类分析能够从样本数据出发，自动进行分类。聚类分析根据使用方法的不同，常常会得到不同的结论。不同研究者对于同一组数据进行聚类分析，所得到的聚类数未必一致。

目前存在大量的聚类算法，算法的选择取决于数据的类型、聚类的目的和具体应用。聚类算法主要分为五大类：基于划分的聚类方法、基于层次的聚类方法、基于密度的聚类方法、基于网格的聚类方法和基于模型的聚类方法。

2. 聚类分析在商贸领域的主要应用

（1）商业

聚类分析常被用来发现不同的客户群，并且通过购买模式刻画不同客户群的特征。聚类分析是细分市场的有效工具，同时也可用于研究消费者行为，寻找新的潜在市场，选择实验市场，并作为多元分析的预处理。

（2）客户细分

常用的客户分类方法主要有三类：经验描述法，根据经验对客户进行类别划分；传统统计法，根据客户属性特征的简单统计来划分客户类别；非传统统计法，即基于人工智能技术的非数值方法划分客户类别。聚类分析法兼有后两类方法的特点，能够有效完成客户细分。

（3）实验调研

在实验调研方法中，最常用的是实验组前后连续对比实验、实验组与控制组对比实验和实验组与控制组前后对比实验。这些方法要求科学地选择实验和非实验单位，即随机选择的实验单位和非实验单位之间必须具备一定的可比性，两类单位的主客观条件应基本相同。通过聚类分析，可将待选的实验市场（商场、居民区、城市等）分成同质的几类小组，在同一组内选择实验单位和非实验单位，这样便保证了这两个单位之间具有一定的可比性。商店的规模、类型、设备状况、所处的地段、管理水平等就是聚类分析变量。

（4）抽样设计

在抽样方案设计的步骤中，抽样组织形式的选择是一个关键环节，它决定了样本对总体代表性的高低。依据抽样误差由低到高的顺序排列，按照标志排序的等距抽样方式抽样误差最小，其次分别为分层抽样、按照无关标志排序的等距抽样、简单随机抽样、整群抽样和非随机抽样。结合资源的限制和操作的便利性进行综合选择，分层抽样在实践中的应用最为广泛。分层抽样又称类型抽样，它是先将总体所有单位按照重要标志进行分组，然后在各组内按照简单随机抽样或等距抽样方式抽取样本单位的一种抽样方式。在分组时引入聚类方法，可以增强组别的合理性。

（5）销售片区确定

销售片区的确定和片区经理的任命在企业的市场营销中发挥着重要作用。可以通过聚类分析将企业所拥有的子市场归成几个大的片区。例如，某公司在全国有 20 个子市场，每个市场在人口数量、人均可支配收入、地区零售总额、公司某商品销售量等变量上有不同的指标值。以上变量都是决定市场需求量的主要因素。把这些变量作为聚类变量，结合决策者的主观愿望和相关统计软件提供的客观标准，就可以制定符合片区特点的市场营销战略和策略，并任命合适的片区经理。

（6）市场机会研究

企业制定市场营销战略时，弄清在同一市场中的直接竞争者、间接竞争者是非常关键的一个环节。要解决这个问题，企业首先可以通过市场调研，获取自己和所有主要竞争者在品牌方面的第一提及知名度、提示前知名度和提示后知名度的指标值，将它们作为聚类分析的变量并归类。根据归类的结论，企业可以获知其产品或品牌的直接竞争对手。在聚类分析以后，结合对产品或品牌的属性研究，发现尚未融入产品或品牌中的潜在属性，从而寻找新的市场机会，为企业制定蓝海战略提供基础性资料。

（7）电子商务

聚类分析在电子商务网站数据挖掘中也能发挥重要作用。通过分组聚类出具有相似浏览行为的客户，并分析客户的共同特征，可以更好地帮助电子商务用户了解自己的客户，向客户提供更适合的服务。

工作实践

背景资料

为了对学校开设的小超市的经营状况有更深入的了解，请了解分析影响小超市利润增长的因素。

实践任务

以4～5名学生为一组，采用因果分析法找出影响小超市利润的因素，并作出对应的鱼骨图和分析报告。

实践指南

一、查找要解决的问题

明确调研要解决的问题是影响小超市利润的因素。

二、把问题写在“鱼头”上

依据利润表判断小超市的盈亏情况，写在“鱼头”上。

三、讨论问题出现的可能原因

通过头脑风暴的方式，将各自认为可能的原因列出来，比如收银员人数、广告投放力度、优惠力度、竞争对手、进货渠道等。

四、画“鱼骨”

将原因写在“鱼骨”上。

五、画“鱼刺”

根据“鱼骨”上的原因，继续分析可能是什么原因导致的，并将它们写在“鱼刺”上。

六、找到问题根源，提出分析报告

根据鱼骨图和调研的数据，计算出每种原因或相关因素在产生问题过程中所占比重，制定相应的解决方案，并作出分析报告。

思考与练习

一、思考题

1. 举例说明因果分析在市场营销中的具体应用。

2. 举例说明聚类分析在网店经营中的具体应用。

二、案例分析

客户的购买动机一般由需要、认知、学习等内因和文化、社会、家庭、小群体、参考群体等外因共同决定。在按购买动机的不同划分客户时，可以把前述因素作为分析变量，并将所有目标客户每一个分析变量的指标值量化出来，再运用聚类分析法进行分类。在指标值量化时如果遇到定性的指标值，可以用定性数据定量化的方法加以转化，如模糊评价法等。除此之外，可以按客户满意度水平和重复购买机会大小进行分类；还可以在区分客户之间差异性的问题上纳入一套新的分类法，将客户的差异性变量划分为产品利益、客户之间的相互作用力、选择障碍、议价能力和收益率五类，依据这些分析变量聚类得到的归类可以为企业制定营销决策提供有益参考。

问题:

如何根据客户的购买动机进行聚类分析?

三、实践演练

背景

在大家的刻板印象中，绝大部分人的身高和体重为正相关关系，那么事实是否如此呢？请一探究竟。

任务

1. 以4～5名学生为一组，通过匿名问卷的形式收集全班学生的身高和体重数据，用因果分析法进行分析，通过Excel绘制身高和体重的散点图，求出身高和体重的相关系数，分析得出结论，并派一名小组代表以PPT形式在课堂上进行成果汇报并答辩（其他组学生需提出3个问题）。

2. 答辩后，教师对各组报告进行点评。

3. 课后，各组根据课堂答辩情况及教师点评，修改成果报告后以Word文档形式再提交给教师。

考核

1. 教师根据各组成果报告的逻辑性、内容完整性、资料真实性，以及表现形式的简洁度、讲解思路的清晰度、表达技巧的娴熟度等要素对各组评分。

2. 各组成员根据各自承担的分工内容、团队合作态度和能力、分工完成情况及质量等要素对其他成员评分。成员间的得分必须拉开适当差距，成员分工及得分情况表须附列于各组成果报告结尾处。

学习单元四　定量预测

学习目标

知识目标

1. 熟悉定量预测的含义和特点。
2. 掌握定量预测的常用方法。

能力目标

能根据工作实践任务，采用定量预测的相关方法对调研对象发展趋势作出预测和判断。

导　语

老张在某三线城市经营一家茶餐厅，该茶餐厅在当地已经开了 10 余年，生意十分火爆。但令老张苦恼的是，近几年店铺租金上涨很快，因此老张想购买店铺做投资。

但是老张的儿子小张极力反对购买店铺。小张大学读的是市场营销专业，他通过对连续几年的相关统计数据进行分析，预测在未来较长的时间内实体店铺的价格上涨空间不大，因此不值得投资。

7 年之后，老张十分庆幸当时听了儿子的建议没有购买店铺，而是贷款购买了当地的一套商品房。目前，当地商品房价格上涨了接近 2 倍，但店铺价格却一直停滞，由此可见当初小张建议老张不购买店铺的判断是正确且明智的。

思考：

1. 为什么小张不建议老张投资购买店铺？
2. 小张是依据什么来预测实体店铺发展前景的？

一、定量预测概述

1. 定量预测的含义

定量预测也称统计预测，是根据有效的历史数据，利用数学模型进行分析，揭示变量之间的关系和规律，用于预测变量未来发展和变化规律的方法。

2. 定量预测的特点

（1）定量预测的优点

第一，侧重于数量分析，重视预测对象的变化过程，能够在数量上准确描述变化程度。

第二，以历史统计数据和客观资料作为预测依据，利用数学方法进行处理分析，受主观因素影响比较小。

第三，可以利用计算机软件进行大量数据的处理和计算。

（2）定量预测的缺点

第一，比较机械化，对数学建模知识有较高要求，不易掌握。

第二，对信息资料的质量要求比较高，通常需要积累和掌握历史统计数据。

3. 定量预测的常用方法

企业常用的定量预测方法有时间序列预测法和回归分析预测法。

（1）时间序列预测法

时间序列预测法是根据指标本身的历史数据变化趋势寻找市场的演变规律，据此作为预测的依据，即把未来作为过去历史的延伸。时间序列预测法包括平均数预测法、指数平滑法、趋势延伸法和季节指数法等。

（2）回归分析预测法

回归分析预测法是从一个指标与其他指标的历史和现实变化的相互关系中探寻事物的规律性关系，作为预测未来的依据。

二、时间序列预测法

1. 平均数预测法

（1）简单平均数法

简单平均数法是将一定观测期内预测目标的时间序列的各项求和，取其平均值，并将其作为下期预测值。简单平均数法的公式为：

$$\bar{x}=\frac{x_1+x_2+\cdots+x_n}{n}=\frac{\sum x}{n}$$

其中，$\bar{x}$ 为预测值，$x_1,x_2,\cdots,x_n$ 为预测目标观察期内的实际值，n 为时间序列的项数。

案例分析

根据某公司2022年1—6月的销售额（见表6-4-1），预测该公司7月的销售额。

表6-4-1　某公司2022年1—6月销售额

月份	1	2	3	4	5	6
销售额（万元）	550	545	540	560	550	555

以6个月历史销售额的简单算术平均数作为预测值，预测该公司7月的销售额为550万元，计算过程如下：

$$\bar{x}=\frac{\sum x}{n}=\frac{550+545+540+560+550+555}{6}=550$$

简单平均数法比较适合预测波动不大、相对稳定的市场，但这种方法不能充分反映预测对象的变动趋势，一般适用于对预测值精度要求不高的短期预测。

（2）加权平均数法

加权平均数法是最常用的方法之一。在时间序列预测中，各期的统计数据对预测值的重要性是不同的，近期的数据与远期的数据相比，近期数据越接近预测时间，影响越大，可靠性越强。利用不同时期所对应的权数不同，来体现由于时间差异而取得的信息的重要性不同，通过对不同数据按其重要性乘以不同的权数，将这些相乘的结果相加求和，再除以权数之和，得到加权平均数。加权平均数法的公式为：

$$\bar{x}=\frac{x_1f_1+x_2f_2+\cdots+x_nf_n}{f_1+f_2+\cdots+f_n}=\frac{\sum xf}{\sum f}$$

案例分析

根据某公司2022年1—6月的销售额（见表6-4-1），考虑时间因素的影响，预测该公司7月的销售额。

考虑到越接近预测时间，其影响越大，1—6月的销售额权数依次取1、2、3、4、5、6，预测该公司7月的销售额约为551.43万元。计算过程如下：

$$\bar{x}=\frac{\sum xf}{\sum f}=\frac{550\times1+545\times2+540\times3+560\times4+550\times5+555\times6}{1+2+3+4+5+6}=\frac{11\ 580}{21}\approx551.43$$

（3）移动平均数法

移动平均数法是将时间序列的数据由远及近按一定的跨越期进行平均的一种预测方法。随着观测期的逐期推移，观测期内的数据也随之向前移动，每移动一期，就去掉最前面一期的数据，新增原来观测期之后的数据，保证跨越期不变，然后逐个求出其算术平均值，并将离预测期最近的一个平均数作为预测值。常用的有一次移动平均数法、移动加权平均数法和二次移动平均数法。一次移动平均数法又称简单移动平均数法。

设时间序列为 Y_1，Y_2，Y_3，…，Y_t，…；以 N 为移动时期数，$N \leqslant$ 观察时期数 n，则简单移动平均数 M_t 的计算公式为：

$$M_t = \frac{Y_t + Y_{t-1} + \cdots + Y_{t-N+1}}{N}$$

移动平均数和算术平均数的区别在于，算术平均数只是一个数字，而移动平均数却是一系列数字，每个数字都代表一个平均数。这个平均数数列可以平滑数据、消除周期变动和不规则变动的影响，体现长期趋势。

案例分析

根据某公司 2022 年 1—11 月销售额（见表 6-4-2），运用移动平均数法预测 12 月的销售额。

表 6-4-2　　某公司 2022 年 1—11 月销售额

月份 t	销售额 Y_t（万元）	3 期移动平均数 M_t（n=3）	5 期移动平均数 M_t（n=5）
1	208	—	—
2	205	—	—
3	213	—	—
4	209	208.67	—
5	205	209	—
6	207	209	208
7	212	207	207.8
8	209	208	209.2
9	213	209.33	208.4
10	212	211.33	209.2
11	207	211.33	210.6
12		210.67	210.6

分别以 3 个月和 5 个月的跨越期计算移动平均数，

当 n=3 时：

第一个移动平均数 $M_3=\dfrac{208+205+213}{3} \approx 208.67$

第二个移动平均数 $M_4=\dfrac{205+213+209}{3}=209$

……

当 n=5 时：

第一个移动平均数$M_5=\frac{208+205+213+209+205}{5}$=208

第二个移动平均数$M_6=\frac{205+213+209+205+207}{5}$=207.8

……

所以，当 n=3 时，12 月的预测值为 210.67 万元；当 n=5 时，12 月的预测值为 210.6 万元。

2. 指数平滑法

指数平滑法是由移动平均数法演变改进而来的，是一种特殊的加权移动平均数法，其加权的特点是给离预测期较近的数据赋予较大的权数，给离预测期较远的数据赋予较小的权数，权数由近及远按照指数规律依次递减。指数平滑法适用于观察值有长期趋势和季节性变化且必须经常预测的情况。

指数平滑法在市场预测中的应用主要有一次指数平滑法和多次指数平滑法。在一次指数平滑法中，本期平滑值等于本期的实际值与上期平滑值的加权和，最近一期的平滑值即为下一期的预测值。

（1）一次指数平滑法的预测模型

已知时间序列为 x_1，x_2，…，x_n，时间序列总期数为 n，一次指数平滑法的公式为：

$$S_t^{(1)}=ax_t+(1-a)\ S_{t-1}^{(1)}$$

$$\hat{y}_{t+1}=S_t^{(1)}$$

其中$S_t^{(1)}$为 t 期的平滑值，上角标（1）表示一次指数平滑，$S_{t-1}^{(1)}$为第 t-1 期的指数平滑值，a 为平滑常数（$0 \leqslant a \leqslant 1$），$x_t$ 为 t 期变量值，$\hat{y}_{t+1}$为 t+1 期时间序列的观测值。

（2）一次指数平滑法初始值的确定

运用一次指数平滑法，需要先估计出初始值。初始值指的是最早的预测值$S_0^{(1)}$，不能用公式求得，只能加以估算。若时间序列的观察期n大于15，初始值对预测值的影响很小，可以取第一期观测值作为初始值；若观察期n小于15，初始值对预测值的影响比较大，可以取前3期观测值的平均数作为初始值。

（3）平滑系数 a 的选择

从理论上讲，a 的取值范围在 0 到 1 之间。

当时间序列趋势稳定时，a 取 0.1～0.3；

当时间序列波动较大时，a 取 0.4～0.5；

当时间序列有明显上升或下降趋势时，a 取 0.6～0.8。

在实际运用中，可取若干个 a 值进行试算比较，选择误差最小的 a 值。

案例分析

某公司2011—2019年的销售额（见表6-4-3），运用一次指数平滑法预测2020年的销售额（a分别取0.1、0.6、0.9）。

表6-4-3 某公司2011—2019年销售额

年份	2011	2012	2013	2014	2015	2016	2017	2018	2019
销售额（万元）	5 000	5 700	5 500	6 000	6 200	5 500	6 000	6 200	6 500

第一步，确定初始值。

因为n=9＜15，取时间序列前三项数据的平均值作为初始值，

$$S_0^{(1)}=\frac{x_1+x_2+x_3}{3}=\frac{5\,000+5\,700+5\,500}{3}=5\,400$$

第二步，选择平滑系数a，计算各年的一次指数平滑值，可利用Excel进行计算。步骤如下。

（1）输入数据。

（2）在D3单元格中输入公式“=0.1×C3+（1-0.1）×D2”。

（3）向下拖动复制公式，得到平滑系数a=0.1的各年份平滑值。

（4）同理可得到平滑系数a为0.6和0.9的各年份平滑值。

计算结果见表6-4-4。

表6-4-4 各年份平滑值

年份	期数	销售额（万元）	平滑系数0.1	平滑系数0.6	平滑系数0.9
初始值	—	—	5 400.00	5 400.00	5 400.00
2011	1	5 000.00	5 360.00	5 160.00	5 040.00
2012	2	5 700.00	5 394.00	5 484.00	5 634.00
2013	3	5 500.00	5 404.60	5 493.00	5 513.40
2014	4	6 000.00	5 464.14	5 797.44	5 951.34
2015	5	6 200.00	5 537.73	6 038.98	6 175.13
2016	6	5 500.00	5 533.95	5 715.59	5 567.51
2017	7	6 000.00	5 580.56	5 886.24	5 956.75
2018	8	6 200.00	5 642.50	6 074.49	6 175.68
2019	9	6 500.00	5 728.25	6 329.80	6 467.57

第三步，对不同平滑系数下取得的平滑值进行误差分析，确定 a 的取值，利用 Excel 计算各平滑值与实际值的绝对误差，计算结果见表 6-4-5。

表 6-4-5　　不同平滑系数下的平滑值

年份	期数	销售额（万元）	平滑系数 0.1		平滑系数 0.6		平滑系数 0.9	
			$S_t^{(1)}$	$\lvert x_t - S_t^{(1)}\rvert$	$S_t^{(1)}$	$\lvert x_t - S_t^{(1)}\rvert$	$S_t^{(1)}$	$\lvert x_t - S_t^{(1)}\rvert$
初始值	—	—	5 400.00	—	5 400.00	—	5 400.00	—
2011	1	5 000.00	5 360.00	360.00	5 160.00	160.00	5 040.00	40.00
2012	2	5 700.00	5 394.00	306.00	5 484.00	216.00	5 634.00	66.00
2013	3	5 500.00	5 404.60	95.40	5 493.00	6.40	5 513.40	13.40
2014	4	6 000.00	5 464.14	535.86	5 797.44	202.56	5 951.34	48.66
2015	5	6 200.00	5 537.73	662.27	6 038.98	161.02	6 175.13	24.87
2016	6	5 500.00	5 533.95	33.95	5 715.59	215.59	5 567.51	67.51
2017	7	6 000.00	5 580.56	419.44	5 886.24	113.76	5 956.75	43.25
2018	8	6 200.00	5 642.50	557.50	6 074.49	125.51	6 175.68	24.32
2019	9	6 500.00	5 728.25	771.75	6 329.80	170.20	6 467.57	32.43
合计	—	—	—	3 742.18	—	1 371.05	—	360.45

计算各平滑系数下平滑值的平均绝对误差（平均差）：

当 a=0.1 时，平滑值的平均绝对误差 $A \cdot D = \frac{\sum\lvert x_t - S_t^{(1)}\rvert}{n} = \frac{3\,742.18}{9} \approx 415.80$；

当 a=0.6 时，平滑值的平均绝对误差 $A \cdot D = \frac{\sum\lvert x_t - S_t^{(1)}\rvert}{n} = \frac{1371.05}{9} \approx 152.34$；

当 a=0.9 时，平滑值的平均绝对误差 $A \cdot D = \frac{\sum\lvert x_t - S_t^{(1)}\rvert}{n} = \frac{360.45}{9} = 40.05$。

由此可知，当 a=0.9 时，平滑值的平均绝对误差最小，因此选用 a=0.9 为平滑系数。

第四步，预测 2020 年销售额。

$\hat{y}_{t+1} = S_t^{(1)} = ax_t + (1-a)\ S_{t-1}^{(1)} = 0.9 \times 6\,500 + 0.1 \times 6\,175.68 \approx 6\,467.57$（万元）

3. 趋势延伸法

趋势延伸法就是遵循事物连续的原则，建立数学模型，对时间序列给出恰当的趋势线，建立趋势方程，并将时间延伸，用来预测未来可能达到的水平。趋势延伸法适用于长期趋势变动的预测，根据时间序列呈现的不同趋势形态，可分为直线趋势延伸法和曲线趋势延伸法。以下主要介绍直线趋势延伸法。

直线趋势延伸法就是假定预测目标随时间变化的规律近似一条直线，通过数学的方法建立趋势方程，从而确定预测值。如果从散点图中观察到观测值的时间序列接近一条直线，可采用直线趋势延伸法进行预测。其预测模型为：

$$\hat{y}_t = a + bt$$

其中$\hat{y}_t$为预测值，a、b 为趋势方程的参数，t 为时间变量。

对于趋势方程参数 a、b 的值，通常采用最小二乘法保证原数列各实际值与趋势值的离差平方和为最小，即$\sum(y-\hat{y})^2$为最小值。通过演算得出 a、b 的计算公式为：

$$a = \frac{\sum y - b\sum t}{n};$$

$$b = \frac{n\sum ty - \sum t\sum y}{n\sum t^2 - \left(\sum t\right)^2};$$

其中 y 为时间序列的观测值，t 为时间序列各项的时间序号变量，n 为时间序列项数。

为了简化计算过程，t 可编为正数、负数序号各一半，使$\sum t = 0$。简化后的 a、b 的计算公式为：

$$a = \frac{\sum y}{n};$$

$$b = \frac{\sum ty}{\sum t^2};$$

最后计算出 a、b 的值代入方程$\hat{y}_t = a + bt$，即可得到预测直线模型，再将时间 t 延伸代入预测直线模型，就可推算出预测值。

案例分析

根据某公司 2011—2019 年的销售额（见表 6-4-6），运用直线趋势延伸法预测该公司 2020 年和 2021 年的销售额。

表 6-4-6 某公司 2011—2019 年销售额

年份	2011	2012	2013	2014	2015	2016	2017	2018	2019
销售额（万元）	5 000	5 600	6 000	6 400	6 900	7 400	8 000	8 600	9 000

（1）利用 Excel 绘制散点图，如图 6-4-1 所示，观测值随时间变化的规律近似一条直线，故采用直线趋势延伸法进行预测。

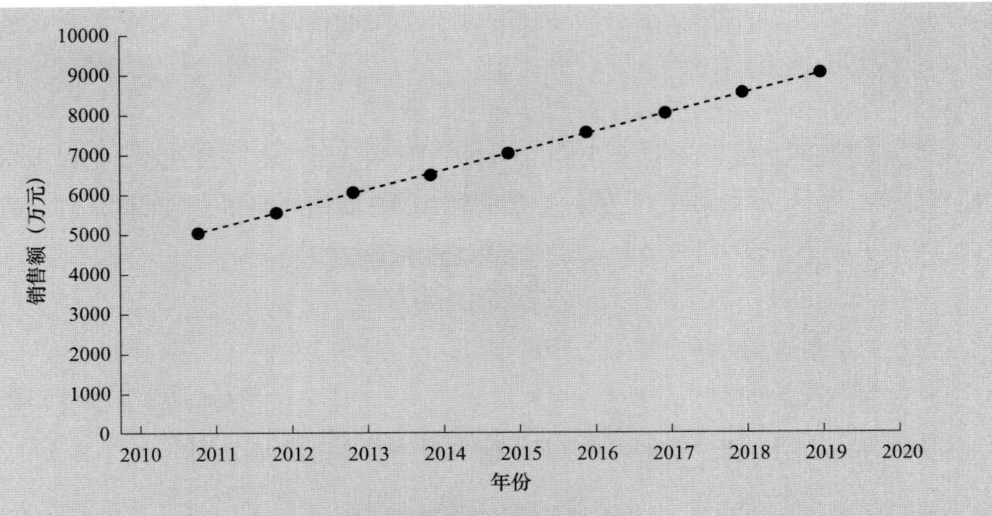

图 6-4-1 销售额散点图

（2）设预测直线方程为$\hat{y}_t = a + bt$。

（3）按照简便方法编制时间序号进行计算，结果见表 6-4-7。

表 6-4-7 **计算时间序号**

年份	销售额 y（万元）	时间序号 t	t_2	ty
2011	5 000	−4	16	−20 000
2012	5 600	−3	9	−16 800
2013	6 000	−2	4	−12 000
2014	6 400	−1	1	−6 400
2015	6 900	0	0	0
2016	7 400	1	1	7 400
2017	8 000	2	4	16 000
2018	8 600	3	9	25 800
2019	9 000	4	16	36 000
合计	62 900	0	60	30 000

（4）将数据代入参数求解公式，

$$a = \frac{\sum y}{n} = \frac{62\,900}{9} \approx 6\,988.89$$

$$b = \frac{\sum ty}{\sum t^2} = \frac{30\,000}{60} = 500$$

因此，预测直线模型的方程为：$\hat{y}_t = 6\,988.89 + 500t$。

（5）根据时间序列外推，2020 年的 t=5，2021 年的 t=6，

2020 年的销售额预测值为$\hat{y}_5 = 6\,988.89 + 500 \times 5$=9 488.89（万元）

2021 年的销售额预测值为$\hat{y}_6 = 6\,988.89 + 500 \times 6$=9 988.89（万元）

4. 季节指数法

市场中有些商品的销量会随自然气候、生产条件、风俗习惯、季节等因素的变动而变动，从而呈现周期性的变动规律。季节指数法是根据预测对象各月或各季度编制的数据，以统计学方法测定出季节变动系数，以此对未来数据进行预测的一种方法。季节指数法主要包括平均数比率法、直线趋势比率平均法、12 个月平移平均数法等。

平均数比率法是预测季节变动比较简单的一种方法，适用于时间序列相对比较稳定的情况，即观察数据每年呈现周期性的波动，但波动幅度大体相同，波动曲线相对稳定。平均数比率法是通过若干年的资料数据，求出同季（月）的平均水平与全数列总的季（月）平均水平对比得出的季节比率，也称季节指数。平均数比率法的公式为：

$$\hat{y}_i = x_i \times f_i$$

其中$\hat{y}_i$为第 i 季的预测值，x_i为预测季的趋势值，f_i为第 i 季的季节指数。

案例分析

根据某公司 2016—2019 年各季度棉服的销售额（见表 6-4-8），运用季节指数法预测该公司 2020 年各季度的销售额。

表 6-4-8　　各季度棉服销售额　　（单位：万元）

年份	第一季度	第二季度	第三季度	第四季度
2016	250	120	260	450
2017	260	130	270	480
2018	280	150	290	490
2019	290	160	300	510

（1）利用 Excel 绘制折线图，如图 6-4-2 所示。

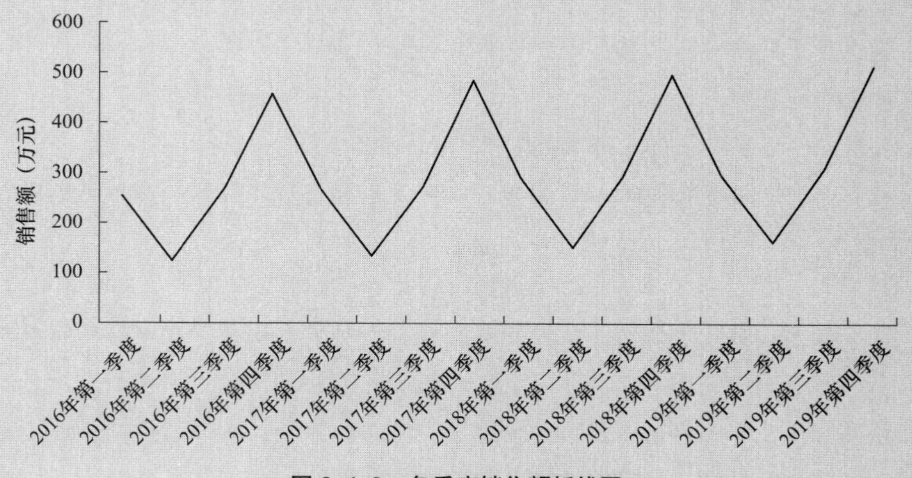

图 6-4-2　各季度销售额折线图

从图 6-4-2 中可看出，该时间序列具有季节性变动的特点，并且周期波动幅度大体相同，因此可以采用平均数比率法进行预测。

（2）利用 Excel 处理表格数据，见表 6-4-9。

表 6-4-9　　利用 Excel 计算数据

年份	第一季度	第二季度	第三季度	第四季度	同年季平均
2016	250	120	260	450	270
2017	260	130	270	480	285
2018	280	150	290	490	302.5
2019	290	160	300	510	315
同季度平均销售额 A_i	270	140	280	482.5	—
季总平均销售额 B	—				293.13
季节指数 f_i	92.11%	47.76%	95.52%	164.61%	—
2020 年各季度预测值 $\hat{y}_i$	290.15	150.45	300.90	518.51	—

第一步，计算同季度平均销售额 A_i，i 为 1、2、3、4，分别表示四个季度。

第一季度的平均销售额为 $A_1=\dfrac{250+260+280+290}{4}=270$（万元），第二、第三、第四季度以此类推。

第二步，计算观测期全期的季总平均销售额 B，即计算 4 年 16 个季度的平均值，计算得出季总平均销售额 B 为 293.13（万元）。

第三步，计算各季度的季节指数 f_i，$f_i=\dfrac{A_i}{B}\times100\%$。

第一季度的季节指数为 $f_1=\dfrac{A_1}{B}\times100\%=\dfrac{270}{293.13}\times100\%\approx92.11\%$，第二、第三、第四季度以此类推。

从季节指数可以看出，第二季度为淡季，第四季度为旺季。

第四步，根据季节指数法对 2020 年各季度的销售额进行预测，预测模型为：

$$\hat{y}_i=x_i\times f_i$$

某季预测值 = 预测季的趋势值 × 季节指数

此方法研究的时间序列只包含季节变动，不包含长期趋势，所以可以取时间序列 2019 年的季平均数作为 2020 年各季预测趋势值。预测 2020 年第一季度的销售额为：$\hat{y}_1=x_i\times f_1=315\times92.11\%\approx290.15$（万元），第二、第三、第四季度以此类推，分别为 150.45 万元、300.9 万元、518.51 万元。

三、回归分析预测法

市场中影响经济现象的因素有很多，除受时间因素影响外，还受到很多其他因素的影响，这些因素之间存在相互影响、相互依存的因果关系。例如，人们的收入水平提高了，其消费水平也会提高；商品的价格降低了，其销量会增加；广告的投入增加了，其销量会增加等。回归分析预测法就是对预测对象的影响因素进行统计分析，找出它们之间的变化规律，建立相应的数学模型，并通过数学模型对未来进行预测。依据相关关系中自变量的个数，回归分析预测法可分为一元线性回归预测法和多元线性回归预测法。

1. 回归分析预测法的步骤

（1）根据预测目标，确定自变量和因变量。例如预测下一季度的销售额，那么销售额就是因变量。通过市场调研和相关的专业理论知识，寻找影响因变量的主要因素，即自变量。

（2）进行相关性分析。在回归分析中，只有当自变量和因变量确实存在某种关系时，所建立的回归分析预测方程才有意义，因此，需要通过相关系数（r）的大小来判断自变量和因变量的相关程度。$-1 \leqslant r \leqslant 1$，即 $|r| \leqslant 1$，当 $|r|$ 越接近于 1 时，相关程度越高；当 $|r|$ 越接近于 0 时，相关程度越低；$r > 0$ 时，为正相关；$r < 0$ 时，为负相关。

（3）建立回归分析预测方程。根据自变量和因变量的历史统计数据进行计算，建立回归分析预测模型。回归分析预测方程的一般表达式为：

$$y = a + b_1x_1 + b_2x_2 + \cdots + b_nx_n$$

（4）检验回归分析预测模型。建立回归分析预测方程的主要目的在于预测。在方程用于预测之前，需要检验回归分析预测方程的拟合度和回归参数的显著性。常用的检验方法有相关系数检验、F 检验、t 检验和 D–W 检验等。

（5）计算并确定预测值。利用通过检验的回归分析预测方程，将已知的自变量 x 代入方程，即可得到所需的预测值。

2. 一元线性回归模型

当影响市场变化的多种因素中有一个最基本并起到决定性作用的因素，且自变量和因变量的分布呈现线性趋势的时候，就可以使用一元线性回归法进行预测。其公式为：

$$y=a+bx$$

其中，y 为因变量，x 为自变量，a、b 为方程待定参数，b 又称为回归参数。

案例分析

某公司通过对某地区人均收入水平和人均消费水平的调查，排除无关因素和个别特殊因素的干扰之后，发现当地人均收入水平是影响人均消费水平的主要因素，调查数据见表6-4-10。已知人均收入水平与人均消费水平存在较高的相关性，预测 2020 年当地人均收入水平为 15.5 万元，运用一元线性回归法预测 2020 年的人均消费水平。

表 6-4-10　　某地区 2009 年至 2019 年人均收入水平和人均消费水平　　（单位：万元）

年份	2009	2010	2011	2012	2013	2014	2015	2016	2017	2018	2019
人均收入水平	10	10.3	11	11.6	12	12.7	13	13.4	14	14.8	15
人均消费水平	5	5.2	5.3	5.6	5.9	6	6.2	6.3	6.7	6.9	7

（1）相关关系分析

某地区人均消费水平与人均收入水平存在较高的相关性。人均收入越高，用于消费的支出就越多，因此设人均消费水平为因变量y，人均收入水平为自变量x。

（2）利用 Excel 绘制散点图，分析线性关系，如图 6-4-3 所示。

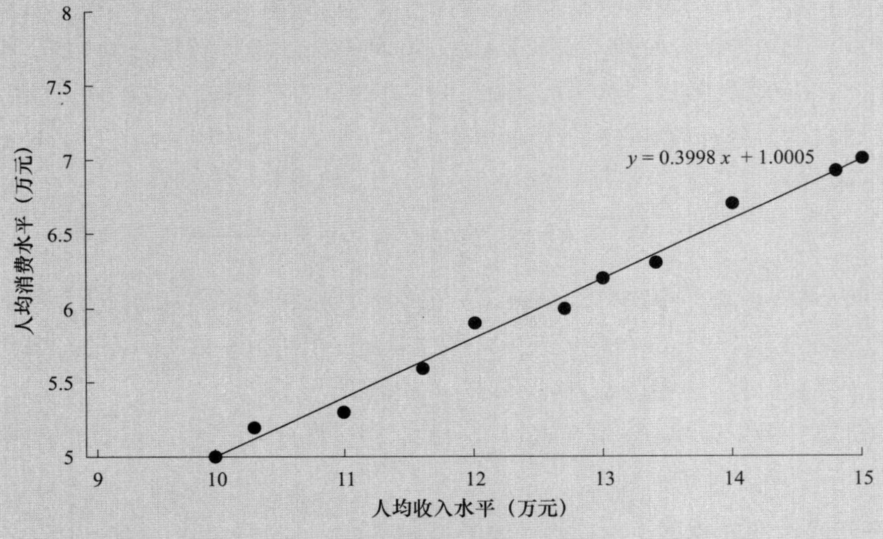

图 6-4-3　绘制散点图分析线性关系

由图 6-4-3 可知，某地区人均消费水平与人均收入水平为正相关线性变化关系。利用 Excel 导出的线性方程公式，得出某地区人均消费水平与人均收入水平的关系：

$$y=0.399\ 8x+1.000\ 5$$

若预测 2020 年某地区人均收入水平为 15.5 万元，则人均消费水平为：

$$y=0.399\ 8\times 15.5+1.000\ 5\approx 7.2\text{（万元）}$$

四、使用 Excel 进行定量预测

在统计工作中，对调研数据进行统计和分析都可以借助软件工具来进行。Excel 以其强大的图表和数据处理功能被广泛应用于统计领域，是定量预测常用的工具之一。下

面简单介绍一下 Excel 在定量预测中的常用方法。

1. 统计数据

（1）在 Excel 表格中录入所有问卷数据

按照学习单元二中介绍的方法，将所有问卷数据录入 Excel 表中。

例如，前面单元中有关洗衣粉调研问卷的数据录入，如图 6-4-4 所示（只显示部分数据）。

Microsoft Excel - 问卷统计数据

	A	B	C	D	E	F	G	H	I	J	K	L	M	N	O	P	Q	R	S	T
1	问卷编号	性别	住处	年级	生活费	Q1-1	Q1-2	Q1-3	Q1-4	Q1-5	Q1-6	Q1-7	Q1-8	Q2	Q3	Q4	Q5	Q6	Q7-1	Q7-2
2	181101001	1	2	1	5	0	1	0	0	0	1	1	0	1	2	2	2	1	1	2
3	181101002	2	2	3	4	0	1	1	0	0	0	0	1	3	1	1	1	3	3	4
4	181101003	2	1	4	4	0	0	1	0	1	0	0	0	4	3	4	3	2	3	
5	181101004	1	1	5	3	1	0	0	1	1	1	0	0	2	3	2	4	3	2	3
6	181101005	2	2	2	5	0	0	0	0	0	1	1	1	4	5	3	4	1	1	3
7	181101006	2	2	5	4	1	1	1	1	0	0	0	1	3	4	2	3	1	2	4
8	181101007	2	2	4	5	0	1	1	1	0	0	0	0	3	4	2	4	2	1	4
9	181101008	1	1	2	4	1	0	1	0	0	1	1	0	2	3	3	3	3	2	
10	181101009	2	2	1	2	0	1	0	0	1	0	1	1	4	1	4	3	1	3	4
11	181101010	1	1	3	1	0	0	1	1	1	1	1	0	1	2	5	4	2	2	3
12	181101011	1	1	1	4	0	0	1	0	1	0	0	0	3	3	4	3	2	1	2
13	181101012	1	1	3	3	1	0	0	0	1	0	1	0	2	5	5	3	3	2	3
14	181101013	2	2	2	4	0	0	0	0	1	0	0	0	3	3	4	4	2	2	4
15	181101014	1	1	4	3	1	0	0	1	1	1	1	0	2	3	3	4	3	3	4
16	181101015	2	2	5	5	1	0	0	0	1	1	0	1	4	2	4	3	3	1	3

问卷统计数据

图 6-4-4　在 Excel 中录入问卷数据

（2）筛选统计相关信息

点中数据区域的任意单元格，然后在菜单中选择“数据—筛选—自动筛选”，即可分类筛选和统计相应信息。

例如，筛选统计图 6-4-4 中性别为“1”（男生）的操作，如图 6-4-5 所示。

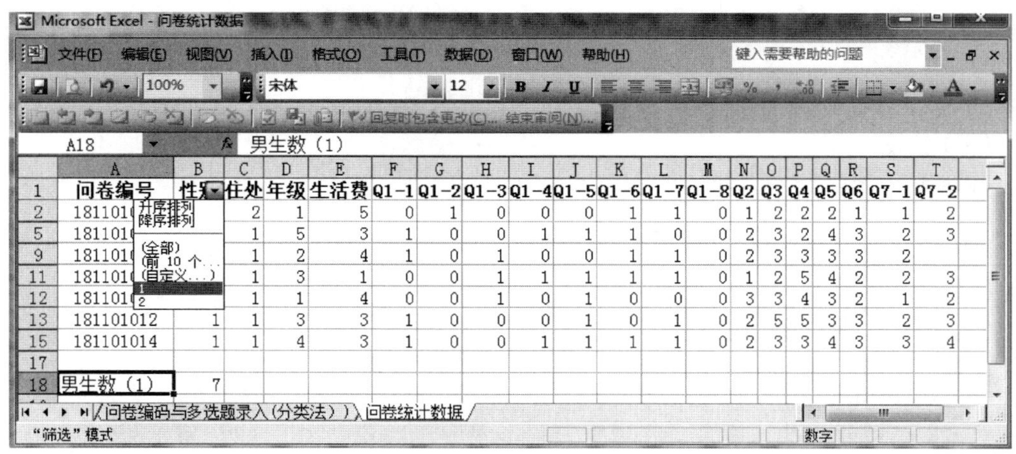
Microsoft Excel - 问卷统计数据

A18　男生数（1）

	A	B	C	D	E	F	G	H	I	J	K	L	M	N	O	P	Q	R	S	T
1	问卷编号	性别	住处	年级	生活费	Q1-1	Q1-2	Q1-3	Q1-4	Q1-5	Q1-6	Q1-7	Q1-8	Q2	Q3	Q4	Q5	Q6	Q7-1	Q7-2
2	181101		2	1	5	0	1	0	0	0	1	1	0	1	2	2	2	1	1	2
5	181101		1	5	3	1	0	0	1	1	1	0	0	2	3	2	4	3	2	3
9	181101		1	2	4	1	0	1	0	0	1	1	0	2	3	3	3	3	2	
11	181101		1	3	1	0	0	1	1	1	1	1	0	1	2	5	4	2	2	3
12	181101		1	1	4	0	0	1	0	1	0	0	0	3	3	4	3	2	1	2
13	181101012	1	1	3	3	1	0	0	0	1	0	1	0	2	5	5	3	3	2	3
15	181101014	1	1	4	3	1	0	0	1	1	1	1	0	2	3	3	4	3	3	4
17																				
18	男生数（1）	7																		

图 6-4-5　在 Excel 中筛选统计数据

（3）制作统计表

全部信息分类统计完成后，最好将问卷的统计数字复制到另一个表中单独保存。统计问卷中每个选项，制作成问卷数据统计表，如图 6-4-6 所示。

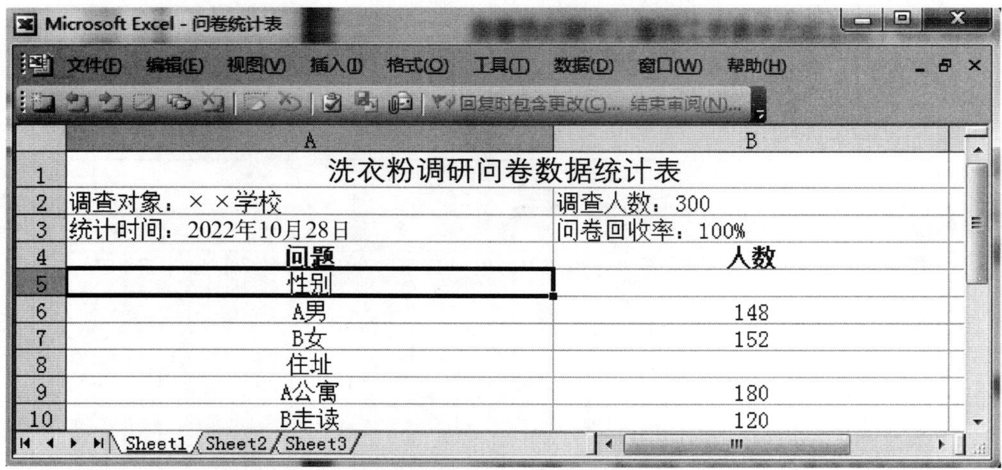

	A	B
1	洗衣粉调研问卷数据统计表	
2	调查对象：××学校	调查人数：300
3	统计时间：2022年10月28日	问卷回收率：100%
4	问题	人数
5	性别	
6	A男	148
7	B女	152
8	住址	
9	A公寓	180
10	B走读	120

图 6-4-6 问卷数据统计表（部分）

2. 制作图表

Excel 常用图表及用途见表 6-4-11。

表 6-4-11 Excel 常用图表及用途

图表名称	用途
饼图、堆积百分比柱形 / 条形图	反映结构构成，用于统计
折线图、面积图、柱形图	反映发展趋势，用于预测
柱形图、条形图	反映数量对比，用于统计
散点图、气泡图	反映数据间的联系，用于推测变量间变化

下面介绍比较有代表性的饼图、柱形图和折线图。

（1）饼图

饼图适用于表示在一个整体中每个项目所占比例，其制作过程如下。

第一步，打开 Excel，将相关数据输入工作表，如图 6-4-7 所示。

	A	B	C	D	E	F	G
1	某品牌机床的地区销售量（单位：台）						
2	北京	上海	广州	深圳	重庆	成都	长沙
3	600	530	870	730	480	360	950

图 6-4-7 输入数据

第二步，点击需要作图的项目和数据，然后在菜单栏中选择“插入—饼图”，如图 6-4-8 所示。

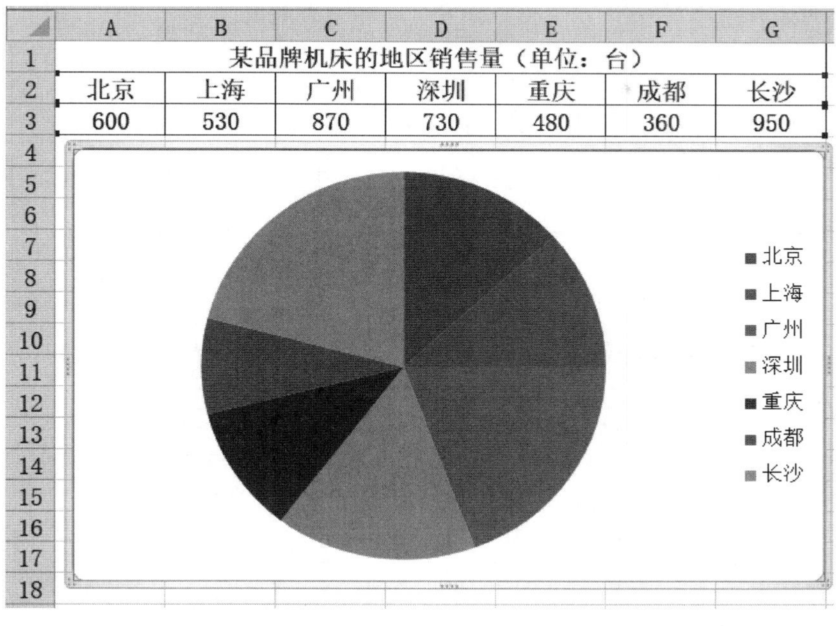

某品牌机床的地区销售量（单位：台）						
北京	上海	广州	深圳	重庆	成都	长沙
600	530	870	730	480	360	950

图 6-4-8　饼图

（2）柱形图

柱形图适用于数据对比，是一种用于比较数量大小的图表。柱形图的制作方法和步骤与饼图类似，其效果如图 6-4-9 所示。

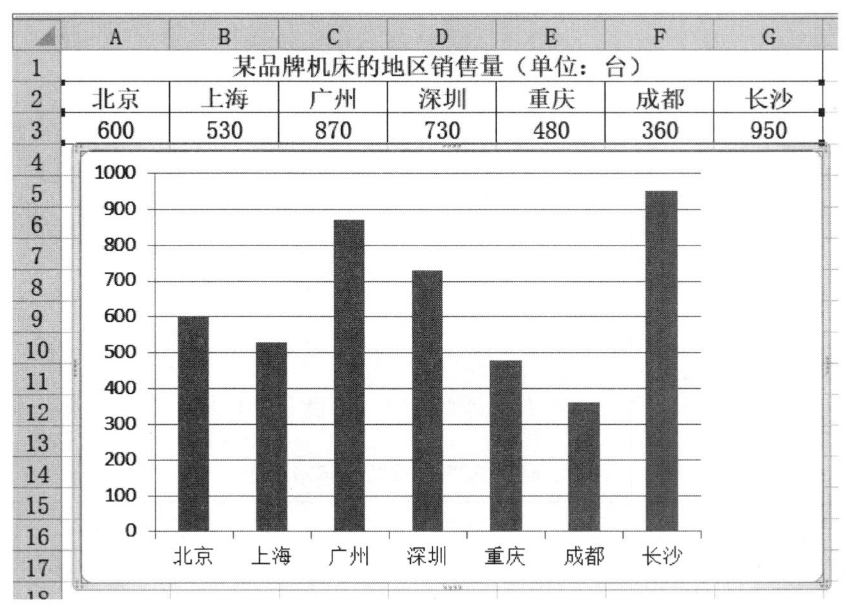

某品牌机床的地区销售量（单位：台）						
北京	上海	广州	深圳	重庆	成都	长沙
600	530	870	730	480	360	950

图 6-4-9　柱形图

（3）折线图

折线图适用于表现数据变化的趋势和规律，其制作过程如下。

第一步，打开 Excel，将相关数据输入工作表，如图 6-4-10 所示。

	A	B	C	D	E	F
1	某品牌机床的月销售量（单位：台）					
2	一月	二月	三月	四月	五月	六月
3	320	450	570	480	550	600

图 6-4-10　输入数据

第二步，点击需要作图的项目和数据，然后在菜单栏中选择“插入—折线图”，如图 6-4-11 所示。

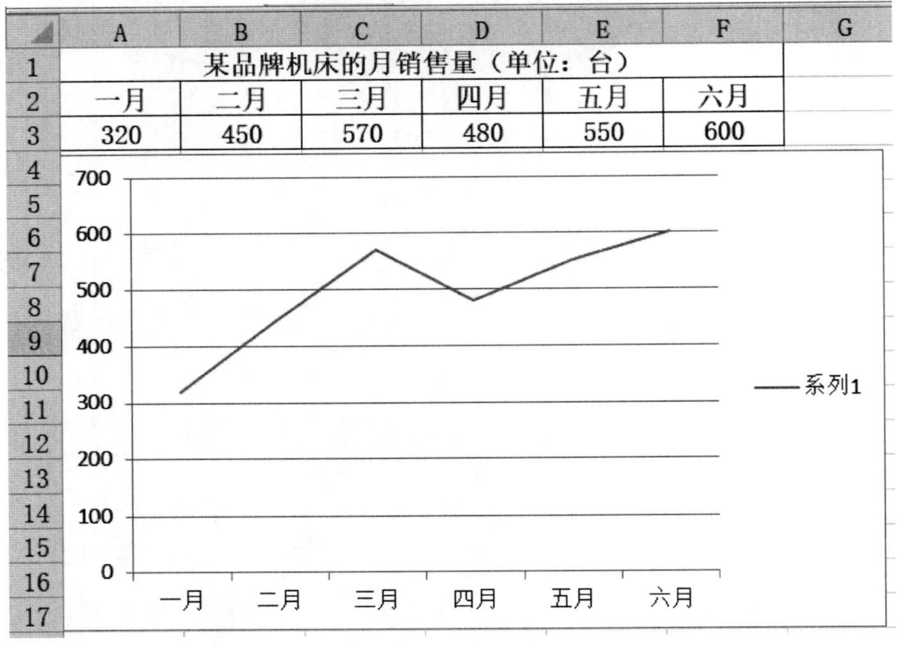

图 6-4-11　折线图

3. 预测趋势

（1）根据已有数据（见表 6-4-12），预测甲、乙商品 2022 年的销售额。

表 6-4-12　　甲、乙商品 2016—2021 年销售额　　（单位：万元）

年份		2016	2017	2018	2019	2020	2021
销售额	甲商品	463	480	500	536	582	639
	乙商品	198	206	211	237	236	242

（2）在 Excel 中录入甲、乙两种商品的销售数据，如图 6-4-12 所示。

工作簿1 - Excel

	A	B	C	D	E	F	G	H
1	年份	2016	2017	2018	2019	2020	2021	2022
2	甲销售额	463	480	500	536	582	639	
3								
4	年份	2016	2017	2018	2019	2020	2021	2022
5	乙销售额	198	206	211	237	236	242	
6								

趋势预测

图 6-4-12　甲、乙商品销售数据

（3）在菜单栏选择“插入—图表—折线图”，分别作出甲、乙商品的销售折线图，并在“图表元素”中选择“添加趋势线”选项，如图 6-4-13、图 6-4-14 所示。

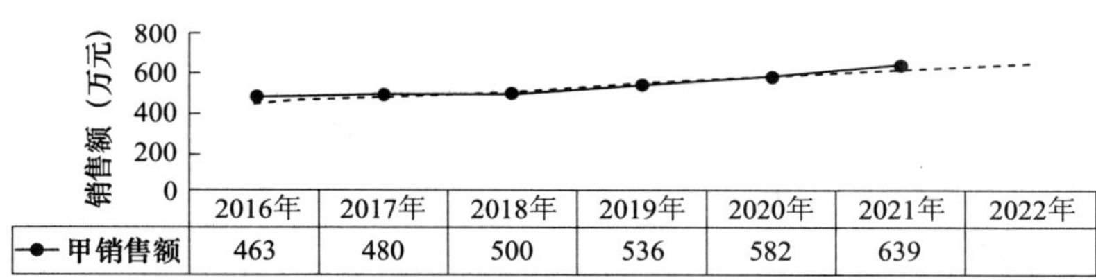

图 6-4-13　甲商品销售折线图

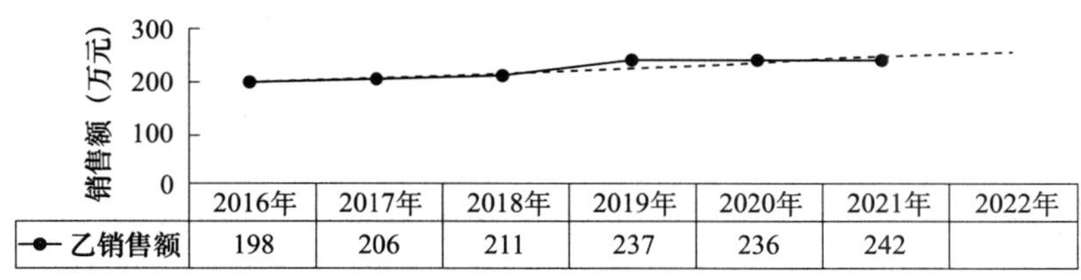

图 6-4-14　乙商品销售折线图

（4）从趋势图可以估计出 2022 年甲、乙商品的销售额预测值分别约为 660 万元和 260 万元。

知识拓展

利用 Excel 的折线图进行预测，可在“图表元素”中选择“添加趋势线”，判断散点分布的大概趋势。右键点击所添加的“趋势线”，可以在“设置趋势线格式—趋势线选项”中选择适当的预测模型，如线性、指数、对数、移动平均等。

工作实践

背景资料

“双十一”购物狂欢节，是指每年11月11日的网络促销日，源于淘宝（天猫）2009年11月11日举办的网络促销活动，当时参与的商家数量和促销力度虽然有限，但营业额远超预想的效果。于是，11月11日成为淘宝（天猫）举办大规模促销活动的固定日期。目前，“双十一”已成为中国电子商务行业的年度盛事，并且逐渐影响到国际电子商务行业。

实践任务

为了能够更加清晰地看出历年“双十一”销售额的变化情况，需要统计哪些数据，采用哪种图表来表示？请根据历年“双十一”销售额的变化情况，预测 t+1 年“双十一”的销售额。

实践指南

一、网上搜索2009年至最近一年淘宝（天猫）“双十一”的销售额。

二、将相关数据录入Excel。

三、利用Excel绘制反映历年“双十一”销售额变化情况的折线图。

四、美化图表格式，使图表更加清晰。

五、利用Excel折线图中的“趋势线”（分析判断选择线性、移动平均、指数、对数中哪个模型预测趋势合理些）预测 t+1 年“双十一”的销售额。

思考与练习

一、思考题

1. 应用时间序列预测法进行预测的前提是什么？

2. 如果要预测一家经营多年的羽绒服工厂明年各月的销售数据，你会采取哪种分析方法，理由是什么？

二、案例分析

某家电经销商为了了解消费者购买空调的行为，从某市城镇居民家庭中抽取了1 500户进行问卷调研，并从市统计局收集了有关数据。资料整理如下。

1. 近10年城镇居民可支配收入、空调拥有量等数据见表6-4-13。

表 6-4-13　　近 10 年相关数据

月可支配收入（元/人）	1 592	1 783	2 168	2 817	3 886	4 705	5 052	5 209	5 435	5 818
月消费性支出（元）	1 294	1 446	1 732	2 194	3 138	3 886	4 098	4 137	4 482	4 800
月耐用品支出（元）	88	105	128	168	245	269	332	352	394	486
空调拥有量（台/百户）	38	40	48	59	95	121	122	125	128	152

2. 2022 年年末不同收入家庭空调拥有量见表 6-4-14。

表 6-4-14　　2022 年年末不同收入家庭空调拥有量

家庭收入	最低收入	低收入	中等偏下	中等收入	中等偏上	高收入	最高收入
拥有量（台/百户）	68.46	86.35	119.32	128.32	160.12	185.32	201.32

3. 调研的 1 000 户居民家庭中，计划近 3 年购买空调的户数分别为 53 户、89 户、58 户（1 000 户中有 868 户拥有空调 1 316 台，132 户没有空调）。

4. 计划购买空调的 200 户家庭中，关注空调服务、质量、促销、价格、其他因素的分别为 28 户、144 户、4 户、20 户、4 户。

5. 计划购买空调的 200 户家庭中，准备购买单冷机的 23 户、冷暖机的 170 户，购买时再定哪种类型的 7 户；准备购买窗式机的 39 户、柜机的 43 户、壁挂机的 118 户。

6. 计划购买空调的 200 户家庭中，获知空调信息的渠道分别为报刊 90 户、电视 87 户、销售现场 8 户、朋友同事告知 6 户、销售人员促销 3 户、户外广告 4 户、网络广告 2 户。

7. 计划购买空调的 200 户家庭中，考虑购买空调的地点分别为专卖店 77 户、大型电器商场 94 户、综合性商场 82 户、家电连锁店 56 户、厂家直销店 48 户（可同时选择多个地点）。

8. 计划购买空调的 200 户家庭中，考虑购买空调的时间分别为夏季 86 户、冬季 60 户、厂家促销期 42 户、春季或秋季 12 户。

9. 计划购买空调的 200 户家庭中，选择购买的空调功率分别为 1 匹以下 7 户、1 匹 41 户、1.5 匹 48 户、2 匹 35 户、2.5 匹 12 户、3 匹以上 23 户、购买时再定 34 户。

10. 计划购买空调的200户家庭中，选择购买的空调价位分别为2 000元以下的12户、2 000～3 000 元的 56 户、3 000～4 000 元的 45 户、4 000～5 000 元的 36 户、5 000 元以上的 30 户、购买时再定的 21 户。

11. 居民家庭对空调降价的态度：非常欢迎的 482 户，无所谓的 106 户，不欢迎的 5 户。

12. 居民家庭对绿色环保空调的看法：符合空调发展方向的 252 户，符合消费者需求的 312 户，空调必备功能的 127 户，厂家炒作的 112 户，不知道的 197 户。

13. 居民家庭对变频空调的看法：符合空调发展方向的 169 户，符合消费者需求的 294 户，空调必备功能的 140 户，厂家炒作的 99 户，不知道的 298 户。

14. 居民家庭对静音空调的看法：符合空调发展方向的 239 户，符合消费者需求的 391 户，空调必备功能的 210 户，厂家炒作的 52 户，不知道的 108 户。

15. 居民家庭认为厂家宣传推广对购买决策很有影响的 170 户，有影响的 280 户，一般的 235 户，无影响的 15 户。

问题：

1. 你认为上述调研数据的加工处理有何特点，有哪些缺陷？

2. 你认为上述数据可制作为哪些形式的统计表和统计图？

三、实践演练

背景

某大学校内小超市 2015—2021 年销售数据见表 6-4-15。

表 6-4-15　　2015—2021 年销售数据

年份	2015	2016	2017	2018	2019	2020	2021
销售额（万元）	250	265	272	275	288	305	322

任务

1. 以 4～5 名学生为一组，分别运用移动平均数法和回归分析法预测该小超市 2022 年的销售额，对比两种预测方法得出数据的差异，讨论哪一种方法会更加合理。

2. 利用 Excel 进行预测。

3. 将分析预测结果做成报告，以 PPT 形式在课堂上进行汇报并答辩。

4. 教师对各组报告进行点评。

5. 课后各组根据课堂答辩情况及教师点评，修改成果报告后以 Word 文档形式再提交给教师。

考核

1. 教师根据各组成果推导计算的正确性、预测结论的合理性以及报告表现形式的简洁度、讲解思路的清晰度、表达技巧的娴熟度等要素对各组评分。

2. 各组成员根据各自承担的分工内容、团队合作态度和能力、分工完成情况及质量等要素对其他成员评分。成员间的得分必须拉开适当差距，成员分工及得分情况表须附列于各组成果报告结尾处。

学习单元五　定性预测

学习目标

知识目标

1. 熟悉定性预测的含义和特点。
2. 掌握定性预测的常用方法。

能力目标

能根据工作实践任务，采用定性预测的相关方法对调研对象发展趋势作出预测和判断。

导　语

美国知名证券投资基金经理彼得·林奇曾经总结出一个“鸡尾酒会理论”，他发现酒会嘉宾临场表现与股市周期有密切关联。第一个阶段，彼得·林奇在介绍自己是证券投资基金经理时，人们与他碰杯致意后就走开了，说明这时股市已经完成探底，不会再有大的下跌空间。第二个阶段，彼得·林奇在介绍自己是证券投资基金经理时，人们会简短地与他聊上几句股票，抱怨一下股市的低迷，这时股市即将开始抄底反弹。第三个阶段，人们在得知彼得·林奇是证券投资基金经理时纷纷围过来询问该买哪一只股票，股市走势将会如何，这时股市应该已经到达阶段性高点。第四个阶段，当人们在酒会上大谈特谈股票，并且很多人都主动向彼得·林奇介绍该买哪只股票，股市很可能将在上涨的高点转头向下，一波下跌即将到来。

在中国 A 股市场，许多有经验的投资人士也有过类似总结，通过观察周边散户对于股市的态度和行为来预测股市在未来一段时间的走势，有时比各种定量预测更准确。

思考：

1. 彼得·林奇预测股市用的是定量预测方法吗？
2. 丰富的投资经验可以在预测中起到什么作用？

一、定性预测概述

1. 定性预测的含义

定性预测是指预测者依靠熟悉业务知识、具有丰富经验和综合分析能力的人员与专家，根据已掌握的历史资料和直观材料，发挥个人经验和运用团队决策方法，对事物的未来发展作出性质和程度上的判断和预测。定性预测往往是定量预测的前提，适用于主要依赖人的经验以及分析能力对事物发展的性质、趋势和方向进行预测。

2. 定性预测的特点

（1）定性预测的优点

第一，与定量预测相比，简单迅速且成本低。

第二，具有较强的灵活性，易于充分发挥人的主观能动作用。

（2）定性预测的缺点

第一，对一些技术要求比较高的决策事件无法提供准确的预测。

第二，主观性较强，易受个人主观错误影响，而给整个预测结果带来偏差。

第三，易受个人知识、经验和能力的限制，而得出错误的结论。

二、定性预测的常用方法

定性预测的常用方法主要有对比类推法、综合意见法、经验判断法、情景预测法和领先指标法。

1. 对比类推法

对比类推法是指利用共性相通的原理，把已发生事情的表现过程类推到后发生或即将发生的事情上，从而对未来发展趋势作出预测的方法。根据类推目标主体不同，对比类推法又可以分为产品类推法、地区类推法、行业类推法、同行类推法和局部总体类推法。

（1）产品类推法

利用产品之间在功能、构造技术、市场表现、生命周期等方面具有的高度相似性，将其中一个产品在该方面的发展规律类推至相似产品。

（2）地区类推法

把所要预测地区的市场、产品同其他地区同类市场、产品的发展过程或变动趋势相比较，找出类似的变化规律，用来推测目标地区市场、产品的未来变化方向或趋势。

（3）行业类推法

根据同一产品在不同行业使用时间的先后，利用该产品在先使用行业所呈现的特性，类推该产品在后使用行业的规律。

（4）同行类推法

将同行业类似主体的数据信息、发展方向和决策作为参照物，预测自己未来的发展趋势。

（5）局部总体类推法

以某一个企业的普查资料或某一个地区的抽样调查资料为基础进行分析判断，来预测和类推全面或大范围的市场变化。

2. 综合意见法

综合意见法，又称集体经验判断法，它是通过科学的组织讨论程序，利用从业人士、行业专家等的经验、知识和能力，充分发挥集体智慧，对事物未来的发展变化趋势作出预测，主要包括头脑风暴法、德尔菲法、名义小组法等。

（1）头脑风暴法

该预测方法主要由参与预测的小组人员在正常融洽和不受任何限制的气氛中以会议形式进行讨论、座谈，打破常规，积极思考，畅所欲言，先充分发表看法，再一一论证彼此观点，逐渐形成一致意见。

采用头脑风暴法组织群体决策预测时，要集中有关专家召开专题会议，主持者向所有参与人员阐明问题，说明会议的规则，尽力创造融洽轻松的会议气氛。在第一阶段参与人员自由预测时，其他人一般不发表意见，由专家们自由提出尽可能多的预测备选方案。待全部方案产生后再论证整合。

（2）德尔菲法

德尔菲法，又称专家调查法，是指以不记名方式征询专家的意见，然后根据专家意见作出预测的方法。德尔菲法本质上是一种匿名函询法，按照规定的程序，通过多轮背靠背地征询专家对未来市场的意见或者判断，进行预测。

案例分析

某洗碗机厂采用德尔菲法对该厂2023年洗碗机的销售情况进行预测。具体步骤如下。

(1) 确定征询对象。预测小组选取15位在家电行业工作、熟悉各类洗碗机销售、有预测和分析能力的市场从业和研究人员作为专家，比例为行业协会负责人、厂家销售人员、代理销售商各占三分之一。

(2) 给专家发送意见征询函，并附有为专家提供参考的资料。函中要求专家了解征询目的和要求，即在10天之内对该厂洗碗机2023年销售量作出预测，要有较详细的依据并提出意见和建议。

(3) 汇总征询意见。回收第一轮征询函后，进行汇总，预测2023年该厂品牌洗碗机销售量最低为200万台，最高为300万台，平均数为250万台，同时专家们提出了许多对洗碗机市场的分析意见及促进洗碗机销售量提高的建议等。

(4) 反馈汇总意见。将征询意见汇总整理归纳后，得出以下几点意见。老一代洗碗机将被淘汰，明年将更新换代；人们对洗碗机的要求趋向于功能新颖、节水；不同家庭对洗碗机的容量有不同要求；家庭细化更加明显，产品类型丰富会促进销售量的提高；由于受新冠肺炎疫情影响，家庭用餐量大大增加，客观上促进洗碗机购买率提高10%以上；海外市场增长明显，年增长率达15%；市场竞争有所加剧，需要加大促销力度。

（5）将第一轮的预测值和反馈汇总意见发给各位专家参考后进行再次预测。

（6）回收第二轮征询函，发现专家们的预测值逐渐接近，预计2023年该厂品牌洗碗机销售量最低为275万台，最高为300万台，平均数为286万台。

至此，某洗碗机厂得出预测结论，将2023年的销售量预测值定为286万台。

（3）名义小组法

名义小组法是管理预测中的一种定性分析方法。调研人员先选择一些对要解决的问题有研究或者有经验的人作为小组成员，并向他们提供与预测问题相关的信息；小组成员先互相不通气，独立思考，每个人尽可能把自己的预测备选方案和意见写下来；然后再按次序让他们逐一陈述自己的方案和意见；在此基础上，由小组成员对提出的全部备选方案进行投票，根据投票结果，赞成人数最多的备选方案即为最终方案，由调研人员决定是否采纳。

3. 经验判断法

经验判断法是根据企业各层次有关人员的经验来判断预测市场发展趋势的一种方法，主要包括实地考察评估法、运营经理意见法、一线营销人员意见法和购买者期望法等。

（1）实地考察评估法

调研人员组织相关人员实地调研，与各界人士晤谈，亲身体验环境气氛后作出预测。

（2）运营经理意见法

运营经理意见法是依据运营经理层级及以上人员的经验与直觉，将他们的意见平均后得出市场预测值的方法。

（3）一线营销人员意见法

一线营销人员意见法是利用经验丰富的资深营销人员的经验对市场未来发展趋势进行预测。先由每名营销人员单独作出发展趋势预测，集中后再与市场经理共同讨论、修正，汇总得出预测结果。

（4）购买者期望法

这种预测方法是通过征询客户的潜在需求或未来购买商品计划的情况，了解客户购买商品的活动、变化及特征等，然后在收集消费者意见的基础上分析市场变化，预测未来市场需求变化趋势。许多公司经常关注新客户、老客户和潜在客户未来的购买意向，如果存在少数重要的客户占据公司大部分市场份额的情况，那么购买者期望法是很实用的。

4. 情景预测法

情景预测法是一种新兴的预测法，是假定某种现象或某种趋势将持续到未来的前提下，对预测对象可能出现的情况或引起的后果作出预测的方法。它把研究对象分为主题和环境，通过对环境的研究，识别影响主题发展的外部因素，模拟外部因素可能发生的多种交叉情景，以预测主题发展的各种可能前景。通常用来对预测对象的未来发展作出种种设想或预计，是一种直观的定性预测方法。

由于它不受任何条件限制，应用灵活，能充分调动预测人员的想象力，考虑较全面，有利于决策者更客观地进行决策，在制定经济政策、公司战略等方面有很好的应用，能及时发现未来可能出现的问题，以便提前采取行动消除或减轻影响。

5. 领先指标法

各种变量或指标之间的内在联系如果紧密相关，则反映为时间序列上的同步或先后关系。例如，原材料价格的变动先于制成品价格的变动，教育事业的发展先于科学技术的发展，科学技术的发展又先于生产建设的发展等。

领先指标法就是利用相关变量或指标与调研对象之间的时间关系，将各种指标分为领先指标型、同步指标型和滞后指标型三种类型。可以通过领先指标预测同步指标或滞后指标。

领先指标法的应用条件有两个，一是确认指标之间存在伴随关系，二是掌握指标之间的间隔时间。

知识拓展

定性预测决策谨防掉入团体迷思陷阱。

团体迷思是团体凝聚力导致的负面结果，即团体成员在集体主义精神感召下，积极追求团体的和谐与共识，却忽略了团体的真实预测决策目的，从而无法进行准确判断的一种思考模式。

诱发团体迷思的 8 项前置因素：群体高度凝聚力，群体隔绝外界资讯与分析，命令式领导，决策规范缺乏条理，群体成员背景和价值观的相似性，来自外部威胁以及时间限制的压力，团体没有信心寻求比领导提出的更好的方案（可能因为领导有强势影响力），成员自尊心低落（可能由于刚经历过失败）。

团体迷思的 8 项表现形式：无懈可击的错觉，集体合理化，对群体决策的正确性深信不疑，对外偏见，对异议者施加压力，成员对于议题有疑虑时总是保持沉默自我审查，全体一致的统一错觉，成员会有意地扣留或者隐藏那些不利于群体决策的资讯和资料。

团体迷思对群体决策过程及结果的影响：不全面研究替代方案，不全面研究决策目标，不考虑既定选择的风险，信息收集不足，信息处理过程有偏见，不重新评估当初放弃的选择，未制定突发情况的备用方案。

防范团体迷思：群体成员了解群体思维现象的原因和后果；领导者应当保持公正，不要偏向任何立场，防止形成不成熟的倾向；领导者应该引导每一位成员对提出的意见进行批评性评价，应鼓励提出反对意见和质疑；应该指定一位或多位成员充当反对者的角色，专门“找碴儿”，提出反对意见；时常将群体分成小组，并让他们先分别拟议，然后再全体交流分歧；如果问题涉及与对手群体的关系，则应花时间充分研究一切警告性资讯，并确认对方会采取的各种可能行动；预备决议后，应召开“第二次机会”会议，并要求每个成员提出自己的疑问；决议达成前，请群体之外的专家与会，并请他们对群体意见提出质疑；每位群体成员都应当向可信赖的有关人士就群体意向交换意见，并将他们的反映反馈给群体；几个不同的独立小组，分别同时就有关问题进行决议（最后决议在此基础上形成，以最大可能避免受群体思维的干扰影响）。

工作实践

背景资料

过去的10多年，我国的商业模式发生了翻天覆地的变化，从传统实体店、网店、移动电商、社交电商到直播带货等，迭代迅速。那么，5年后的零售业将会是什么样呢？

实践任务

以8～10学生为一组，运用头脑风暴法进行预测。

实践指南

一、每名小组成员先独立思考，将自己的预测备选方案和意见写下来。

二、各组按次序逐一陈述自己的方案和意见。

三、在此基础上，由小组成员对提出的全部备选方案进行质疑论证。

四、根据质疑论证过程，整合确定出几个备选方案。

五、再次论证修改，然后投票选出最终方案。

思考与练习

一、思考题

1. 定性预测有哪些特点和常用方法？

2. 头脑风暴法、德尔菲法和名义小组法的主要区别是什么？

二、案例分析

1999 年，李泽楷与 IDG 资本一起向腾讯投资了 220 万美元，各自拿到腾讯 20% 的股权。当时，内地互联网刚刚起步，腾讯研发出 QQ，在市场上一炮打响，注册人数疯长。当时内地市场的体量还不大，220 万美元对腾讯而言如获至宝。

2000 年 2 月，电讯盈科的市值超过 4 660 亿港元，李泽楷持股 37%。但就在这一年，第一代互联网泡沫破灭，纳斯达克崩盘，几乎所有的互联网公司都陷入寒冬。

为了让腾讯活下去，马化腾四处奔走求钱，他曾寄希望于作为大股东的李泽楷。但这一次，李泽楷选择卖掉自己持有的全部腾讯股份，并净赚了好几倍。

2004 年，腾讯在香港上市，现在已经成为中国乃至亚洲市值排前的企业。

问题：

1. 你认为李泽楷当年卖掉腾讯股份的原因是什么？
2. 根据案例分析，你认为经验预测法有何缺点？

三、实践演练

背景

随着移动互联网、物联网、人工智能、新能源、无人驾驶技术的兴起，以及人们对美好生活的需要不断升级，10 年后的汽车究竟会长啥样？

任务

1. 以 4～5 名学生为一组，运用头脑风暴法进行预测。
2. 各组将预测过程和最终预测结论以 PPT 形式汇报并答辩。

考核

1. 教师根据各组运用头脑风暴法所产生的创意数、预测结论的逻辑自洽性，以及报告表现形式的简洁度、讲解思路的清晰度、表达技巧的娴熟度等要素对各组评分。
2. 各组成员根据各自承担的分工内容、团队合作态度和能力、分工完成情况及质量等要素对其他成员评分，成员间的得分必须拉开适当差距，成员分工及得分情况表须附列于各组成果报告结尾处。

学习单元六　撰写市场调研报告

学习目标

知识目标

1. 了解市场调研报告的意义。
2. 熟悉市场调研报告的格式。

3. 掌握市场调研报告的撰写技巧。

能力目标

能够有效理解委托方的需求，撰写形式、内容和逻辑俱佳的市场调研报告。

导 语

一个月前，小李接到经理布置的一项市场调研任务，即论证公司产品是否应该涨价。

小李马上行动，查阅资料、走访、发放问卷等，经过20多天的紧张工作，终于取得了大量原始调研资料。

资料整理、统计完毕后，小李连续几天加班，赶写了一份数据非常详尽的20多页的调研报告交给了经理，谁知经理拿着报告翻了翻，然后就皱着眉头将报告丢到了一边。

思考:

1. 经理对小李的调研报告满意吗，为什么？

2. 市场调研报告应该怎样写？

一、市场调研报告概述

1. 市场调研报告的含义

市场调研报告是指用书面表达的方式反映市场调研过程和调研结果的分析报告，它是通过文字、图表等形式将调研成果表现出来，以使客户和研究人员对所调研的市场现象和所关心的问题有一个全面系统的认识。

2. 市场调研报告的意义

市场调研报告是整个调研活动与分析成果的有形产品，既是管理决策的重要依据，也是衡量市场调研项目质量水平的重要指标，能为企业的市场经营活动提供有效的导向作用。撰写市场调研报告是市场调研的最后一个环节，也是非常关键的环节，其撰写层次的高低将直接影响整个市场调研工作的成果质量。

二、市场调研报告的格式

从严格意义上说，市场调研报告没有固定不变的格式。市场调研报告的写作格式主要依据调研目的、内容、结果以及主要用途而定。但一般来说，市场调研报告在结构上都包括标题、导言、主体和结尾四个部分。

1. 标题

市场调研报告的标题即市场调研的题目。标题必须准确揭示调研报告的主题思想，要简单明了、高度概括、题文相符。

（1）直陈式标题

这种标题的特点是简明、客观。标题形式：调研对象＋内容＋文种。例如，《北京市中高档商品房需求的市场调研》《中草药在国内外市场地位的调研报告》《关于2021年国内大学毕业生就业情况的调研》等。这种标题旨在反映调研意向或指出调研地点、调研项目。其优势在于沿袭传统，设计规范，内容简明，利于归档，具有较强的应用价值。就标题写作而言，直陈式标题模式是最容易驾驭的。

（2）结论式标题

这种标题无论在形式上还是内容上都与直陈式标题大不相同。结论式标题并不要求明确市场调研的相关要素，而是直接阐明作者的观点、看法，或对市场现象作出判断、评价。例如，《新能源车持续热销》《市民欢迎智能机器人走入家庭》等。这种标题的优势在于既表明了作者的态度，又揭示了主题，具有很强的吸引力。实践证明，结论式标题的写作往往以市场的深入调研作支撑，要求撰写者的写作经验和市场经验都必须达到一定的娴熟度。

（3）提问式标题

这种标题的问号特色很突出，是以设问、反问等形式突出问题的焦点所在，以吸引读者阅读、思考。例如，《高端消费者愿意到网上购物吗？》《手表真的走入死胡同了吗？》《红木家具为何如此热销？》等。提问式标题的最大优势就是吸引眼球。通过发问将人们正在思考或尚未关注的问题提出来，以激发潜在的市场消费意愿，让人们带着问题去文中揭秘。提问式标题写作的关键在于及时捕捉市场中颇有争议的消费现象，将其内容浓缩，而后适当选择设问或反问的提问方式，形成提问式标题的基本格局。

（4）双标题（正副标题）

双标题一般表现为用主标题概括调研报告的主题或要回答的问题，用副标题表明调研对象及其内容。结论式和提问式标题可以采用这种标题结构形式。例如，《敢问路在何方——广州地区奶业发展情况调研》《一半是海水一半是火焰——江西景德镇外销瓷市场调研》等。这种双标题的写作形式具有多元化的效果，富有吸引力，也更为引人注目，这就要求撰写者具备更全面的写作素养。

2. 导言

导言是市场调研报告的开头部分，一般说明市场调研的目的和意义，介绍市场调研工作的基本概况，包括市场调研的时间、地点、内容和对象以及采用的调研方式、方法。也有调研报告在导言中，先写调研的结论是什么，或直接提出问题等，这种写法能提高阅读者的兴趣。

3. 主体

主体部分是市场调研报告的主要内容，也是表现调研报告主题的重要部分。这一部分的写作直接决定调研报告的质量高低和作用大小。主体部分要客观、全面阐述市场调研所获得的信息、数据，以说明有关问题，得出有关结论；对重要问题、现象要做深入分析、讨论。总之，主体部分要善于运用资料来表现调研主题。

4. 结尾

结尾主要是形成市场调研的基本结论，也就是对市场调研的结果做一个小结。有的调研报告还要提出对策措施，供决策者参考。

有的市场调研报告还有附录。附录的内容一般是有关调研的统计图表、资料来源、参考文献等。

知识拓展

调查报告与调研报告的侧重点不同。调查报告侧重调查过程，而调研报告侧重研究与结果，以调查为前提，以研究为目的，研究始终处于主导的、能动的地位，它是调查与研究的辩证统一，能充分反映调查研究的结果。

三、撰写市场调研报告的要求

1. 客观性

在撰写市场调研报告时，一定要遵循客观性要求。市场调研报告必须符合客观实际，坚决反对弄虚作假。

2. 有的放矢

在撰写市场调研报告的过程中，调研人员应始终检查调研报告，是否偏离调研目标，是否遵循委托者要求等。

3. 针对性

撰写市场调研报告要考虑阅读者是谁，要尽量符合其阅读特征和习惯。

4. 可读性

市场调研报告常以文字的形式传递调研人员想要传达的信息，所以报告中使用的文字和语句必须简洁、清晰、贴切、通俗、流畅，同时又不流于俗套。版面设计规范美观。

5. 逻辑性

市场调研报告应结构合理、逻辑性强。

6. 归纳性

高质量的市场调研报告应该充分利用统计图表、统计数据等各种表现形式来归纳说明和解读资料，使阅读者更容易接受和认同。

7. 图文并茂

在市场调研报告中可适当插入图、表、画及其他可视性较强的表现形式来强调重要信息，不要一味地运用大篇幅的数据和文字。

8. 制表原则

一般在制表时，应遵循“一表一标题一编号”的原则。标题应该简明，突出重点。脚注位于主表及表格信息来源的下方。数据项的排列应突出最重要的数据信息，可按时间顺序、大小顺序等依次排列。如果地理位置信息重要，那么应按地理位置名称的汉语拼音字母顺序排列。应该清楚标明表中数据的计量单位。

9. 制图原则

图形可以更好地补充文字和表格描述的不足。常用的图形有地理图、饼形图、线形图、直方图等。

10. 篇幅适当

市场调研报告的价值需要以质量和有效性来度量，而非篇幅的长短。因此，在撰写市场调研报告时，应根据调研目标和调研报告内容的需要确定篇幅的长短。

知识拓展

一份质量高的市场调研报告来自调研人员做人做事的认真踏实：脚踏实地地在实践中认真调查，掌握大量的符合实际的第一手资料，是写好调研报告的前提，也是调研报告的生命；对于获得的大量的直接和间接资料，要做艰苦细致的辨别真伪的工作，从中找出事物的内在规律性，得出正确的结论；用词力求准确，文风朴实；逻辑严谨，条理清晰，观点鲜明，立论有据；具备扎实的专业知识和较高的思想素质。

学习毛泽东同志的《湖南农民运动考察报告》，联系其创作历程和时代背景细细推敲，就可以深刻领悟这份伟大的调研报告所具备的优秀特征。

工作实践

背景资料

以下为几份市场调研报告的导言。

一、《关于 ×× 市 2021 年微波炉市场的调研》一文的导言写道：“×× 市调研公司受 ×× 委托，于 2021 年 3 月至 4 月在 ×× 市进行了一次微波炉市场调研。现将调研情况汇报如下。”

二、《中国果汁饮料市场前景广阔》一文的导言写道：“我国水果资源丰富，其中，苹果产量是世界第一，……据权威机构预测，到 2021 年，……近日，我公司对 ×× 市果汁饮料市场进行了一次市场调研，根据数据统计，我们对调研结果进行了简要分析。”

三、《组合家具已进入衰退期》一文的导言写道：“曾经风靡一时的组合家具今年的销售状况如何？市场调研表明，组合家具的销售日趋疲软，已进入衰退期。”

实践任务

以 4～5 名学生为一组，请对以上三种导言的写作风格作出评价。

实践指南

一、导言用简要文字交代了调研的主体、时间、对象和范围等要素，并用一个过渡句开启下文，写得合乎规范。

二、这种写作模式是导言的基本写作思路，也符合一般阅读者的思维规律，因而在实践中被广泛使用，其优势在于为市场调研对象做深层次的背景支撑，这样，既概述了中国果汁饮料市场现状，同时又说明了其调研要素，具备较强的整体性。

三、这段导言虽简短，却一语中的，以自问自答的写作形式，开篇便点明全文的主旨——组合家具已进入衰退期，与标题相呼应。这种导言写作模式要求撰写者对所调研的庞杂的市场资料作出科学、准确的评判，并不加铺陈地明确全文的立脚点，引起阅读者的兴趣，也带动主体写作的逐层展开。

通过上述例子不难看出，虽然市场调研报告导言的形式及内容可以不拘一格，但其写作意图必须是明确的，即为进一步表达市场调研报告全文的主旨内容进行引导铺垫。导言写作的关键在于以简洁的笔触对市场调研的基本面有个交代，力求做到与标题和主体的有机衔接。

思考与练习

一、思考题

1. 市场调研报告的结构一般应包括哪些内容？

2. 如何评判市场调研报告撰写水平的高低？

二、案例分析

A 市居民家庭白酒消费状况调研报告

为了深入了解 A 市居民家庭在白酒市场的消费情况，特进行此次调研。调研由 A 市甲大学承担，调研时间是 2021 年 10 月至 11 月，调研方式为问卷式访问调研，本次调研选取的样本总数是 2 000 户。各项调研工作结束后，甲大学将调研内容总结如下。

一、调研对象的基本情况

1. 样品类属情况

在 1 600 户有效样本中，工人 320 户，占总数比例 20%；农民 128 户，占总数比例 8%；教师 192 户，占总数比例 12%；机关干部 176 户，占总数比例 11%；个体户 220 户，占总数比例 13.75%；经理 148 户，占总数比例 9.25%；科研人员 52 户，占总数比例 3.25%；待业户 88 户，占总数比例 5.5%；医生 20 户，占总数比例 1.25%；其他 256 户，占总数比例 16%。

2. 家庭收入情况

本次调研结果显示，从本市居民的收入水平来看，大部分人月平均收入在 5 500 元左右，样本中只有约 2.3% 的消费者收入在 12 000 元以上。因此，可以初步得出结论，本市总的消费水平偏低，商家在定价时要特别慎重。

二、专门调研部分

1. 白酒消费情况调研

（1）白酒比红酒消费量大

分析其原因，一是白酒除顾客自己消费之外，用于送礼的较多，而红酒主要用于自己消费；二是商家做广告也是白酒广告居多，红酒广告很少。这直接导致白酒市场消费量大于红酒市场。

（2）白酒消费多元化

从购买白酒的用途来看，约 62.84% 的消费者用于自己消费，约 27.84% 的消费者用于送礼，其余的是随机性很大的消费者。

购买白酒用于自己消费的消费者，其白酒消费价格大部分在 20 元以下，其中 10 元以下的约占 26.7%，10～20 元的约占 22.73%。

购买白酒用于送礼的消费者，其白酒消费价格大部分在 80～150 元（约占 28.4%），约有 15.34% 的消费者购买 150 元以上的白酒送礼。这样，生产厂商的定价和包装策略就有了依据，即定价既要合理，又要有吸引人的包装，才能增大销售量。

2. 购买因素调研

调研显示，消费者关注的因素依次为价格、品牌、质量、包装、广告、酒精度。因此可以得出结论，生产厂商的合理定价是十分重要的，创名牌、求质量、巧包装、做好广告同样很重要。

3. 顾客忠诚度调研

调研显示，经常换品牌的消费者占样本总数的 32.95%，偶尔换品牌的占 43.75%。对新品牌的酒持喜欢态度的占样本总数的 32.39%，持无所谓态度的占 52.27%，明确表示不喜欢的占 3.4%。可以看出，一旦某个品牌在消费者心目中形成固定印象，是很难改变的。因此，厂商应在树立企业形象、争创名牌上狠下功夫，这对企业的可持续发展十分重要。

4. 动因分析调研

调研显示，白酒购买动因主要在于消费者自我选择，其次是广告宣传，然后是亲友介绍，最后才是销售人员推荐。不难发现，怎样牢牢吸引消费者的注意力，对于企业来说是关键问题。做好广告宣传，建立消费者口碑，也将有效扩大酒类市场的销售规模。

而对于商家来说，销售人员的素质也应重视，因为其对酒类产品的销售同样具有一定的影响作用。

三、结论和建议

1. 结论

（1）A 市居民消费水平偏低，大部分人月平均收入在 5 500 元左右。

（2）居民在白酒产品消费上主要用于个人消费。用于个人消费的白酒价格大部分在 20 元以下，用于送礼的白酒价格通常为 80～150 元。

（3）消费者在购买白酒时多注重酒的价格、品牌、质量、包装、广告和酒精度，也有相当一部分消费者持无所谓的态度。消费者对新品牌的白酒认知度较高。

2. 建议

（1）商家要根据市场的变化制定相应的营销策略。

（2）针对消费者较多选择中低端白酒的情况，商家应采取积极措施引导消费者的消费偏好。

甲大学调研组

2021 年 12 月 16 日

问题:

1. 请指出以上调研报告的标题、导言、主体和结尾分别是什么。

2. 你如何评价这篇调研报告的撰写水平?

三、实践演练

任务

1. 以 4～5 名学生为一组，选择本学期开展过的市场调研活动撰写完整的市场调研报告。

2. 各组代表以 PPT 形式进行课堂汇报并当场答辩（其他组学生共提出 3 个问题）。答辩后教师对各组报告进行点评。

3. 课后，各组根据课堂答辩情况及教师点评，修改调研报告后以 Word 文档形式再提交给教师。

考核

1. 教师根据各组成果报告标题明了性、内容完整性、结构逻辑性、资料真实性、分析严密性、结论科学性，以及报告表现形式的简洁度、讲解思路的清晰度、表达技巧的娴熟度等要素对各组评分。

2. 各组成员根据各自承担的分工内容、团队合作态度和能力、分工完成情况及质量等要素对其他成员评分，成员间的得分必须拉开适当差距，成员分工及得分情况表须附列于各组成果报告结尾处。